Harris

Gŵr Duw â thraed o glai

Herbert Hughes

Gomer

Cyhoeddwyd yn 2006 gan
Wasg Gomer, Llandysul, Ceredigion SA44 4JL
www.gomer.co.uk

ISBN 1 84323 719 9
ISBN-13 9781843237198

Dymuna'r cyhoeddwyr gydnabod cymorth
Adrannau Cyngor Llyfrau Cymru.

Argraffwyd a rhwymwyd yng Nghymru gan
Wasg Gomer, Llandysul, Ceredigion

Er cof am fy chwaer
Olwen Hughes
(1933–1954)

*   *   *

'Dyledwr wyf . . .' fel y dywed Paul yn ei Lythyr at y
Rhufeiniaid (Rhuf. 1:14), ac mae fy nyled innau'n fawr i
lawer o haneswyr ddoe a heddiw.

CYNNWYS

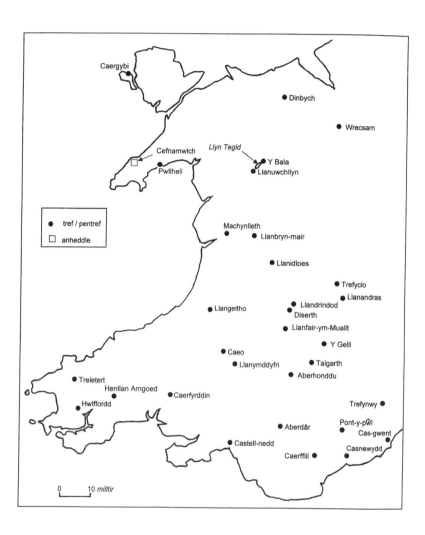

Caergybi

Dinbych

Wrecsam

Cefnamwlch
Llyn Tegid

Y Bala
Pwllheli
Llanuwchllyn

● tref / pentref
□ anheddle

Machynlleth

Llanbryn-mair

Llanidloes

Trefyclo

Llanandras

Llangeitho
Llandrindod
Diserth

Llanfair-ym-Muallt

Y Gelli

Caeo
Talgarth

Llanymddyfri
Aberhonddu

Treletert

Henllan Amgoed
Caerfyrddin

Trefynwy

Hwlffordd

Aberdâr
Pont-y-pŵl
Cas-gwent

Castell-nedd
Caerffili
Casnewydd

0   10 *milltir*

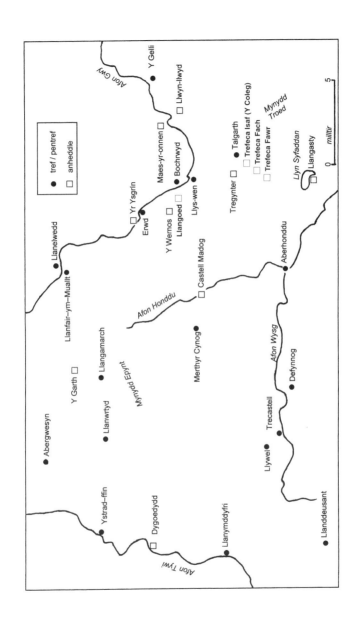

MARWOLAETH HARRIS
Yr angladd yn Nhalgarth

Roedd y ddaear yn ddu gan bobl. Yn ôl Selina, Arglwyddes Huntingdon, oedd yn bresennol ar y dydd, roedd yna ugain mil ohonyn nhw. Daethent yno ar droed, ar gefn ceffylau ac asynnod ac mewn cerbydau o bob math. Gadawyd y cerbydau mewn tair dôl eang oedd yn perthyn i Drefeca Isaf ac fe glymwyd y ceffylau niferus yng nghaeau Porth Nichol a nifer o ddolydd cyfagos. Bu'r tyrfaoedd yn cyrraedd o'r bore bach ond ychydig a fedrai ddynesu at eglwys y plwy' gan gymaint trwch y bobl. Bu'r myfyrwyr o'r coleg, a sefydlasai'r Arglwyddes yn Nhrefeca Isaf, wrthi am ddyddiau'n codi tair llwyfan ar feysydd cyfagos ac yn ystod y bore fe draddodwyd tair pregeth rymus oddi ar bob un. Yna fe fu pymtheg o glerigwyr yn rhannu'r cymun am oriau lawer a'r gynulleidfa'n ei dderbyn ar eu gliniau.

Yn eu galar o golli un oedd wedi cyffwrdd ag eneidiau cynifer ohonynt byddai wylo distaw, ysbeidiol fel murmur awel yn tonni trwyddynt; dro arall, byddai rhywun yn taro un o emynau William Williams, Pantycelyn, a llawer yn ymuno yn y gân. Clywid droeon y geiriau:

> O am nerth i dreulio 'nyddiau
> yng nghynteddoedd tŷ fy Nhad,

byw yng nghanol y goleuni,
t'wyllwch obry dan fy nhraed; . . .

a geiriau'r emyn a ddatganai brofiad cynifer o'r galarwyr:

Pererin wyf mewn anial dir,
yn crwydro yma a thraw,
ac yn rhyw ddisgwyl bob yr awr
fod tŷ fy Nhad gerllaw.

Llifai'r dagrau'n rhwydd dros ruddiau plant a hynafgwyr
gydag ocheneidiau dwfn o dro i dro yn rhwygo'r tawelwch.

Daethai'r lluoedd ynghyd i Dalgarth ar y pedwerydd ar
hugain o Orffennaf, 1773 – diwrnod braf ac arogl melys y
gwair, parod i'w gynaeafu, yn hongian yn y tes. Bu llawer
ohonynt yn teithio am ddyddiau – o bellafoedd Môn a
Swydd Efrog a Llundain – ond nid oedd neb yn flinedig
gan fod dwyster eu teimladau'n ddigon i ddifa pob blinder.
Dod a wnaethant i ollwng gafael ar ŵr a fu'n gyfrwng i
ddihuno ynddynt syched am Dduw ac i ddigoni'r syched
trwy gynnig iddynt Grist a'i Waed. Dod felly mewn
hiraeth, ond hefyd mewn diolchgarwch. Dod am ei fod
wedi newid eu bywydau ac wedi cynnig gorwelion newydd
iddynt, a dod am fod Cymru'n loywach a glanach gwlad
nag yr oedd cyn iddo ef ddod fel storm i gynhyrfu'r
dyfroedd myrllyd. Dod, mewn gair, am mai Howel Harris a
fu farw, ac mai heddiw oedd dydd ei angladd.

Trefeca Fach fu cartref Harris o'i enedigaeth er na
fyddai neb yn adnabod y lle mwyach gan gymaint yr
ailadeiladu gorchestol a fu yno. Bu ehangu cyson dros y
blynyddoedd i greu cartref i'r 'Teulu' a ymunodd â Harris
yn ei fenter ysbrydol fawr ac i roi lle i'r amryfal weithdai a

sefydlwyd yno. Priodol felly mai oddi yno y cododd yr angladd. Tynnid yr hers gan bedwar ceffyl braf a snodennau duon yn eu mwng a'u cynffonnau. Disgleirient yn yr haul ac rocdd ôl gloywi dygn ar eu harneisiau. Cerddai dau o aelodau'r Teulu ar y blaen a dau arall ar bob ochr i'r hers. Gan fod Anne, priod Howel Harris, eisoes wedi ei chladdu, y person cyntaf i ddilyn yr arch oedd Elizabeth, ei ferch. Pump ar hugain oed oedd hi, ac er ei bod yn casáu syniadau crefyddol ei thad â chas perffaith, roedd yn ei garu'n fawr, a heddiw roedd yn llawn galar. Bellach trigai yn Aberhonddu ac roedd wedi syrthio mewn cariad â gŵr gweddw o Babydd, Charles Prichard, oedd yn feddyg yn y dref. Roedd hi'n falch o fod yn rhydd o lyffetheiriau Trefeca. Yn cadw cwmni iddi ac yn cydio yn ei braich roedd ei hewythr, Thomas Harris, o Dregunter gerllaw – y plas y bu'n ei ailgodi yn ddiweddar a'i wneud yn gartref ysblennydd iddo'i hun ac yn fan cyfarfod teilwng i bwysigion Brycheiniog i wledda ac i ymuno yn ei hoffter o hela. Y tu ôl iddynt cerddai Anna Maria Harris, merch Joseph Harris, brawd hynaf Howel, y gwyddonydd enwog a dreuliodd y rhan fwyaf o'i oes yn Llundain yn gweithio yn y Bathdy fel Prif Brofwr ac, yn rhinwedd ei swydd, yn cartrefu yn y Tŵr. Yn cyd-gerdded â hi roedd Arglwyddes Huntingdon yn ei gwisg ddu o'i phen i'w sawdl, yn adlewyrchu ei stad, a brwydrai i atal y dagrau. Collasai un a fu'n gefnogydd cyson iddi ar hyd troadau'r daith er iddo fod yn feirniad hallt ohoni ar aml i achlysur. Yn eu canlyn hwy roedd William Williams, a'i feddwl yntau'n gyforiog o atgofion am Howel a'i fywyd terfysglyd wrth iddo ystyried y farwnad iddo oedd eisoes yn ymffurfio yn ei feddwl. Cyd-gerddai â Daniel Rowland a wylai'n dawel. Wylai am iddo golli cyfaill; wylai wrth gofio am ddewrder a phendantrwydd Harris; wylai wrth iddo gofio am gefnogaeth Harris iddo ynghanol berw'r degawdau, ac wylai wrth gofio, gyda dwyster a phoendod, am y rhwyg a fu rhyngddynt ac a fygythiodd undod y diwygiad. Fe'u dilynid yn yr orymdaith gan aelodau Teulu Trefeca, yn cael eu harwain gan Evan Moses, Evan Roberts a James Pritchard. (Roedd rhai o aelodau'r Teulu eisoes yn yr eglwys yn ffurfio côr ar gyfer yr achlysur.) Mynd i angladd 'tad' a wnaent hwy, ac roedd ceisio meddwl am ddyfodol Trefeca heb ei arweiniad a'i benderfyniad, heb ei bregethau a'i weddïau a'i gynghorion, yn eu llanw â digalondid. Harris, wedi'r cwbwl, oedd Trefeca. Hebddo ef a'i ddisgyblaeth a'i garisma, anodd oedd gweld y ffordd ymlaen – ond fe fyddai'n rhaid iddynt ddygnu arni.

Yn urddasol, araf, ymlwybrai'r cynhebrwng ar hyd y ffordd o Drefeca tuag at Dalgarth gyda'r dyrfa'n cilio i'r cloddiau i adael i'r hers fynd heibio. Ochneidient yn uwch a mwy llafar wrth weld y galarwyr yn mynd heibio iddynt mor agos, ac unwaith bu'n rhaid i'r ceffylau aros gan fod y galarwyr yn cau am y cerbyd fel pe baent am ei atal rhag mynd ymhellach. Ond o'r diwedd fe gyrhaeddwyd sgwâr y pentref ac fe godwyd yr arch a'i gosod ar elor a'i thywys i fyny'r rhiw serth at y fynwent, ac fe'i derbyniwyd yno gan giwrad yr eglwys, John Morgan, gŵr a fu ar delerau da â Harris. Buasai farw'r hen ficer, Price Davies, yn 1761. Bu hwnnw'n ymdrechu i atal Harris yn ei ddyddiau cynnar rhag mynd o gwmpas y wlad i bregethu heb ganiatâd. I'r ficer, cynhyrfwr penstiff ydoedd. Ond yn ei flynyddoedd olaf cynhesodd at Harris wrth weld ei fod wedi para'n ffyddlon i wasanaethau'r Eglwys, yn arbennig y Cymun, a bod Teulu Trefeca wedi llanw'r oriel bob Sul ac yn frwd gyda'r canu. Ni fedrai, chwaith, anghofio mai ei sylw ef wrth y gynulleidfa yn yr eglwys ddiwedd Mawrth 1735 a ysgydwodd y gŵr ifanc o Drefeca Fach a'i gychwyn ar ei daith ysbrydol.

Mae'n debyg fod rhywrai yn ei gynulleidfa'n ymesgusodi rhag dod i gymun y Pasg y Sul canlynol trwy ddadlau nad oeddynt yn gymwys i ddod. Ond dywedodd Price Davies yn blaen wrthynt, 'Os felly, dywedaf innau nad ydych yn gymwys i weddïo; ie, nid ydych yn gymwys i fyw, nac yn gymwys i farw'. Aeth y geiriau fel saeth i galon Harris. Cofiai Price Davies yr un pryd mor amharod i dderbyn cyngor ac i gymedroli ei ffyrdd y bu'r diwygiwr ifanc, ac mai dyma'r rheswm pam na chafodd ei ordeinio'n offeiriad er iddo wneud cais am hynny bedair gwaith. Nid oedd yn parchu rheolau Eglwys Loegr ynglŷn â phregethu yn y priffyrdd a'r caeau ac ar draws y plwyfi heb ganiatâd. Teimlai'n flin ar y pryd fod y coegyn ifanc yn amharod i wrando arno. Ond roedd hynny dros bymtheg mlynedd ar hugain ynghynt, a daethai Price Davies i edmygu sêl y Methodistiaid. Yn wir, er na fynnai gydnabod hynny'n gyhoeddus, daeth i'w parchu am eu llwyddiant yn deffro cynifer o bobl drwy'r wlad i gyd. Yn ddistaw bach rhyfeddai at ffyniant Trefeca.

Ymlwybrai'r cynhebrwng yn araf tuag at yr eglwys a darllenai'r ciwrad adnodau o'r Ysgrythurau wrth eu harwain i fewn trwy'r porth. Sylwodd William Williams ar y garreg fedd y bu Harris yn sefyll arni y diwrnod y daethai ef heibio yn ddigon ysgafala wrth droi tua'i lety yn Nhalgarth ar ei ffordd o'r academi yn Chancefield lle roedd yn fyfyriwr yn paratoi i fod yn feddyg. Chwilfrydedd a'i denodd i sefyll a gwrando ar y gŵr ifanc oedd yn pregethu. Clywsai amdano, wrth gwrs, ond nid oedd wedi rhoi llawer o sylw i'r straeon am grwydriadau'r athro ysgol brwd a'i bregethu tanllyd. Dyn byr o gorff a welai'n sefyll yn solet gerllaw porth yr eglwys. Yr hyn a'i trawodd oedd ei raeadrau diatal o eiriau yn disgrifio'r uffern a haeddai pawb nad oedd yn credu o ddifrif yn Iesu Grist. Nid nepell o'r fan oedd Pwll-y-wrach, y ceunant coediog, unig, a'i lif hyrddiol a pheryglus, a dyna'r fath le oedd uffern. Disgrifiodd y poenydion a'r rhincian dannedd mor rymus nes i Williams deimlo ei fod ar fin syrthio i'r dwnjwn diwaelod. Gwelwodd a chrynodd drwyddo. O'r eiliad honno daeth crefydd yn fater o ddifrifwch calon iddo, ac er nad oedd ond un ar hugain oed, newidiwyd ei fywyd.

Y flwyddyn, nad anghofiai mohoni fyth, oedd 1737 ac nid oedd Harris, a'i bregeth ddychrynllyd am y farn, ond tair blynedd yn hŷn nag ef. Flynyddoedd yn ddiweddarach daethant yn gyd-weithwyr gwresog ym mrwydrau a brwdfrydedd y diwygiad ond arhosodd geiriau Harris gyda Williams ac fe osododd rai ohonynt yn ei gân enwog, 'Theomemphus'. Harris yw Boanerges a Williams ei hun yw Theomemphus yma:

Ei lais oedd fel taranau amrywiol iawn ynghyd
Neu fel yr udgorn olaf a eilw'r meirw ynghyd;
Yn creu arswyd rhyfedd trwy'r ddaear faith a'r nef,
A miloedd yn llewygu wrth sŵn ei eiriau ef.

Fel hyn y gwaeddodd allan, ''Madewch, 'madewch ar frys,
Â phob rhyw hen bleserau, hon ydyw'r olaf wŷs;
Mae'r Brenin yn eich galw, 'madewch y fynyd hon,
'Does fymryn le i oedi ymddangos ger ei fron.'

Fe areithiodd Boanerges fel yma yn y blaen,
Cleddyfau oedd ei eiriau, a'i lygaid fel y tân;

Fe grynodd Theomemphus, fe siglai ei liniau 'nghyd,
Yr oedd ef bron â chredu ei bod hi'n ddiwedd byd.

Rhyfeddai at ddewrder y gŵr ifanc yn herio pobl ddidoreth
Talgarth ac yn pregethu gyda'r fath angerdd. Codai ei lais
fel utgorn gydag awdurdod mawr a tharanai'n ofnadwy am
angau a'r farn nes gyrru arswyd ar bawb. Crynent mewn
ofn. 'Yr oedd yn sôn am uffern fel pe buasai wedi bod
yno' oedd sylw un a'i clywodd. Cyfaddefodd un arall,
'Pregethwr! Y fath bregethwr! Pregethai am y farn
ofnadwy nes peri ichi glywed y Barnwr Mawr yn
cyhoeddi'r sentens dragwyddol!' Nid anghofiodd Williams
y bregeth na'r pregethwr fyth. Yn ogystal â chlywed y llais
yn gwanio'i enaid, cofiai'n fwy na dim y llygaid treiddgar a
ddaliai sylw ei gynulleidfa, un ac un. Teimlai pob un mai ef
neu hi oedd gwrthrych y bregeth a'i fod yn cael ei flingo o
bob twyll a rhagrith fel pe bai yn cael ei ddinoethi'n gyfan
yn y fan a'r lle. Nid oedd lle i hunan-dyb na hunanhyder
gwag yn sŵn y pregethu treiddgar yma.

Bellach symudasai'r elor i mewn i gorff yr eglwys a
safai'r galarwyr pennaf y tu ôl iddo tra bu offeiriaid
cymdogol yn darllen yr Ysgrythurau. Fe ganwyd emyn, a
chôr Trefeca yn yr oriel yn arwain y canu; llafarganwyd
moliant i Dduw yn y *Te Deum* a chydadrodd Gweddi'r
Arglwydd, ac yna cafwyd gweddïau ar ran yr ymadawedig
a'i deulu. Ffurfiol oedd y gwasanaeth, yn ôl trefn ddilys
Eglwys Loegr a'r Llyfr Gweddi ac, yn briodol ddigon, byr
fu sylwadau John Morgan. Siaradodd yn dyner am
gymeriad nodedig Howel Harris ac am ei gyfraniad difesur
i fywyd Cymru, Lloegr a'r ardal. Datganodd gydymdeimlad
yr eglwys â'r teulu a'r galarwyr i gyd, a gorffennodd trwy

atgoffa pawb o ffydd Harris yn y Groes a'r Gwaed a'i ddyhead, yn ogystal â'i sicrwydd, am atgyfodiad a nefoedd.

Roedd Morgan yn gwybod yn iawn fod teimladau dyfnion, a briw, yn cyniwair drwy'r gynulleidfa. Codai ochneidiau o'u plith a chlywai lefain llawer o'r dorf enfawr y tu allan. Symudodd felly at y claddu gan adrodd adnod neu ddwy. Yna fe godwyd yr arch syml oddi ar yr allor a'i gostwng i'r bedd agored o flaen bwrdd y cymun, lle gorweddai gweddillion ei wraig ffyddlon, Anne. Ond pan ddaeth y foment i John Morgan adrodd geiriau'r traddodiant, 'Yn gymaint ag y rhyngodd bodd i Dduw, o'i fawr drugaredd, gymryd ato'i hun ein brawd, Howel Harris . . .' ni fedrai fynd rhagddo i orffen y geiriau. Torrodd i lawr yn llwyr. Bu distawrwydd am rai munudau a'r teimladau dwys yn chwyddo drwy'r gynulleidfa. Amneidiodd ar offeiriad arall a safai gerllaw i adrodd y geiriau drosto. Yn ei dro, dechreuodd hwnnw, 'Yn gymaint ag y rhyngodd bodd . . .', ond methodd yntau â dwyn y geiriau i ben ac wylodd yn chwerw heb fedru yngan gair ymhellach. Roedd y tyndra yn yr eglwys bron yn annioddefol nes i un arall gydio yn y Llyfr Gweddi ac adrodd geiriau'r traddodiant i'w derfyn, '. . . yr ydym ni gan hynny yn rhoi ei gorff ef i'r ddaear, pridd i'r pridd, lludw i'r lludw, llwch i'r llwch, mewn gwir a diogel obaith y'i hatgyfodir i fywyd tragwyddol trwy ein Harglwydd Iesu Grist'. Yna fe offrymodd y fendith.

Erbyn hyn roedd yr eglwys yn hollol ddistaw a bu felly am rai munudau. Torrodd rhywun allan i ganu'n dawel eiriau William Williams:

> Ymddiriedaf yn dy allu,
> mawr yw'r gwaith a wnest erioed:

> ti gest angau, ti gest uffern,
> ti gest Satan dan dy droed;
> > pen Calfaria,
> nac aed hwnnw byth o'm cof.

Dyblwyd a threblwyd canu'r pennill nes bod y gynulleidfa yn yr eglwys a'r dyrfa y tu allan yn eu dagrau'n codi'u lleisiau mewn diolch a moliant i Dduw. Fe ganwyd y pennill nes bod y wlad yn diasbedain, o Lan-gors i Glas-ar-Wy, ac adlais y canu'n cerdded y bryniau o Fynydd Troed i Faes-yr-onnen.

Pennod 2

Ymweliadau â'r Gogledd
Helyntion ym Machynlleth a'r Bala

R oedd y daith o Lanbrynmair trwy Lanymawddwy
dros Fwlch y Groes ar Ionawr 28, 1741, wedi bod yn
ddigon diflas. Bu'n ffluwchio eira yn ysbeidiol ar hyd y
ffordd ac ar y Bwlch roedd rhyw bedair modfedd o drwch
nes gwneud i'r ceffyl droedio'n dringar. Daethai Siencyn
Morgan i hebrwng Harris o Ddinas Mawddwy a gydag ef y
byddai'n treulio'r nos yn Nantydeilie yn Llanuwchllyn.
Gwyddai bod croeso a gwely clyd yn ei aros yno ond nid
oedd yn ddiddig ei feddwl ynglŷn â'r ymweliad â'r Bala a
arfaethai y bore wedyn. Yn wir, cydiai ofn yn ei galon fel
maneg oerllyd wrth iddo feddwl am y derbyniad y gallai ei
ddisgwyl yno. Cawsai groeso digon swnllyd y tro cyntaf
iddo ymweld â'r dref ym mis Chwefror 1740, adeg y rhew
mawr. Pregethodd wrth dalcen y Tŷ Mawr ac fe gafodd
wrandawiad caredig gan rai, ond crechwen a chwerthin yn
uchel a wnâi eraill. Rhwng popeth, roedd fel bod mewn
talwrn ceiliogod. Teimlai gryn anghysur wrth iddo gofio
fod dwy ergyd o wn wedi eu tanio wrth ei ochr y p'nawn
hwnnw.

Nid oedd Harris yn rhy hapus yn ymweld â gogledd
Cymru; nid oedd y trigolion – ar wahân i ryw nifer fach
ddewr a ffyddlon – yn barod i ymateb i'r efengyl a
bregethai ef. Cofiai am y driniaeth giaidd a gafodd ym

Machynlleth ar ei ffordd adref o'r Bala y tro hwnnw. Fe geisiodd annerch tyrfa yn Ninas Mawddwy – lle ofnadwy yn ei olwg. Ysgrifennodd yn ei ddyddlyfr, 'Ar y Sabath daw cannoedd yno i ddawnsio, i chwarae tenis, i regi a thyngu ac i gynnal reiat, a hynny ym mynwent yr eglwys'. Teimlai fod angen gweddïau taer ar ran pobl y gogledd. Roedd wedi cyrraedd Machynlleth am chwarter wedi tri y p'nawn gan ddisgyn oddi ar ei geffyl y tu allan i'r Swyddfa Ecseis. Nid oedd ond prin wedi cael ei droed o'r gwarthol na fu i ryw hen greadur meddw gydio ynddo a gofyn rhes o gwestiynau ewn iddo, yn arwyddo fod y dref, efallai, yn gwybod pwy oedd e ac yn aros amdano. Yn sydyn, crynhodd torf swnllyd a maleisus o'i gwmpas. Clywai iaith uffern ei hun yn merwino ei glustiau. Yna, yr un mor sydyn, troesant i chwarae rhyw gêm o ffwtbol ar hyd y stryd. Anghofiasant amdano am ychydig. Cafodd yntau gymorth tri neu bedwar o gefnogwyr i ddadluddedu cyn ei arwain i ystafell uwchben y parlwr mewn tŷ lle medrai edrych i lawr ar y stryd. Dechreuodd bregethu, ond dychwelodd y dorf gan ruo a bytheirio, yn cael eu hysio gan dwrnai o'r dref, o'r enw Lewis Hughes, a'r sgweiar, Thomas Owens. Gwyddai ei fod mewn perygl ond bwriodd ati i sôn am addewidion y cyfamod bedydd a wnaed ar ran pawb oedd yn gwrando. Ond gwylltio fwyfwy ar y ddau fonheddwr a wnaeth ei sylwadau ac roedd y ddau wedi eu cythruddo gymaint nes eu bod wedi colli arnynt eu hunain, gan ddawnsio i fyny ac i lawr a'u hwynebau'n writgoch. Taniodd hynny'r dyrfa i sgrechian yn wallgof ac i daflu cerrig, esgyrn trymion a phridd ato. Ond ni thrawyd ef, a chredai fod Duw yn ei warchod. Fe ddistawodd y dyrfa ryw ychydig ac ailddechreuodd ei bregeth. Soniodd am y marwolaethau mynych a fu ym Machynlleth yn ddiweddar, ond cynhyrfwyd y boblach yn fwy fyth gan hyn a rhuthrodd y twrnai i fyny'r grisiau yn wyllt a threisgar â rhegfeydd yn diferu oddi ar ei wefusau. Roedd am lusgo'r pregethwr allan i'r stryd. Yna bwriodd yswain i mewn i'r ystafell a gollwng ergyd o bistol i'w gyfeiriad. Rhedodd Harris yn ei ddychryn i lawr y grisiau ac fe'i hebryngwyd ef gan bum cyfaill i dŷ cyfagos. Dilynodd y dorf hwy gan luchio tyweirch at y ffenestr. Credodd ei fod yn uffern. Penderfynodd adael y tŷ ond crynhodd y dyrfa o'i gylch gan fygwth ei ladd. Disgwyliai gael ei drywanu unrhyw eiliad. Cafodd ei gicio a'i faglu, a'r giwed yn morio chwerthin am ei ben. Rhuai'r dorf o'i gwmpas nes iddo addo ei fod yn ymadael â'r dref. Criodd arnynt, 'Heddwch yn enw'r brenin!' Mynnodd un ohonynt, 'Chwarae teg i'r pregethwr bach!' a chafodd Harris gyfle i neidio ar gefn ei geffyl a charlamu tua'r gogledd, ond yno daeth torf arall i'w gyfarfod a bygwth ei ladd. Taflwyd cerrig ato ond ni chafodd ei daro. Yna penderfynodd fwrw trwy eu canol, a thaflwyd mwy o gerrig ato. Ceisiodd un dihiryn ei daro oddi ar ei geffyl â ffon ond carlamodd ymaith i ddiogelwch tŷ rhyw filltir i ffwrdd. Diolchodd i Dduw am ei arbed a bu'n canu a moliannu Duw hyd ganol nos. Cysgodd gan gredu mai gwaith Satan oedd y cyfan a ddioddefodd ac mai hwnnw a'i pardduodd fel ymhonnwr ac awdur y cythrwfl. Clywodd, hefyd, pe bai'r dyrfa wedi ei ddal, y byddent wedi gwneud cyff gwawd ohono a'i gario mewn cadair o gwmpas Machynlleth, ond bu Duw gydag ef yn ei dreialon.

Bellach roedd Harris ar ei ffordd i'r Bala am y drydedd waith. Wrth yrru i lawr Cwm Cynllwyd, a'r Aran Fawddwy yn ei huodledd gwyn ar y chwith iddo, ni fedrai lai na meddwl am y tro diwethaf y bu y ffordd honno, ym mis Tachwedd 1740, ac am ei ymweliad ag eglwys y plwy' yn

Llanuwchllyn pan wrthodwyd y cymun iddo gan y ficer nes ei orfodi i fynd at yr allor a phledio am gael cyfrannu. Fel aelod ffyddlon o Eglwys Loegr credai Harris ei bod yn ddyletswydd arno i gymuno bob Sul a gwnâi hynny'n ddiffael. Brifwyd ef gan ddull y ficer o garlamu trwy'r gweddïau fel hogyn ysgol. At hynny, roedd gan hwnnw nam ar ei leferydd. Wedi'r oedfa pregethodd Howel i rai cannoedd yn y fynwent. Dychwelodd i'r Hwyrol Weddi yn yr eglwys gan gwyno wrth y ficer am ei gam-ynganiad ac nad oedd wedi ei ddeall yn iawn yn oedfa'r bore. Atebodd hwnnw, 'Fe ddylech ddysgu gwrando hefo'r ddwy glust'. Y noson honno gweddïodd dros dref y Bala, a bu'n holi ei hunan yn fanwl cyn cysgu.

Drannoeth, tua un ar ddeg o'r gloch, anelodd am y Bala. Ofnai yn ei galon wrth iddo deithio hyd glan Llyn Tegid. Ond cafodd olwg newydd ar gyfamod Crist a'i addewidion, a hyder i lefaru gydag awdurdod ac mewn cariad wrth y dyrfa a ddaeth i wrando. Bu'n gweddïo'n daer dros bechaduriaid, gan annog ei wrandawyr i ddarllen llyfrau Cymraeg duwiol. Cafodd wahoddiad am bryd o fwyd i dŷ cyfaill ac ymunodd eraill i gwmnïa gydag ef. Ar ôl bwyta, galwodd y dorf ar iddo ei hannerch eto a gwnaeth hynny gan annog y bobl i ddifrifoldeb newydd yn eu haddoliad a'u bywyd. Ar ôl swper yn Nantydeilie bu'n trafod gyda bardd lleol ei ddyletswydd i feithrin ei ddoniau er mwyn Duw. Ni chyfododd hyd ddeg y bore wedyn. Teimlai'n wan iawn ond cafodd ei galonogi pan ddygodd rhywrai geffyl newydd iddo ac aeth ar ei ffordd i Lanbryn-mair.

Y tro hwn, y trydydd tro, teimlai dipyn yn fwy hyderus pan gododd o'i wely yn Nantydeilie. Calonogwyd ef gan Siencyn Morgan yn ailadrodd wrtho bregeth gysurlon Daniel Rowland ar y 'Galon Lân' – bu Rowland yntau'n ymweld â'r gogledd yn ystod y flwyddyn flaenorol. Ar ôl brecwast a shafio, bu'n cofnodi yn ei ddyddlyfr ac yn ysgrifennu hanner dwsin o lythyrau. Yna, clywodd fod Ned Lloyd, bardd o Lanuwchlyn, wedi ysgrifennu cân amdano. Dangosodd ei westeiwr gopi ohoni iddo. Pan ddarllenodd hi daeth ton o ddigalondid drosto unwaith eto. Ofnai y byddai bygythiadau yn ei aros y pen arall i'r llyn. Galwai'r gerdd ar wŷr Penllyn, yn wreng a bonedd, i ymuno yn yr hwyl 'i hela rhyw fadyn'. Anogid boneddigion Bodwenni a'r Rhiwlas, ynghyd â'r meddyg 'Dr Jones' a'r 'Ficer Lloyd' a nifer o wŷr adnabyddus eraill, i ymuno yn y sbri. Ac anogai'r werin, hefyd, i ddod yn eu cannoedd i gefnogi'r helfa. 'Deffrowch a deuwch i gyd o'ch tai i guro rhai garw – a gwragedd hefyd. Hwi! Hwi! Hwi!' Ei erfyniad oedd i 'Shencyn a Harrish' gael eu herlid dros Fwlch y Groes. A byddai llonydd wedyn 'i'r wir ffydd' ac yna fe 'flodeua rhinwedd bob rhyw ddydd/ni bydd un ohonom yn brudd'. Cododd hyn arswyd yng nghalon Harris ond wedi troi mewn gweddi at Dduw fe ymgryfhaodd gan gredu y byddai ef yn cynnal ei genhadon ac yn ffyddlon i'w gyfamod. Pregethodd i'r dyrfa ddisgwylgar a grynhodd ar fuarth Nantydeilie ar y testun, 'Pwy bynnag sy'n sychedig, deued ataf fi ac yfed'. Yna esgynnodd ar ei geffyl a throi tua'r Bala.

Ac yntau ar gwr Llanycil ac ar fynd heibio i'r eglwys yno, ymddangosodd offeiriad y plwy', Robert Jones, a nifer o gynffonwyr, ar gefn ceffylau a'i orfodi i sefyll.

Gan wybod yn iawn pwy ydoedd, gofynnodd y rheithor mewn tôn fygythiol:

'Be wyt ti'n ei wneud y ffordd yma?'
'Am wneud rhywfaint o ddaioni i'r bobl yr ydw i.'

'Ar ba awdurdod y deui di yma?'

'Ar awdurdod Duw, gobeithio. Ac mae llwyddiant y gwaith yn warant o hynny.'

'Ym mha Brifysgol fuost ti?'

'Yng Ngholeg y Santes Fair yn Rhydychen.'

Yna collodd y rheithor ei dymer gan ei wahardd rhag pregethu ym mhlwyfi Llanycil a'r Bala.

'Credwch fi,' atebodd Harris, 'rydw i'n aelod o Eglwys Loegr ac os carech fy ngwrando yna fe welech nad wyf yn ymwrthod ag un o Erthyglau'r Eglwys . . .'

'Y cnaf iti. Y Pengrwn balch. Tresmaswr plwyfi a therfysgwr dynion diniwed.'

'Gellwch fy nifenwi gymaint ag y dymunwch ond cefais i fy nysgu i ymatal rhag difenwi neb. Ond fe weddïaf drosoch.'

'Cer i gythrel ac aros i weld sut groeso gei di yn y Bala!'

Ar hyn, trodd ymaith ar ei geffyl, a'i ffrindiau i'w ganlyn, gan weiddi bygythion nes bod yr atsain yn hedfan ar draws y llyn. Cydiodd Harris yntau yn ei awenau gan annog ei geffyl tua'r dref. Ofnai'r gwaethaf ond gobeithiai'r gorau. Torrodd ef a Siencyn Morgan allan i ganu, 'A raid i mi gan ofon dyn/wrthwynebu Ysbryd Duw ei hun?' – emyn a gyfieithiodd o'r Saesneg oedd yn gyfieithiad, yn ei dro, gan ei gyfaill John Wesley o emyn Almaenaidd Martin Luther.

Aeth yr offeiriad a'i griw ymaith i annog dynion yn y plwyfi cyfagos i fynd i'r Bala ar frys i roi 'croeso' i'r pregethwr amharchus o'r deheudir. Addawodd gwrw rhad i'r sawl a ddeuai yno, ac roedd wedi trefnu i osod baril o'r ddiod y tu allan i'r Eagles, un o dafarndai'r dref. Denodd hynny rai o wŷr mwyaf diegwyddor y cylch i ymuno yn yr hwyl o 'hela'r madyn'. Rhyw wyth o arddelwyr y ffydd newydd oedd yn y Bala ar y pryd ac un ohonynt oedd Catherine Edward. I'w chartref hi ar draws y ffordd i'r Bull yn y Stryd Fawr yr aeth Harris i gael seibiant ac enllyn cyn iddo fentro allan i gyfarch y dorf oedd bellach wedi crynhoi y tu allan i'r drws.

Cludai rhai ohonynt bastynau, ac roedd llawer ohonynt wedi diosg eu crysau ac yn sefyll o'i flaen yn noeth i'w gwregys fel ymladdwyr pen-ffair. Roedd y giwed feddw yn bloeddio a sgrechian a rhai gwragedd yn eu hannog i ymosod ar y pregethwr bach. Teimlai Harris yn ddigon hyderus o dan ysbrydoliaeth i ddal ati, ond gyrrodd hyn y dyrfa'n wallgof a gorfu i'w ffrindiau ei achub o'i chrafangau. Ffoesant i dŷ yn nes at ganol y dref lle bu iddynt weddïo a chanu. Dilynodd y dyrfa a gwaeddodd un o'r arweinwyr, 'Rowndiwch y tŷ. Peidiwch â gadel i'r diawl bach ddianc. Fe ddaliwn ni'r cythrel a'i lambastio, y llwfrgi'. Ubai'r dorf ei hanogaeth.

Yna clywent lais Harris yn codi mewn pregeth o'r tu mewn, 'Nac ofna, braidd bychan, canys rhyngodd bodd i'ch Tad roddi i chwi y deyrnas.' Yn sydyn, er dychryn i'r ychydig oedd yn y tŷ, torrwyd un o'r ffenestri'n deilchion gan ddyn a chwifiai bastwn cnotiog. Ond cododd Harris ei lais gan bregethu y tro hwn ar sail yr adnod sy'n gofyn, 'Saul, Saul, paham yr wyt yn fy erlid i?' Eglurodd yn ei lais treiddgar fod pobl a fynnai erlid gweision Duw yn euog o erlid Crist, a mynegodd yn groyw y byddai'n rhaid i'r erlidwyr oedd y tu allan ymddangos o flaen brawdle Crist yn nydd y farn. Cynddeiriogi fwyfwy a wnaeth y dyrfa nes i ffenestr arall gael ei thorri – un y tro yma oedd y tu ôl i'r pregethwr ac fe estynnwyd dwylo drwyddi i geisio gafael yn Harris a'i lusgo allan i grafangau'r dorf. Llwyddodd un dihiryn i ddod i mewn i'r ystafell. Ar hynny, gwthiwyd y pregethwr i fyny'r grisiau lle plygodd i weddïo dros ei elynion, dros ei ffrindiau a throsto'i hunan. Pwysai'n gryf ar ei Arglwydd. Nid ofnai neb na dim. Yna fe glywent ddynion ar y to yn disodli'r llechi wrth iddynt geisio torri trwodd atynt y ffordd honno. Clywent leisiau'n galw am dynnu'r tŷ i lawr garreg wrth garreg, a banllefau o anogaeth yn dilyn. Ofnai gŵr y tŷ am fywyd Harris ac fe'i cynorthwyodd i ddianc ar ruthr gyda thri o ddynion cryf yn ei warchod. Ond cryfach oedd y dorf ac ymosodwyd yn chwyrn ar y ffoaduriaid. Y gwragedd a ymosododd yn gyntaf gan sgrechian fel ellyllon, yn tynnu gwallt y pedwar ac yn trybaeddu eu hwynebau a'u gyddfau mewn tom. Rhegent fel cathod wrth ymosod arnynt. Yna daeth tro'r dynion ac fe fu eu hymosodiad hwy yn chwyrn, gyda'r dyrnau a'r pastynau yn eu llorio'n llwyr nes i Harris gredu ei fod yn wynebu'r un tranc â Stephan wrth i gerrig syrthio am ei ben. Hanner cododd ar ei draed a gellid dilyn ei lwybr tua chyrion y dref gan drywydd y gwaed a adawodd o'i ôl. Ond ni ddarfu'r ymosod: parhawyd i'w gicio a'i faeddu nes i rywun ei gynghori i ddianc. Derbyniodd y cyngor, nid am ei fod yn llwfr nac am ei fod yn ofni marw – yn wir, byddai marwolaeth yn ddrws iddo gerdded trwyddo i fywyd tragwyddol – ond am nad oedd yn fodlon trengi o dan law dihirod meddw tre'r Bala. A gwyddai, p'run bynnag, mai offerynnau yn llaw'r rheithor oeddynt hwythau i gadw'r pregethwr crwydrol o'r plwy'. Dilynwyd ef a'i gyfaill, Siencyn Morgan, heibio i Lanycil a rhywsut cafodd Siencyn ailafael yn ei geffyl. Ond tynnwyd ef oddi ar ei gefn a daliwyd ei droed yn y warthol. Roedd yr erlidwyr wrth eu bodd yn hysian y ceffyl, gan ei ddychryn a gwneud iddo garlamu'n gynt gan lusgo Siencyn o'i ôl.

Eu bwriad oedd cael yr anifail i'w dynnu i lawr y dorlan serth i ddŵr y llyn. Ond yn sydyn cododd llais yn gorchymyn i'r giwed ymatal. 'Digon yw digon!' gwaeddodd. 'Ewch yn ôl i'ch cartrefi a sobrwch. Thâl hi ddim ichi ymddwyn fel cŵn'. Er syndod iddynt, y dyn a lefarodd y geiriau oedd ciwrad Llanycil, George Griffiths. Methai'r gwŷr â deall pam fod agwedd y rheithor, Robert Jones, mor wahanol i'w giwrad, ond ta waeth, rhyddhawyd Siencyn Morgan a dychwelodd ef a Harris i Nantydeilie yn friw o gorff ac yn isel eu hysbryd.

Yng nghlydwch cegin y fferm lliniarwyd ar y clwyfau. Sylwodd Harris mai dyma'r tro cyntaf iddo golli gwaed dros Grist, er iddo gael ei fygwth yn aml. Peidiodd y gwaedu ond roedd yn ddolurus iawn a'i gorff i gyd yn gleisiau a'i lygaid yn ddu. Ni fedrai sefyll; teimlai'n rhynllyd drwyddo ac ni fedrai gynhesu. Clymwyd ei ben â hances mawr gwyn dros ei berwig a'i het i gadw'r gwres i mewn. Blinid ef gan yr argyhoeddiad ei fod wedi bod â gormod o ofid am ei groen ei hun yn ystod y dydd ac nad oedd wedi gweddïo dros ei erlidwyr. Roedd hi bellach tua saith o'r gloch ac roedd tua ugain o bobl Llanuwchllyn wedi dod ynghyd i'w gysuro, ond ni fedrai sefyll i'w hannerch ac aeth i orffwys. Roedd mewn cryn boen a methai â chysgu. Penderfynodd godi atynt, ond methai â cherdded. Ymbalfalodd yn ôl i'r gwely ac ymhen tipyn syrthiodd i gysgu. Dihunodd tua chanol nos yn teimlo'n well, a chredai mai annerch y bobl oedd wedi dod i'r tŷ oedd ei ddyletswydd. Gwnaeth hynny gan bwysleisio'r angen iddynt ymwybod â'u trueni fel pechaduriaid. Aeth dros ddigwyddiadau'r dydd a chyffesu ei fod yn euog o roi hunan-les o flaen galwadau'r Efengyl. Llawenychodd pan ffurfiwyd yr ugain oedd yno'n gwrando yn seiat, ac esboniodd ystyr hynny iddynt. Rhybuddiodd hwy rhag pob hunanoldeb a'u hannog i lynu wrth Grist a chael eu gwisgo ganddo. Bu gorfoleddu a chrio am drugaredd hyd yr oriau mân ac yna aeth Harris i'w ystafell i ysgrifennu llythyrau. Syrthiodd i gysgu yn fuan wedi tri o'r gloch.

Y bore wedyn, dydd Gwener, Ionawr 30, 1741, cododd Harris am ddeg o'r gloch ac ar ôl brecwast bu'n calonogi'r gynulleidfa a ddaethai ynghyd trwy ddadansoddi'r bennod yn Efengyl Ioan sy'n dechrau â'r geiriau, 'Yr wyf wedi dweud y pethau hyn wrthych i'ch cadw rhag cwympo. Fe'ch torrant chwi allan o'r synagogau; yn wir y mae'r amser yn dod pan fydd pawb fydd yn eich lladd chwi yn meddwl ei fod yn offrymu gwasanaeth i Dduw'. Ond gyda chynhesrwydd yn ei lais, addawodd iddynt y byddai pob tristwch yn troi'n llawenydd 'yn union fel y bydd gwraig mewn poen wrth esgor ond pan fydd y plentyn wedi ei eni ni fydd yn meddwl am hynny ond fe fydd yn llawenhau'. Bu ef a Siencyn Morgan yn sôn am addewidion ac argoelion o wawr yn torri ym Mhenllyn, ac yna aeth i'w ystafell i ysgrifennu yn ei ddyddlyfr ac i ateb nifer o lythyrau. Daeth i lawr tua phedwar a bu ef a Siencyn yn gweddïo am ryw awr cyn i'r ddau gychwyn ar eu taith tua Sir Gaernarfon – wedi'r cyfan, dyna oedd eu bwriad o'r cychwyn. Cyraeddasant Hafod-y-garreg, Trawsfynydd, erbyn wyth o'r gloch a bu llawenydd yn y cwmni o'u cael yn eu plith yn ddiogel. Buont yn canu moliant i Dduw am oriau.

YMWNEUD HARRIS Â NIFER O WRAGEDD
Cwrdd ag Anne yn y Wernos

Ystryw ar ran gelynion Harris oedd cipio James Ingram i'r carchar yn Aberhonddu ar Fai 8fed, 1744. Credid yn gyffredinol ar y pryd fod y Ffrancod ar fin ymosod ar Loegr. Yn wir, pan oedd yn Llundain yn gynharach roedd Harris wedi ysgrifennu at ei was ffyddlon yn sôn am lynges Ffrainc yn ymgasglu yn y Sianel, 'Mae llawer o bethau'n cyd-ddigwydd yma sy'n gwneud ymosodiad yn debygol.' Ychwanegodd ei fod wedi ciniawa gyda Mr James Erskine, Aelod Seneddol o'r Alban a chyfaill i Fethodistiaid Lloegr, a'i fod wedi dysgu llawer am y byd a'i wleidyddiaeth 'nes imi flino ar y cyfan'.

Ond roedd cynllwyn ar ran rhai gwŷr bonheddig Brycheiniog i geisio rhwystro Harris a'i bobl gan eu bod yn credu fod y Methodistiaid yn Babyddion cudd ac felly'n gyfeillion bradwrus i Ffrainc. A pha gam gwell i dorri eu crib na chipio Ingram, oedd yn weithiwr mor ddyfal yn Nhrefeca – yn copïo llythyrau Harris, yn gofalu am ei geffyl, yn mynd ar negeseuon drosto, ac yn gwerthu llyfrau. Edrychai Harris ar 'Jemy' fel cyfaill annwyl y gallai ymddiried ynddo. Hwyrach mai ei gymwynas bennaf oedd cadw cofnodion y Sasiynau pryd y deuai arweinwyr a chynghorwyr y diwygiad at ei gilydd i drafod y gwaith a chynllunio ar gyfer y dyfodol. Wedi'r cyfan, roedd llif y diwygiad yn gofyn am gael ei sianelu a gwaith Harris, gyda chymorth Jemy, oedd hynny. Pwysai Harris yn drwm arno, a mawr oedd ei ofid pan ddaeth y cwnstabl i Drefeca y noson honno i'w arestio. Roedd pawb wrth eu gwaith ar y pryd a mynnodd y swyddog a'i weision cyhyrog gydio ym mreichiau Jemy yn ei swyddfa a'i lusgo at y ceffylau y tu allan. Gosodwyd ef ar gefn ceffyl â'i ddwylo ynghlwm y tu ôl iddo. Digwyddodd hyn yn ddirybudd heb i neb amgyffred yn iawn beth oedd ar droed, sef ei ddwyn i Gastell Aberhonddu i'w bresio.

Aeth Harris ar ei union i'w ystafell ac ysgrifennu llythyr at Marmaduke Gwynne o'r Garth yn ymbil arno i ddefnyddio pob perswâd ar ei gyd-ynadon i ryddhau Ingram pan fyddent yn cwrdd yn y Felinfach drannoeth. Eglurodd wrtho mai gwas oedd Ingram, yn byw yn Nhrefeca am ei fwyd a'i ddillad yn unig a'i fod yn llanw swydd bwysig fel ei ysgrifennydd a'i oruchwyliwr, a hynny er mwyn llwyddiant y Deyrnas. Dynion heb waith i'w cynnal ac yn crwydro'r wlad o le i le, a gwŷr a ddilynai fywyd anfoesol, oedd i gael eu presio, ond gwyddai pawb oedd yn ei adnabod gymaint oedd sobrwydd, gostyngeiddrwydd a diwydrwydd Jemy. Ymddiheurai Harris am bwyso mor daer ar Gwynne, ond gwyddai fod ganddo gyfaill ym mhlas y Garth. Oddi ar 1735 bu'r sgweiar cefnog hwn yn gefnogol i Harris a'r mudiad crefyddol newydd oedd wedi ysgubo drwy'r wlad, a theimlai Harris yn ddigon hyderus i ymbil am ei gymorth yn y mater hwn. Gwyddai'n iawn, serch hynny, am elyniaeth ffyrnig y sgweiar iddo ar y cychwyn. Oni ddaethai yn un swydd i fynwent eglwys Llanwrtyd i wrando arno'n pregethu, yn cario copi o'r Ddeddf Derfysgaeth yn ei boced gan fwriadu ei ddwyn i'r carchar?

Tybiasai fod Harris yn lloerig, ond pan glywodd y bregeth fe'i trywanwyd, ac aeth at Harris a gofyn am ei faddeuant, gan gydio yn ei law a'i dywys i'w gartref yn y Garth.

Ers hynny roedd Marmaduke Gwynne wedi agor drws ei blasty i Harris ac eraill o'r diwygwyr, er gwaetha'r ffaith fod y gwrth-Fethodist, Theophilus Evans, yn gaplan i'w deulu. Ymhlith y gwesteion hynny i'w blasty, gydag ugain o weision a lle i bymtheg o bobl aros mewn cryn foethusrwydd, roedd y brodyr John a Charles Wesley. Yn y man, yn wir, fe briododd un o ferched y sgweiar, Sarah, â Charles Wesley. Ond, er gwaethaf hyn oll, ni fedrai Gwynne wneud dim i helpu Harris y tro hwn, a bu Jemy, druan, yng ngharchar Aberhonddu tan ganol Mehefin, yn gogoneddu Duw ac yn canu ynghanol ei dreialon.

Cafodd Harris wybod yn fuan ar ôl carcharu Ingram fod y presgang am ei garcharu yntau ar y cyfle cyntaf – ar y sail nad oedd ganddo gartref parhaol, a'i fod yn byw fel crwydryn ar drugaredd y wlad. Pe bai ganddo synnwyr digrifwch, byddai wedi rhuo chwerthin wrth glywed y fath ddehongliad o'i waith fel efengylydd crwydrol. Ond doedd hiwmor ddim yn un o'i rinweddau. Yn wir, ysgrifennodd yn ei ddyddlyfr un tro fod cywilydd arno am chwerthin! Maentumiai fod rhywrai yn cynllwyno yn ei erbyn ac am ddial arno am gynhyrfu'r bobl gyda'i bregethu tanbaid. Danfonodd Jemy lythyr o'r carchar at Harris ar Fehefin 18, 1744, yn honni fod capten o'r fyddin wedi dod i'r dref y noson cynt i ddweud y byddai'n dwyn y carcharorion ymaith yn fuan i'w gwerthu. Clywsai fod un o'r byddigion wedi datgan y byddai'n medru talu ei forgais gyda'r elw a gâi o bresio dynion diniwed i'r llynges!

Ond synhwyrai Harris fod cynllwyn arall ar gerdded ymhlith ysweiniaid a mân foneddigion Brycheiniog a

Maesyfed. Roedd y si ar led ei fod ef – mab i ryw saer o Langadog a ddaethai i weithio yn Nhalgarth – yn meiddio gofyn am law Anne Williams o'r Ysgrín, merch John Williams, Yswain, i fod yn wraig iddo. Tybiai'r cynllwynwyr fod haerllugrwydd Harris yn dwyn gwarth ar eu dosbarth, a ph'run bynnag, roedd lle i gredu fod y tad yn anfodlon i'r briodas ac y'i cefnogid gan aelodau eraill o'r teulu a chyfeillion. Bygythiodd brawd Anne saethu Harris! Credai Harris, felly, mai cynllwyn ar ran rhai o'i elynion oedd carcharu Ingram a'r bygythiad iddo ef ei hunan, ond roedd yn ddigon hyderus y câi gefnogaeth gwŷr a gwragedd o safle, fel Marmaduke Gwynne, rhai ohonynt â chlust yr awdurdodau yn Llundain, i dorri crib ei erlidwyr.

*   *   *

Gŵr rhadlon, difalais oedd John Games, codwr canu yn eglwys Talgarth. Penderfynodd, yn 1736, gyda chaniatâd y ficer, fynd o amgylch y plwy' a'r ardaloedd cyfagos i ddysgu'r salmau-ar-gân i bobl yn eu cartrefi ac mewn ambell bentref. Roedd ei frwdfrydedd yn heintus ac yn fuan ar ôl ei dröedigaeth syfrdanol, gofynnodd Howel Harris iddo a fedrai ddod yn gwmni iddo, gan ychwanegu y byddai'n croesawu'r cyfle i ddarllen darnau o lyfrau crefyddol i'r un bobl. Ar ôl y canu fe gâi Howel gyfle i adrodd adran neu ddwy o *Yr Ymarfer o Dduwioldeb*, sef cyfieithiad Rowland Fychan, Caergai, o lyfr defosiynol Lewis Bayly, un o gyn-esgobion Bangor. Cawsai Harris swcwr o ddarllen y gyfrol adeg ei dröedigaeth ac roedd y gwrandawiad a gâi yn y cwmnïoedd yn cynhesu ei galon. Ni fyddai'n pregethu nac yn cynghori ar y pryd, dim ond gadael i'r geiriau difrif-ddwys weithio ar galonnau ei wrandawyr. Dywedai air o'i brofiad ysgytwol ei hun ac offrymai weddi ddwys.

Bu yn fferm y Wernos un noson yn 1737, fferm uchel a lechai'n glyd dan gysgod Mynydd y Fforest ac a lygadai afon Sgithwen a fyrlymai drwy'r cwm ymhell islaw cyn aberu, rhyw ddwy filltir i ffwrdd, i afon Gwy a droellai yn ei hurddas am Gastell Llangoed a Llys-wen. Roedd nifer o ieuenctid y cylch wedi ymgynnull yno a gofynasant i Harris a fyddai'n barod i ddod i'r Wernos rywbryd eto i ymddiddan â hwy. Ar un o'i ymweliadau diweddarach fe sylwodd ar un ferch yn arbennig a syllai'n ddifrifol arno wrth iddi wrando'n astud. Sbeciai gwallt du, cyrliog, o dan boned wen, syml. Yr oedd wedi ei gwisgo hefyd mewn dillad ffeinach a drutach na'r gweddill, gyda siôl ddu o sidan dros ei hysgwyddau. Cafodd Harris wybod mai Anne, merch John Williams yr Ysgrín, oedd hi ac wrth iddo fynychu'r Wernos dros y misoedd nesaf fe ddaeth i'w hadnabod a'i pharchu am ei ffydd gonest a syml yn Iesu. Gan amlaf byddai ei brawd gyda hi a chyn bo hir cafodd wahoddiad trwyddynt i fynd i'r Ysgrín ar lan afon Gwy yn Sir Faesyfed. Ymhyfrydai yn hynny gan fod drws, bellach, yn agor iddo i gartref un o'r bonedd.

Ar hyd ei oes roedd ganddo le cynnes yn ei galon at y Wernos gan mai yno y sefydlodd y seiat gyntaf o blith y llu a sefydlwyd ar hyd a lled Cymru, ac yno y gwelodd am y tro cyntaf yr un a ddaeth, maes o law, wedi llawer cam gwag mae'n wir, yn wraig iddo. Hefyd, yn y Wernos, ar ymweliad diweddarach, y bu iddo gymryd y cam cwbl allweddol i roi heibio darllen o lyfrau. Meddai yn ei ddyddlyfr, 'Dechreuais lefaru yn gyhoeddus yn y Wernos a theflais ymaith y llyfr. Ar y pryd roeddwn yn Gristion dwy flwydd oed ac wedi cerdded dros ddwy fil o filltiroedd i'r

cartrefi a'r cwmnïoedd oedd yn barod i fy nerbyn . . .
Cynyddodd fy noniau a dechreuais lefaru ychydig am Grist,
ond yn bur anwybodus'.

O'r tro cyntaf iddo weld Anne yn 1737 tan iddo ei
phriodi yn 1744, bu diwydrwydd Harris yn cynghori a
theithio ar hyd a lled Cymru ac i Lundain, yn syfrdanol. Yn
y blynyddoedd cynnar cyfyngai ei deithiau i gylch a
gynhwysai Abergafenni a Llywel. Yn ddiweddarach
ehangodd ei faes a chawn ef yn teithio i Siroedd
Caerfyrddin, Aberteifi a Phenfro. Yn ystod y teithiau hyn
câi groeso cynnes ar lawer aelwyd – a chyfle i ddod i
adnabod llawer o ferched newydd.

Er iddo sylwi ar brydferthwch Anne yn y Wernos ac
iddo ddod i'w pharchu am ei dewrder yn mynychu'r
cyfarfodydd yno ac ym mhentref Erwd gerllaw, a hynny yn
nannedd dirmyg llawer o'i chydnabod, ni fentrodd ddatgan
wrthi ei deimladau. Bu'n llythyra gyda hi droeon rhwng
1737 a 1741 ond ei lles ysbrydol oedd bennaf ar ei feddwl.

Ond roedd Harris yn hoff o gwmni merched a bu mewn
cariad droeon yn ystod y cyfnod yma – ac fe hoffai
merched ei gwmni yntau. Gorfod iddo alw plismon, un tro,
i gadw un ohonynt draw! Serch hynny, roedd ganddo
ymlyniad at Anne, ac yn ôl ati hi y deuai bob tro. Gŵr o
serchiadau cryfion ydoedd ac wrth iddo syrthio mewn
cariad â mwy nag un, cododd ynddo ryw ansicrwydd mawr.
Gweddïai droeon am i Dduw ei ryddhau o'i serchiadau.
Teimlai ei fod mewn perygl pan fyddai ymhlith merched,
ac un tro ysgrifennodd yn ei ddyddlyfr, 'Nid yw fy chwant
cnawdol eto wedi ei ladd'. Nid oedd cnawd ac ysbryd yn
cyd-orwedd yn esmwyth ynddo.

Syrthiodd bendramwnwgl mewn cariad gyntaf pan oedd
yn athro yn Llangasty yn 1736. Noddwraig y plwy' oedd

gweddw ifanc gefnog o'r enw Mary Parry. Dangosodd hi ddiddordeb cynnar yn y gŵr ifanc tanbaid a bu'n barod i'w gefnogi yn ei genhadaeth. Teimlai yntau y gallai agor ei galon iddi ac nid oedd hithau yn ôl o roi cyngor iddo. Datblygodd perthynas gynnes rhyngddynt ac er mai ym Mhlas Tal-y-llyn y trigai hi, ni fu i hynny atal brwdfrydedd Harris ifanc. Pan feiddiodd ddatgan ei deimladau tuag ati fe oerodd tuag ato. Mynnodd ef fod ei deimladau'n gwbl anrhydeddus. Ar yr un pryd, mynegodd na roddai dim fwy o bleser iddo na chael marw yn ei breichiau! Pan fu farw Mary yn annhymig yn 1738, galarodd yn ddwys ar ei hôl.

Un arall a ddangosodd gefnogaeth barod i'r diwygiwr ifanc oedd Mary Phillips o Lanfihangel Tal-y-llyn, a bu'n pwyso arni hi am beth amser, ond oeri wnaeth y cynhesrwydd o'r ddau du.

Elizabeth James, gwraig weddw arall, oedd yn byw yn Abergafenni, a ddenodd ei fryd nesaf, a hynny yn 1739. Roedd hi tua deng mlynedd yn hŷn na Harris ac yn wraig o argyhoeddiadau cryfion. Mae'n wir nad oedd ganddi degwch pryd, ac nad oedd yn ifanc nac yn gyfoethog, ond teimlai Howel y gallai ymddiried ynddi, a rhoddodd ei ddyddlyfrau, a gadwasai bob dydd oddi ar ei dröedigaeth yn 1735, yn ddiogel yn ei dwylo. Ysgrifennai'r naill at y llall yn gyson gan drafod diwinyddiaeth yn helaeth, ac yn 1740 fe'i cyferchir gan yr efengylydd fel ei 'annwyl, annwyl gariad'. Ond carwriaeth ryfedd ydoedd. Yng nghefn ei feddwl dychwelai yn aml at Anne ac fe fu'n ymgynghori â'i gyfeillion, John a Charles Wesley, ac yn gofyn pwy a wnâi wraig gymwys iddo. Pwysleisiai nad oedd yn chwennych yr un fenyw yn y cnawd. Cymar ysbrydol oedd ei angen, i'w gynnal yn ei waith. Ar yr un pryd byddai'n ysgrifennu'n garuaidd at Elizabeth, yn amlwg wedi ei gyfareddu ganddi ond yn gwadu ar yr un gwynt fod ei deimladau yn gnawdol. Credai mai gwrthrych eu cariad oedd Crist ac mai dibwys oedd eu perthynas hwy o'i chymharu â'r berthynas honno. Eto, plediai Harris fwy nag unwaith ar iddi ysgrifennu ato, fel y gwnaeth o'r Bala ar Chwefror 12, 1739. Soniodd am y driniaeth a gafodd ar y ffordd trwy Gemaes a'r bygythiadau o garchar, a'r plant yn gweiddi ar ei ôl 'Rumps! Rumps!' fel pe baent yn credu mai un o ddisgynyddion Cromwell ydoedd. Ac yna ysgrifennai, 'Rwyf yn gofyn yn dyner i fy ffrind annwyl ysgrifennu ataf, gan ofyn i Grist dueddu ei chalon i hynny.'

Erbyn mis Medi 1740, fodd bynnag, clywodd Harris gan gyd-weithiwr teyrngar iddo, William Seward, ei fod yn tybio y byddai Elizabeth yn gymar delfrydol i fynd i Georgia gyda George Whitefield, pregethwr mwyaf y diwygiad yn Lloegr, a chyfaill agos i Harris – i ofalu am gartref i blant amddifad y bwriedid ei godi yno. Siom enbyd oedd hyn i'r Cymro ond penderfynodd, os dyna ewyllys yr Arglwydd, mai derbyn y drefn oedd orau.

Diwyd fu'r llythyra rhwng y tri ohonynt, yn bennaf am lwyddiant y diwygiad, ond yn ogystal am y ffordd ymlaen. Mynnai Elizabeth ei bod yn hoffi Harris yn fawr ond gwell fyddai ganddi fod yn forwyn iddo yn hytrach nag yn wraig, tra honnai Whitefield y byddai'n hapus i'w gweld yn priodi Harris, ac er i Harris, yn bur anfoddog, ei throsglwyddo i freichiau'r Sais, ni fu'n esmwyth am gryn amser. Ystyriodd y cyfwng yr oedd ynddo gan ddweud, 'Arglwydd, achub fi rhag pob menyw; na fydded imi wraig na chyfaill ond Tydi.' Ar Dachwedd 11, 1741, roedd Harris yn eglwys Llandeilo Pertholau, rhyw ddwy filltir o'r Fenni, yn barod i gyflwyno Elizabeth i George mewn gwasanaeth priodas ond, er siom i'r cwmni, gwrthododd y ficer â chyflawni'r ddefod a bu raid iddynt fynd ymlaen ryw dridie i Gaerffili lle priodwyd hwy yng Nghapel Martin, a chafwyd gwledd briodas syml ym Mhlas y Watford dan gronglwyd hael Thomas Price, y diwydiannwr a'r perchennog tir, a chyfaill cywir i'r diwygwyr. Ffarweliodd Elizabeth yn dyner â Harris ac am ddyddiau wedyn bu ef yn ofidus am iddo ei cholli. Rywbryd yn ystod y misoedd canlynol mae'n amlwg fod Harris yn dal i gael ei gythruddo gan iddo ddweud yng nghlyw Whitefield y byddai 'ei bregethu yn cael ei atal gan eu priodas' a gorfu iddo ysgrifennu llythyr llaes o ymddiheuriad ym mis Ionawr 1742, yn cyffesu 'yn ostyngedig, mewn mawr gywilydd, yr hyn oedd o'i le ar fy ysbryd a'm hymddygiad', a bod ei falchder bellach dan reolaeth . . . 'Yn ddiniwed y lleferais heb unrhyw chwerwedd . . . Gweddïwch dros fy enaid.'

Ond ni ddiflannodd Elizabeth James o'i fywyd am flynyddoedd lawer gan iddi ddatblygu i fod yn ddraenen yn ei ystlys trwy geisio dylanwadu ar ei gŵr, George Whitefield, i newid ei farn gynnes am Harris a thrwy fusnesu yn ei fywyd priodasol. Collodd ei dymer yn llwyr gyda hi sawl tro – prin y gellid meddwl iddynt fod yn gariadon gynt!

Er hyn oll, y gwir yw fod Harris yn dal i gael ei ddenu gan Anne Williams. Droeon yn ystod 1740 cafodd achos i feddwl yn garedig a thyner amdani. Teimlai fod Anne yn ei garu ond gweddïai ar i'w pherthynas ag ef fod yn ddyrchafol ac nid yn gnawdol, a gwelai arwyddion diamwys o dyfiant ysbrydol ynddi. Daeth ar ei thraws yng ngerddi'r Ysgrín yn drallodus ei hysbryd am ei chyflwr fel Cristion, ac wylai'n chwerw. Gwnaeth hyn argraff ddofn arno a chofleidiodd hi. Cofiai hynny'n glir bedair blynedd yn ddiweddarach pan oedd yn Llundain, ac yntau'n pwyso a mesur a ddylai ei chymryd yn wraig iddo ai peidio.

Eto i gyd, ychydig ddyddiau ar ôl priodas Elizabeth a George fe gyfarfu Harris â merch ddeniadol o Lwynceiliog, Caeo – mwy atyniadol o lawer nag Anne, ac yn Gristion o gryn brofiad. Miss Lloyd oedd ei henw, a bu hi'n ddigon hyf i ofyn iddo a fyddai'n barod i'w phriodi, a hithau'n blentyn i Dduw. Synhwyrai ef hefyd na fyddai yna wrthwynebiad teuluol iddo ei phriodi. Wedi helynt Elizabeth a simsanu Anne, credai y byddai hi'n ddelfrydol fel cymar iddo. Cysgodd dros y broblem a'r bore wedyn, wedi codi'n gynnar, fe ysgrifennodd lythyr at Anne yn ei hysbysu mai hi oedd yr un a ddewiswyd iddo gan Iesu ac na fedrai anghofio hynny. Ar ôl brecwast dywedodd wrth Miss Lloyd fod ganddo rywun arall a garai a'i fod wedi bod yn llythyra â hi. Yn wir, roedd llythyr yn ei law ac fe fynnai ei ddarllen iddi. Wedi iddi glywed y cynnwys torrodd hithau allan i wylo. Ceisiodd Harris esbonio wrthi mai ei charu fel y carai eraill o'r dychweledigion a wnâi, ond synhwyrai hi'n wahanol. Treuliodd dair awr yn ei chwmni yn ceisio ei diddanu ac felly bu'n hwyr yn cyrraedd ei oedfa yng Nghil-y-cwm, ond nododd y noson honno yn ei ddyddlyfr cyn mynd i gysgu ei fod wedi cael diwrnod gogoneddus!

Flwyddyn ynghynt bu iddo syrthio o ddifrif mewn cariad ag un o dair chwaer, merched John Mathias, Llwyngwathen ger Treletert yn Sir Benfro. Mary oedd enw'r ferch, a hi oedd yr hynaf. Derbyniodd Harris groeso'r aelwyd ar ei daith. Manteisiodd ar y cyfle i gynghori'r chwaer ac yna aeth i noswylio, ond dilynwyd ef i'w ystafell wely ganddi hi a'r chwaer ganol, ynghyd â'r dau ŵr ifanc. Bu'n siarad yn ddifrifol gyda nhw tan dri o'r gloch y bore ond ofnai nad oedd wedi llwyddo i'w clwyfo gyda her flaenllym yr Efengyl. Ar yr un pryd, teimlai ofid dros enw da Iesu pan ddywedent wrtho am y ffordd yr halogid y Sabath yn Nhreletert a bod yr offeiriaid yn gadael y meirwon heb eu claddu am ddyddiau, eu bod yn rhuthro trwy'r gweddïau a'u bod yn feddwon a phuteinwyr.

Ysgrifennodd emyn neu ddau ar gyfer y chwiorydd cyn codi y bore wedyn. Bore Sul oedd hi ac aeth i'r eglwys, ac yno fe glywodd fod dau gorff wedi aros i'w claddu o'r diwrnod cynt am fod y ciwrad yn feddw gorn. Bu yng Nghasnewydd-bach yn ystod y prynhawn ond teimlai reidrwydd i ddychwelyd i Lwyngwathen i dreulio'r nos. Bu yn cynghori'n gryf y dylai'r rhieni ofalu am weddïau teuluaidd ac na ddylent ganiatáu i'r merched ddifyrion fel dawnsfeydd a dramâu. Gwell fyddai ganddo, meddai, aros yn y bwthyn tlotaf yn hytrach nag yn eu tŷ hwy os nad oeddynt yn caru Crist. Yna aeth i'w ystafell ond fe'i dilynwyd gan Mary a bu'n ei chynghori tan tua tri o'r gloch y bore. Trannoeth cafodd ei daro gan y ffaith fod ei galon gnawdol ac ofnadwy yn ceisio ei yrru i symud ei serchiadau oddi wrth Anne at Mary Mathias. Ebychodd yn ei ddyddlyfr y noson honno, 'O! Pa betheuach yw dyn! Mae fel poen o uffern imi fod fel hyn.' Ond cyffesai bedwar diwrnod yn ddiweddarach fod ei gnawdolrwydd yn para i frathu wrth ei sodlau.

Beth bynnag, cafodd ei ysgwyd pan glywodd fod Anne yn barod i'w adael. Mae'n amlwg fod y Methodistiaid yn rhannu llythyrau â'i gilydd – doedd dim i fod yn breifat rhyngddynt – hyd yn oed eu carwriaethau. Nid oedd yn syndod, felly, i Harris ddarllen llythyr a ddanfonwyd gan Anne at John Syms, ysgrifennydd preifat George Whitefield, yn dweud y byddai'n fodlon mynd gydag ef i Georgia os dyna oedd dymuniad yr Arglwydd. Brifwyd ef pan welodd ei bod yn datgan y medrai gofleidio Syms, rhywbeth na ddywedasai wrtho ef erioed.

Mae'n debygol mai Whitefield a'i wraig fusneslyd oedd y tu ôl i'r cynllwyn hwn. Credent y gwnâi menyw arall o'r enw Elizabeth Price, wraig ragorol i Harris. Roedd wedi cwrdd â hi yn gynharach yn seiat Llanfair-ym-Muallt a theimlai Harris y medrai ei charu ac y gwnâi gyfraniad gloyw i Drefeca drwy ofalu am yr ysgol a welai yn cael ei sefydlu yno. Byddai yn achos adfywiad iddo bob tro y deuai adref o'i deithiau. Ond ni lewyrchodd y berthynas yma â 'Bet', chwaith. Yn y cyfamser, oerodd ei deimladau'n rhyfeddol at Anne; ni fedrai ddeall pam yr oedd wedi ei charu gymaint gynt ac yn awr yn methu gweld unrhyw ragoriaeth ynddi.

Ymhen rhyw chwe wythnos galwodd Harris heibio i'r Garth i rannu profiadau gyda Marmaduke Gwynne, a phwy a ddigwyddai fod yno ond Anne. Buont yn gweddïo gyda'i gilydd a chyn iddo fynd i gysgu fe ddarllenodd, am y tro cyntaf, y Gwasanaeth Priodas. Drannoeth fe roddodd Anne wybod iddo ei bod yn ei garu. Gwnaeth hyn iddo ystyried ei garwriaeth seithug ag Elizabeth James cyn iddi briodi George Whitefield, ac aeth ati i restru'r gwendidau oedd yn perthyn iddi. Dechreuodd hefyd gyfri'r pris o briodi Anne. Gwyddai fod cryn dipyn o gyfoeth yn dod i'w rhan ond gwyddai hefyd y byddai hi, o'i chalon hael, yn rhannu'r cwbl ag eraill. Byddai cael dau geffyl a dillad trwsiadus yn ddigonol iddo ef ond dymunai hefyd weld Trefeca'n dod yn dŷ agored i holl bobl Dduw ac Anne yn famaeth ysbrydol i bawb a ddeuai yno.

Ond ymhen y mis, yn Erwd, deallodd fod yna frawd o'r seiat yno, rhyw John Watkin, yn dra derbyniol gan Anne er iddi hithau wadu hynny. Harris oedd ei dewis ond ni fynnai ei briodi ychwaith am ei bod yn dod dan bwysau ei theulu. Yn ôl ac ymlaen yr âi'r garwriaeth; yn cynhesu ac yna'n oeri, a Harris yn chwilio am gyngor gan amryw o'i ffrindiau a chan Dduw.

Erbyn mis Mehefin 1742 roedd Anne yn siŵr nad oeddynt i ymuno mewn priodas er ei bod yn cyfaddef ei bod yn hoff iawn ohono, tra credai ef y byddent ryw ddydd yn dathlu eu priodas dan fendith yr Arglwydd. A hwythau wedi bod yn llythyru â'i gilydd yn gyson am rai misoedd ac yn cyfarfod o dro i dro, mynegodd Anne na fyddent byth yn priodi ac y byddai Harris yn cael ei arwain at rywun arall tra arhosai hi'n ddibriod. Ym mis Tachwedd pwyswyd arno gan ei gyfaill, George Whitefield, mai Elizabeth Price y dylasai ei phriodi ond ei ymateb i hynny oedd y gwnâi hi wraig amgenach i gyfaill arall iddo, y cynghorwr Methodistaidd o Faesyfed, James Beaumont. Erbyn diwedd y mis, roedd Anne yn dechrau meddalu tuag ato a llamai ei galon wrth feddwl fod gobaith bellach am ei chael yn wraig iddo. Ysgrifennodd ei gyfaill, Jeremy Ingram, lythyr brwd at Anne yn ei hannog i dderbyn Harris ac y byddai popeth yn 'cydweithio er daioni' i'r ddau. Ond erbyn diwedd Ebrill 1743 roedd arwyddion eto fod y cyfan ar ben ac fe fu i'r ddau gyfnewid llythyrau yn rhyddhau y naill a'r llall o unrhyw addewidion i briodi. Yn ddigalon ysgrifennodd Harris, 'Rydw i wedi ymwahanu oddi wrthi am byth.'

Erbyn Mehefin roedd ar daith yn Sir Gaerfyrddin ac yn lletya yn y Parciau, Henllan Amgoed, gyda'r teulu Poyer. Plas bychan oedd y Parciau gyda llwyni o bomgranadau a nectarinau yn harddu'r gerddi ac yno trigai dwy chwaer a'r hynaf ohonynt oedd Catherine, neu Cit, ac fe syrthiodd Howel dros ei ben a'i glustiau mewn cariad â hi. Hi oedd aeres yr ystad ond nid oedd hynny o bwys iddo. Yr hyn oedd yn bwysig oedd ei bod yn garuaidd ac yn barod i'w gefnogi yn ei waith.

Ym mis Gorffennaf, yn Erwd, cyfarfu eto ag Anne ac ofnai hi yn fawr y byddai yn ffromllyd tuag ati. Dechreuodd yntau feddwl mai Anne, efallai, a fwriadwyd ar ei gyfer wedi'r cwbl. Ond ymhen pythefnos roedd yn y Parciau eto a gosododd iddo ei hun restr o gryfderau y naill a'r llall ac, yn ddiamau, roedd Anne yn blaenori bron ymhob ffordd: roedd ganddi fwy o ffydd a chariad at yr Arglwydd na Cit. Ar y llaw arall, roedd Cit yn fwy parod i'w briodi ac nid oedd rhwystrau teuluol i'w hatal. Ysgrifennai hi ato'n gyson ond amharod i wneud hynny oedd Anne. Trodd, fel y gwnâi yn gyson, at Dduw mewn gweddi a dweud, 'Dangos i Cit Dy ewyllys, gan fy mod i mewn tywyllwch ac yn ansicr ynglŷn â'r naill a'r llall fel ei gilydd ac yn barod i briodi Cit neu Anne. Efallai mai Ti sy'n atal Anne rhag ysgrifennu ataf; eithr nid yw hynny, Arglwydd, yn garedig nac yn deg'.

Yn ôl ac ymlaen yr âi ei serchiadau, at y naill a'r llall, a chwiliai beunydd am arweiniad gan yr Arglwydd. Yna, yn ddisymwth, wedi iddo fod yn gwrando ar bregeth gan Howel Davies (a fuasai'n athro ysgol yn Nhrefeca cyn cael ei argyhoeddi dan weinidogaeth Harris), cafodd ei sicrhau, er mor fawr oedd ei serch tuag at Cit, mai ei gwrthod fyddai raid. Dychwelodd i Faesyfed lle y cyfarfu unwaith eto ag Anne, ac er iddi ei wrthod yn y bore, fe'i derbyniodd, o'r diwedd, erbyn y prynhawn. Ni fedrai Harris fesur ei lawenydd. Dychwelodd i'r Parciau a rhannu ei orfoledd â Cit. Ymhen rhyw ddeuddydd bu i Thomas Price o Blas y Watford, Caerffili, roi gwybod i Harris ei fod ef, ac yntau'n weddw bellach ac yn dad i wyth o blant, am geisio ennill Cit yn wraig iddo. Ond nid oedd hi yn frwd a throsglwyddodd Price ei sylw i'r chwaer ieuengaf, Cecelia.

Yna, mewn sgwrs gyda Howel Davies, awgrymodd Harris y gwnâi Cit wraig ragorol iddo. Gŵr swil oedd hwnnw a threfnwyd iddynt ddechrau trafod gyda'i gilydd. Fe'u priodwyd ar Ebrill 30, 1744, ond ymhen blwyddyn bu farw Cit ar enedigaeth ei phlentyn. Etifeddodd ei gŵr y Parciau ar ei hôl.

EI GARWRIAETH AG ANNE
Y briodas a phedair genedigaeth

O gofio mai gŵr pendant, penstiff yn wir, oedd Harris,
a chlir ei feddwl ar ôl iddo ymgynghori â Duw,
rhyfedd y gwamalrwydd yn ei serchiadau. Synnai ei
gydnabod at ei barodrwydd i syrthio mewn cariad ac yna i
fynnu cael ei draed yn rhydd gan achosi galar a gofid i nifer
o'r darpar wragedd. Ymddangosai'n ddi-hid o'u teimladau
briw ond byddai'n amddiffyn ei hun trwy haeru mai
ewyllys yr Arglwydd a geisiai dan bob amgylchiad. Credai
ambell un ei fod yn hunanol a bod ganddo dipyn o ffordd
i'w throedio cyn y medrai fentro ar berthynas iachus â
gwragedd. Synnent at ei dueddiad i drosglwyddo ambell
ferch, fel Elizabeth a Bet a Cit, i ffrindiau iddo, a hynny ar
ganol carwriaeth. Yn ogystal â llythyru'n helaeth, fe
deithiai a chynghori'n barhaus, yn aml ymhell o gartref, a
chredai rhai o Fethodistiaid Lloegr fod y stad briodasol yn
fagl beryglus i bregethwyr teithiol. Anaml yn y
blynyddoedd cynnar y byddai Harris yn Nhrefeca a bu mor
bell â Llundain chwe gwaith cyn ei briodas ag Anne ar
Fehefin 15, 1744, gan aros ar dri achlysur am gyfnodau o
ddau fis. Rhwng Tachwedd 30 a Rhagfyr 27 yr un
flwyddyn, bu ef a'i briod gyda'i gilydd yn y brifddinas.

Ym mis Ebrill 1743, rhoddodd Anne wybod i Harris fod
ei theulu yn cynhesu at y syniad o briodas rhyngddynt, ond

ar un amod – ei fod yn cael ei ordeinio'n offeiriad. Ysbardunodd hyn ef i wneud cais unwaith yn rhagor am gael ei dderbyn gan yr esgob ac i baratoi ar gyfer cyfweliad yn Nhyddewi. Teimlai yn hyderus y câi dderbyniad y tro hwn. Roedd Anne hefyd yn datgan yn gliriach nag a wnaeth cyn hynny y carai ei briodi ond ei bod yn ymwybodol iawn o'i ffaeleddau ei hun – ei hanwybodaeth a'i ffolinebau a'i hysgrifen symol. Ond gwell oedd ganddi fod felly na bod yn ffroenuchel fel Elizabeth James, gwraig Whitefield. Addawodd y byddai'n gweddïo'n gyson dros Howel iddo gael ei ordeinio ac i'r rhwystr teuluol ddiflannu. Cyfeilles a chefnogydd i'r ddau oedd merch Marmaduke Gwynne a drigai yn Wernffydden ger Bochrwyd. Ei henw oedd Elizabeth Barnsley ac fe addawodd hi fil o bunnau iddynt ar eu priodas. Cydymdeimlai modryb i Anne, o hen gartref y teulu yn y Felin-newydd, gymaint â hi nes iddi ddweud ar goedd y byddai'n dda ganddi ei gweld yn priodi Methodus. Ac fe doddodd gwrthwynebiad chwyrn ei modryb yn yr Ysgrín tuag ati. Roedd ei brawd, hyd yn oed, yn newid ei dôn.

Ond erbyn mis Tachwedd roedd y teulu wedi troi yn ffyrnig yn erbyn Harris eto, a brawd Anne yn bygwth ei saethu pan ddeuai i'r Ysgrín y tro nesaf. Rhybuddiwyd Anne na fyddai iddi ran yng ngwaddol y teulu os âi ymlaen â'r briodas. Ond yn ei ffordd dawel ei hun roedd hi'n benderfynol, bellach, i fwrw 'mlaen â'r cynlluniau. Bu hi a Howel yn Wernffydden yn trafod gyda Mrs Barnsley sut y gallent brynu tŷ, a thua'r un adeg cafodd Howel gyfle i ddweud ei gŵyn wrth ei fam ac addawodd hithau ofalu am gartref dros dro iddynt yn Nhrefeca. Erbyn dechrau 1744 dwyshaodd gelyniaeth teulu John Williams a bygythid erlid Howel o'r wlad neu ynteu ei ladd. Clywsant fod cais yr efengylydd am ei ordeinio wedi methu ac efallai eu bod hefyd wedi clywed am garwriaeth Harris gyda Cit Poyer. Roedd y wlad yn dechrau cynhyrfu yn ei erbyn ac roedd nifer o'r cymdogion yn grwgnach ynglŷn â'r briodas.

Ond cryfhau wnaeth teyrngarwch y ddau i'w gilydd. Ebychodd Harris yn orfoleddus yn ei ddyddlyfr, 'Dyna drefnydd priodas ydy Crist'. Nid oedd yn ofni bygythiadau Anne, bellach, ac roedd hi'n anwylach iddo na bywyd ei hun. Erbyn canol mis Ionawr 1744 roedd Howel yn Llundain ac fe'i cynghorwyd gan ei gyfaill George Whitefield i ysgrifennu at John Williams yn gofyn am ganiatâd i briodi. Penderfynodd ysgrifennu at Anne a chynnwys llythyr at ei thad iddi hi ei ddarllen yn gyntaf, ac yna ei roi i'w gyfaill, Thomas James, i hwnnw ei drosglwyddo i Marmaduke Gwynne er mwyn i hwnnw, wedyn, ei drafod gyda'i thad. Ar y llaw arall, roedd pob rhyddid iddi losgi'r llythyr os na theimlai yr enillai galon ei thad.

Yna, meddyliodd mai trosglwyddo'r llythyr i Samuel Bevan, ficer Llansteffan, Bychrwyd, fyddai orau gan ei fod ef yn briod â chwaer Anne. Amheuai, fodd bynnag, a fedrai John Williams ddeall ei lawysgrifen; wedi'r cyfan gwyddai'n iawn mai amrwd oedd honno, ac awgrymodd i Anne y byddai'n well rhoi'r llythyr i Thomas James i'w gopïo cyn ei gyflwyno i'w thad. Mae'n amlwg fod Harris am geisio plesio sgweiar yr Ysgrín ac, yn wir, mae'r llythyr maith yn sôn am y dynfa a deimlai at Anne rai blynyddoedd ynghynt ond na fu iddo sôn am y peth wrthi am gryn amser. Yn y llythyr ychwanegodd, 'Credaf ar ôl chwilio fy nghalon yn fanwl o flaen yr Archwiliwr Calonnau, fod fy nghariad tuag at eich merch wedi bod yn bur ac anhunanol . . . Cariad tuag ati hi yw fy unig gymhelliad ac nid awydd am ffortiwn . . . gofynnaf yn unig amdani hi a chredaf y byddwn yn hapus ac ni fydd eisiau arnom byth ac fe ofala Duw, sydd wedi ein helpu trwy lu o anawsterau, roi cymorth imi i ddangos pob parch tuag atoch . . . Rydw i'n barod i syrthio wrth eich traed, ac ni fynnwn er dim osod eich penllwydni dan ragor o ofid.'

Llythyr cymodlon oedd hwn, ac wrth ei gynnwys gyda llythyr at 'Fy anwylaf, dyneraf, fy hunan', fe esbonia wrth Anne fod Duw o'u tu ac na ddylai ofni neb na dim. Yn yr un llythyr o Lundain fe ddywed, 'Neithiwr daeth yr annwyl frawd Whitefield i'r ddinas o Gaerloyw wedi bod yn angladd ei blentyn llawen a phrydferth. Cymerodd yr Arglwydd ef ato'i hun er profi ffydd ei rieni ac er mai eu plentyn cyntaf oedd – plentyn braf a phlentyn yr addewid – fe gawsant gryfder i'w roddi yn ôl i'r Oen'. Wythnos yn ddiweddarach, ar Chwefror 18, ysgrifenna eto at Anne, yn sôn am y paratoadau at ryfel yn wyneb bygythiadau'r Ffrancod. Eglura fel y bu i Dŷ'r Arglwyddi yn unfryd ddatgan ei gefnogaeth i'r brenin ond nid felly Tŷ'r Cyffredin. Ychwanegodd, 'Fe fydd plant Duw yn gweddïo drosto ac mae fy nghalon i yn deyrngar iddo gan ei fod yn ein gwarchod rhag Pabyddiaeth ac yn amddiffyn y wir grefydd . . . Fy ngofal mwyaf am dy dad yw y bydd iddo ddod i adnabod yr Oen . . . Mae un sydd yma sy'n gofalu mewn ffordd arbennig amdana i ac mae wedi prynu siwt o'r brethyn meinaf imi a chwech o lwyau te arian, gefail fach arian a hambwrdd; hyn yn ychwanegol at y gist de a'r chwe cwpan etc. a gefais oddi wrth Mrs Whitefield . . . adieu fy anwylaf, fy hapusaf a fy nghariad drudfawr.'

Ond nid oedd helbulon y ddau drosodd. Fe glywodd Harris gan Anne fod rhyw gelwyddgi wedi ei dychryn trwy ddweud wrthi ei fod yn cael ei demtio i'w gadael, ac fe'i hatebodd yn frwd, 'Yr oedd yn dra gofidus gen i ddeall fod fy anwylaf yn meddwl fy mod wedi ei gadael mor sydyn a throi i briodi un arall.' Wythnos yn ddiweddarach ysgrifennodd i ddweud mai go brin y câi weld ei gyfeillion annwyl yng Nghymru y tu yma i'r nefoedd gan fod y Ffrancod wedi glanio ac y byddent yn Llundain cyn bo hir. Gorchmynnwyd pob Pabydd yn y ddinas ac oddi amgylch i symud o'u cartrefi ar fyrder. Cwynai yn arw tua diwedd y mis ei fod wedi ysgrifennu at Anne bump o weithiau, yn amgau llythyrau at bobl eraill yn ogystal mae'n wir, ond nid oedd wedi cael un ateb. 'Pam fod dy ysgrifbin mor araf! O Pam! . . .' Ar Fai 9 ysgrifennodd at John Williams yn datgan yn garedig ond yn glir 'na fedrid gwrthod trwydded briodas iddo gan fod Anne dros oedran caniatâd ac nid oedd yn mynd i dderbyn gwaddol p'run bynnag . . . Gallent yn wir symud i esgobaeth arall pe byddai galw'. Erbyn Mai 11 roedd Harris yn ôl yn Nhrefeca yn derbyn y Cymun yn Eglwys Talgarth cyn mynd rhagddo i Erwd lle clywodd am dreialon Anne yn ei chartref yn yr Ysgrín. Teimlai fod y diafol yn rhuo yn eu herbyn. Yn wir, daeth negesydd o'r plas cynhennus ger afon Gwy i ddweud fod dynion yn dod fel llewod a theigrod am ei waed. Penderfynodd, er gwaethaf hyn, ei fod am geisio trwydded briodas drannoeth, ac fe drefnodd i roi gwybod i Anne. Roedd hi'n dal i obeithio y câi fendith ei thad ond nid oedd hynny'n debygol.

Un a oedd yn datblygu'n fwyfwy o ffrind i'r ddau oedd Marmaduke Gwynne. Byddai Harris yn trefnu i'w gyfarfod yn aml. Ar Fai 14 hebryngodd Marmaduke Harris, yng nghwmni Thomas James, cynghorwr a chyfaill i Harris, i Abercamlais ger Aberhonddu i geisio trwydded briodas gan y rheithor lleol. Bu hwnnw'n barod iawn i ymateb i'w gais ac roedd yn nodedig o dyner yn gofyn iddo dyngu llw ac yn holi a oedd Anne o oedran i briodi heb ganiatâd ac a oedd yna unrhyw rwystr iddo ei phriodi. Ar yr unfed ar bymtheg o'r mis, ar ôl bod yn y Dygoedydd ger Llanymddyfri yng nghwmni Daniel Rowland a William Williams, dychwelodd yn ysgafn ei droed i Erwd.

Drannoeth, cafodd wybod fod John Williams wedi cael atalfa ar y drwydded. Ymunodd Anne ag ef a chlywodd ganddi am y gwrthwynebiad cynyddol tuag ato. 'Nid wyf yn credu imi erioed gael cymaint yn fy erbyn,' meddai Harris yn ei ddyddlyfr. 'Y fath greulondeb, y fath gelwyddau, y fath gynddaredd a gelyniaeth. Roedd Anne wedi cael cynnig £1500 am wrthod fy mhriodi a £10 y flwyddyn ynghyd â morwyn, yn ogystal â rhyddid i fynd i ble bynnag y dymunai. Ond fe barhaodd yn ffyddlon.' Ar Fai 20 roedd yn Llangeitho, ac fe fu'n gweddïo ar yr Arglwydd i ofyn a oedd yn barod iddo briodi yng nghapel anwes Ystrad-ffin ym mhen ucha' Dyffryn Tywi. Erbyn Mai 24 cafodd wybod fod tad Anne, o'r diwedd, yn fodlon rhoi ei ganiatâd i'r briodas. Teimlai fod ei weddi wedi ei hateb a bod Satan wedi ei goncro. Ar y chweched ar hugain roedd llawenydd Harris yn gorlifo ac ymfalchïai Anne yn wyneb cynifer o anawsterau; yn nannedd y dilorni fu ar gymeriad a theulu Harris, bu hi'n ffyddlon iddo.

Cytunasant i briodi yn Ystrad-ffin ar Fehefin 18. Er hyn cafodd ei fygwth yn Llys-wen ar ei ffordd adre o Erwd i Drefeca. Ar Fehefin 13, clywodd fod Anne unwaith eto wedi gorfod wynebu sen ei theulu a bod ei mam wedi ymroi i'w churo ond fod ei chwaer, Fortune, gwraig ficer Llansteffan, wedi dod rhyngddynt. Fe fu i ficer y plwy', Llandeilo Graban, ymosod arni hefyd a dadlau am hydoedd gyda hi ond ymresymodd hithau, ar sail yr Ysgrythurau, o gywirdeb ei bwriad nes ei argyhoeddi ef yn llwyr o sicrwydd ei hachubiaeth a'i fod ef yn amddifad o hynny. Bu iddo bregethu y Sul canlynol ar y pwnc 'Sicrwydd'!

Ar y pymthegfed trefnodd Harris gyda'i fam i gartrefu yn Nhrefeca; trosglwyddodd hi y cyfrifoldeb dros y tŷ iddo ac fe addawodd yntau gymryd pob baich oddi ar ei hysgwyddau ac i ofalu am ei rheidiau i gyd – dillad, bwyd ac arian – ac y câi hi ystafell barhaol yn y tŷ. Ar Fehefin 17, cyn gadael Trefeca, derbyniodd fendith ei fam ar ei briodas ac, yn orfoleddus ei fryd, aeth i gyfarfod Anne yn Nhalachddu. Cofleidiodd a chusanodd hi cyn troi pennau'r ceffylau i gyfeiriad Dyffryn Honddu a Merthyr Cynnog. Roedd y wlad yn ddisglair dan heulwen a gwyrddlesni canol Mehefin a blodau amryliw a chân adar ar bob tu. Roedd bryd Harris o hyd ar ei bregethu a bu am dair awr ym Merthyr yn cystwyo a chynghori nes bod y llu trigolion a ddaeth i wrando arno yn doddedig mewn dagrau. Yna aeth y ddau dan ganu dros fynydd Epynt i gyfeiriad Llangamarch, a'r tywyllwch yn cau amdanynt, nes iddynt gyrraedd Llwynyberllan ger Llanymddyfri. Bu'n daith hir o ddeugain milltir a buont am ddeg awr yn y cyfrwy. Aethant i'w gwelyau yn fuan wedi dau y bore wedi blino'n lân.

Ben bore trannoeth, bore'r briodas, galwodd cyfaill i Harris, Lewis, ficer Cil-y-cwm, yn y tŷ. Ef fyddai'n gweinyddu'r briodas yn Ystrad-ffin, ac wedi cadw dyletswydd deuluaidd am wyth, cychwynasant ar eu taith i fyny'r cwm am hanner awr wedi naw. Roedd tri chyfaill arall yn cadw cwmni iddynt. Sylwodd Howel fod Anne yn edrych yn wan a gwelw, ond mynnai fwrw 'mlaen. Yn yr eglwys fach rhoddodd Harris ei hun i Anne a chymerodd ef Anne iddo'i hun yn wraig. Yna pregethodd a gweddïodd Mr Lewis. Wedi ffarwelio â'r cyfeillion a derbyn anrheg gan un ohonynt, cychwynasant ar eu taith yn ôl i Drefeca. Dyma oedd sylw Harris yn ei ddyddlyfr, 'Diwrnod bythgofiadwy. Mae'r diwrnod hwn fel y diwrnod arall hwnnw pan dderbyniais ysbryd Crist yn Eglwys Tal-y-llyn . . . Ar y ffordd adre bu inni orffwys ar yr Allt a gweddïo a chanu gyda'n gilydd. Yna ymlaen i Lanwrtyd a chael croeso cynnes yno. Mae'r rhod wedi troi ac mae pawb yn gwenu arnom. Yna i Langamarch erbyn hanner awr wedi pump, ac mae'n ymddangos fod pawb o blith plant Duw wedi eu cymodi â'n priodas. Cyrraedd Trefeca am un ar ddeg. Y ddau ohonom yn flinedig ar ôl teithio bron i gan milltir mewn tridie. Mynd i gysgu tua un o'r gloch'.

Buont yng nghwmni ei gilydd yn Nhrefeca am dros bythefnos yn gweddïo, yn ystyried y dyfodol, ac yn ail-drefnu'r ystafelloedd. Byddai'r ddeuddyn yn rhodianna o gwmpas yr ardd, yn ei chynllunio o'r newydd ac yn manylu ar y trefniadau i ymestyn y tŷ. Un bore buont am dro o gwmpas Llyn Safaddan a sylwi ar yr adar amrywiol oedd arno, a thro arall dringasant law yn llaw i fyny ochr serth Mynydd Troed. Breuddwydient hefyd am y gwaith mawr a ymddiriedwyd iddynt gan Dduw. Deallai Anne yn iawn y gofynion a osodwyd ar Howel a'r fraint arbennig a gafodd mewn ffordd mor nodedig. Poenai yn ddistaw ei fod yn gorlafurio. Roedd ei fywyd beunyddiol yn golygu llawer o lythyru gan fod y post a adawyd gan y goets yn y Gelli neu yn Bronllys ar gyfer Trefeca yn cynyddu'n eithriadol. Roedd mwy o bobl wedi cael eu cyffwrdd gan ei bregethu ac yn holi am arweiniad, a chredai ef ei fod yn hanfodol ei fod yn cyfarwyddo'r rhain. Roedd mwy a mwy o bobl yn galw i'w weld yn Nhrefeca a deuai llu o alwadau arno i ymweld â gwahanol rannau o'r wlad. Gwyddai hefyd y byddai'n rhaid iddo ymweld â Llundain a mannau eraill yn

Lloegr yn amlach. Yn ogystal, fe gadwai Howel ddyddlyfr manwl bob dydd, ac roedd hi wedi cael cyfle i'w ddarllen droeon.

Pryderai Anne weithiau am yr argyfwng ariannol a wynebent, ond cysurid hi gan ffydd ddiddiwedd Howel yn rhagluniaeth Duw ac y byddai ef yn gofalu amdanynt. Gwrthodai Howel dderbyn dim o'i harian hi. Poeni hefyd a wnâi ei mam-yng-nghyfraith er ei bod hithau yn wraig gref ac yn barod i gefnogi ei mab ym mhob ymdrech. Synhwyrai Anne fod dau frawd Howel, Joseph a Thomas, er eu bod yn amheus o frwdfrydedd crefyddol eu brawd ifancaf, yn barod, pe byddai raid, i estyn help llaw iddo. Yn wir, trosglwyddodd Joseph, a oedd erbyn hyn yn dal swydd gyfrifol yn y Bathdy yn Llundain, y tŷ a'r tir yn Nhrefeca i ddwylo Howel ar yr amod fod ei fam i gael aros yno tra byddai. Roedd Thomas, hefyd, yn dechrau gwneud ei ffortiwn wrth gynhyrchu dillad i'r fyddin ar gais y llywodraeth, ac nid oedd yntau'n ôl o gofio am Howel.

Yn ei chalon dyheuai Anne am gael plentyn – bachgen i blesio Howel, os dyna fyddai Duw yn ei roi iddynt. Wedi'r cyfan, roedd ef yn ddeg ar hugain oed a hithau ddwy flynedd yn hŷn. Roedd ei gŵr yn garuaidd tuag ati bob amser ac er ei bod hi yn ymwybodol o'i dymer afrywiog gwyddai ei fod yn meddwl y byd ohoni. Llithrai anwyldebau yn aml oddi ar ei wefusau ond, am ryw reswm, ni fuasai cyfathrach rywiol rhyngddynt. Nid oedd y briodas wedi ei chyflawni. Gwyddai Anne yn iawn mai undod â Christ oedd y berthynas bwysig ac mai cyfrannu o'r berthynas honno a wnaent mewn priodas. Ar y dechrau, byddai Howel yn llithro i'r gwely yn oriau mân y bore. Ar adegau eraill cwynai dan ryw anhwylder neu'i gilydd. Tybiai ei briod weithiau ei fod yn dra blinedig, wedi ambell

53

daith hir a llefaru i dyrfaoedd mawrion a chynghori gwŷr a gwragedd oedd wedi cael profiad o Grist yn eu calonnau. Nid oedd wedi croesi ei meddwl bod rhywbeth mwy yn ei boeni.

Ym mis Gorffennaf 1744 roedd Harris a'i wraig ar daith efengylu yn Sir Benfro. Cwynai am gyflwr ei iechyd a'r annwyd trwm oedd arno. Llwyddodd, er hynny, i annerch tyrfaoedd ger Prendergast er ei fod wedi ymlâdd wedi'r ymdrech. Y diwrnod canlynol ymosododd yn chwyrn yn ei bregeth ar y rheiny, oedd yn niferus iawn yn y cylch, a brynai nwyddau contraband wedi eu codi o longau drylliedig ar y traethau ac a oedd, yn ôl deddf gwlad, yn perthyn i'r brenin. 'Lladrad yw hyn,' gwaeddodd, 'a thwyll.' Nid oedd hyn at ddant llawer o'r gwrandawyr – nid oeddynt yn rhy hapus ei fod yn taranu yn erbyn eu pechod diniwed hwy. Nid oedd ei groeso yn Nhre-fin yn wresog iawn am fod llawer o fudd yn dod i'r ardal o ysbail y môr. Cyfaddefodd yn ei ddyddlyfr ar ddiwedd y dydd yno ei fod yn wan iawn o gorff ac nad oedd wedi bwyta dim trwy gydol y dydd. Pryderai Anne amdano. Bu'n rhaid iddo ymneilltuo yn gynnar y p'nawn canlynol yng Nghas-blaidd. Ddeuddydd yn ddiweddarach bu'n aros gydag ŵyr y Canon Erasmus Saunders a ysgrifennodd mor gywir am gyflwr echrydus esgobaeth Tyddewi yn gynharach yn y ganrif. Credai Harris, fodd bynnag, fod y rhod yn dechrau troi.

Erbyn Gorffennaf 24 roedd y pâr yng Ngheredigion, yn ardal Cwm Cynon, ac yno fe'i trawyd yn ei gydwybod a ddylai gael cyfathrach rywiol â'i wraig ai peidio. Daeth yn ôl i'w feddwl y syniadau cythryblus a fu'n ei gorddi yn y gorffennol. Amheuai y pryd hynny a oedd ei amcanion yn gywir yn ymserchu mewn merch. A oedd yn chwilio am lawenydd cnawdol ar draul priodas ysbrydol? Daeth geiriau y proffwyd Jeremeia wrth gyfarch Baruch i'w feddwl, 'A thithau, a geisi i ti dy hun bethau mawrion – paid â'u ceisio'. Ai chwant y cnawd, ynteu chwant y llygad, neu falchder mewn meddiannau, oedd wedi ei hudo i briodas? Credai mai er mwyn Duw yr oedd ei briodas ag Anne ac nid er mwyn unrhyw foddhâd iddo'i hun. Cyfathrach ysbrydol heb ei llychwino gan chwant cnawdol oedd y nod iddo. Yn ei gyfyngder, gweddïodd am arweiniad. Addefodd ei fod yn barod i ymwadu ag ef ei hun ym mhob peth er mwyn yr Arglwydd a'i waith. Ond ni chafodd ateb i'w weddi.

Penderfynodd rannu ei wewyr â'i wraig – ac fe'i syfrdanwyd hi. Roedd hi wastad wedi credu fod Howel yn ei charu ac roedd yn deall pam y bu iddo ymatal rhag cyfathrach lawn gyda hi gan y tybiai ei fod yn gweithio mor ddiflino, hwyr a bore, nes fod galwadau'r Deyrnas yn mynnu ei ynni i gyd. Ond roedd y rheswm a roddodd yn ergyd greulon iddi. Wedi'r cyfan, roedd George Whitefield ac Elizabeth wedi cenhedlu plentyn er eu bod, yn drist, wedi ei golli. Teimlai Anne yn wag a di-werth a gofynnodd iddi ei hunan fwy nag unwaith a oedd diben i'w priodas.

Yr un noson ag y torrodd y newydd iddi, bu Howel yn pregethu gyda grym yn erbyn yr Ariaid a'r Arminiaid oedd yn gwrando'n llu arno. Aeth rhagddo wedyn i Faesnonni lle'r anerchodd y dyrfa gyda hyd yn oed mwy o rym. Noswyliodd am un ar ddeg heb gynnig ei gysur i Anne. Gwaethygu wnaeth eu perthynas a theithiasant yn ôl i Drefeca mewn distawrwydd. Ond ymhen rhyw ddeuddydd mynnodd Anne ei gyfarch a'i herio. 'Fe wyddost, mae'n siŵr gen i, am y caneuon serch yng Nghaniad Solomon; ond yn bwysicach na hynny, fe wyddost yn iawn am ddatganiad yr Apostol Paul yn ei lythyr cyntaf at yr eglwys yng Nghorinth, lle mae'n dweud, "Nid y wraig biau'r hawl ar ei chorff ei hun, ond y gŵr. A'r un modd, nid y gŵr biau'r hawl ar ei gorff ei hun ond y wraig. Pediwich â gwrthod eich gilydd".' Synnwyd ef gan ei hamddiffyniad a phenderfynodd roi'r mater o flaen yr Arglwydd. Yn raddol, ac nid heb anesmwythyd, daeth i newid ei feddwl; sylwodd Anne ei fod yn meddalu peth, a bu hi'n llai beirniadol ohono.

Ar Awst 30, 1745, fe anwyd merch fach iddynt, ond bu farw'n fuan ar ôl ei geni. Ysgrifennodd Harris yn ei ddyddlyfr, 'Wrth weld fod fy Arglwydd wedi ei chreu, heb frycheuyn, ac mor brydferth, gweddïais a rhoddais ddiolch iddo, ac yna es i orffwys.' Ar Chwefror 6, 1746, collodd ei wraig faban arall trwy gamesgor. Ganwyd y drydedd ferch, Anne, iddynt ar Ragfyr 5 yr un flwyddyn ac roedd llawenydd y ddau yn gyflawn. Yn ei ddyddlyfr ysgrifennodd Harris, 'Fin nos, cefais fy ngalw i mewn a meddyliais fy mod yn cael fy ngalw i'w gweld yn marw, ond pan glywais ei llais, daeth yr Arglwydd i fy enaid ac i'w henaid hithau. Gweddïais, a diolchais i Dduw gyda hi a'i mam, a chyflwynais hi yn ddwys i'r Arglwydd.'

Ganol mis Rhagfyr, 1748, ganwyd Elizabeth ond, ysywaeth, am ddau o'r gloch y bore ar Ionawr 7, 1749, bu farw ei chwaer fach, Anne, o'r frech wen, Teimlodd Harris ei cholli hi i'r byw, ac ysgrifennodd yn ei ddyddlyfr, 'Roeddwn mor llawn fel y bu'n rhaid imi ymneilltuo. Oni bai fod gen i ffydd, a bod yr ysbryd yn bresennol, fe fyddai'r golled wedi difa fy mywyd . . . Euthum i weld ei mam annwyl a fyddai wedi suddo oni bai am gymorth yr Arglwydd. Colli un oedd wedi ennill calonnau pawb. Buom yn wylo ar yddfau ein gilydd am amser hir, tan saith y bore.'

Gydag amser daeth Elizabeth i lanw bryd Harris ac er ei fod wedi dymuno cael ei fendithio â mab nid oedd hynny i fod. Ymfodlonodd.

Pennod 5

PERTHYNAS HARRIS Â SIDNEY GRIFFITH
Camddeall a thyndra

Rhwng Mawrth 25 ac Ebrill 6, 1750, bu raid i John
Wesley aros yn amyneddgar am long yng Nghaergybi
gan fod y môr rhwng Cymru ac Iwerddon yn enbyd o
stormus. Ac roedd yr un mor stormus i Wesley ar y tir gyda
bygythiadau o du rhyw fyddigion meddw yn ei lesteirio
pan geisiai bregethu. Cafodd alwad un diwrnod i fynd ar y
llong gan ei bod yn debyg o hwylio, ond wedi iddi fynd
allan o'r harbwr cododd y gwynt yn ffyrnig eto a bu'n rhaid
iddi ddychwelyd i loches y porthladd. Roedd hi tua hanner
nos erbyn i'r llong lanio a phenderfynodd Wesley fynd i'w
ystafell islaw'r dec. Ond fel yr adroddodd ef ei hun, 'Bu
inni gyfarfod â storm arall i lawr yno. Pwy oedd yno ond
Mr William Griffith o Sir Gaernarfon, hoglwth o ddyn
clogyrnaidd, wyneb galed. Roedd ei wep yn debyg i un o'r
llabystiau yn Macbeth a welais yn Drury Lane ddeng
mlynedd ar hugain yn ôl. Roeddwn wedi gorwedd i orffwys
pan herciodd i mewn gan dywallt y fath gawod o faswedd,
serthedd a chabledd ar fy mhen na chlywyd eu tebyg hyd
yn oed yn Billingsgate, gyda phob ail neu drydydd gair yn
rheg.' Daeth rhai o'i gyfeillion yn y man i'w ddwyn yn ôl
i'w gaban a chafodd Wesley lonydd weddill y noson.

Cnaf afradus oedd William Griffith, sgweiar
Cefnamwlch, Llŷn, a ddyfarnwyd yn fethdalwr yn ystod

57

haf 1749. Nid oedd wedi medru talu'i ffordd ers nifer o flynyddoedd a'i unig obaith oedd y byddai ei wraig yn ei ryddhau o'i ddyledion trwy drosglwyddo iddo ei gwaddol a etifeddasai gan ei theulu yn y Foelas, Ysbyty Ifan. Ond nid oedd hi'n fodlon i hynny. Roedd ef ryw ddeng mlynedd yn hŷn na hi a chredai y gallai foddio ei briod trwy roi'r argraff ei fod yn rhannu ei brwdfrydedd hi tuag at y mudiad newydd, y Methodistiaid. (Roedd hi wedi cael ei hargyhoeddi gan bregethu Daniel Rowland, Llangeitho, a ddaethai ar daith efengylu i'r gogledd.)

Ei henw oedd Sidney – Madam Sidney Griffith, i lawer. Dathlwyd eu priodas yn 1741 a ganwyd mab iddynt, John, neu Jacky, yn 1742. Blinid William gan y ffaith fod ei wraig, gyda'u mab bychan a'u morwyn, yn tramwyo'r wlad yn helaeth i ganlyn yr efengylwyr. O'i hochr hi, câi fwy o gysur a boddhad o wneud hynny nag a gâi yng Nghefnamwlch, ac roedd ei ffydd newydd danlli yn swcwr iddi. Pan glywodd William fod ei wraig wedi bod yn cadw cwmni i Harris, y pwtyn o bregethwr o Drefeca, ar fwy nag un achlysur, a'i fod ef yn gyff gwawd i'w ffrindiau yn Llŷn, fe gollod ei dymer. Yn wir, tua 1748, aeth mor bell â churo'i wraig, a'i bwrw hi a Jacky dros drothwy Cefnamwlch. Mynnodd y forwyn fynd gyda hi am ei bod yn amheus o fwriadau William Griffith. Roedd ei dymer fer a'i feddwi aml yn peri iddi ofni bod dan yr un to ag ef ar ei phen ei hun.

Roedd y tri yn ddiymgeledd am dridie nes iddynt lwyddo i alw ar ffrindiau Methodistaidd yn ardal Pwllheli a chael benthyg ceffylau i'w cludo, gan deithio drwy'r nos i Drefeca lle gwyddai Sidney y câi noddfa. Roedd uniad ei chalon wrth Harris yn gryf, a gwyddai y câi dderbyniad ganddo. Ofnai, fodd bynnag, mai llai brwd fyddai croeso ei fam a'i wraig.

Denwyd hi gyntaf gan Howel pan gyfarfu ag ef ger Penllech yn Llŷn pan oedd yn y cylch yn pregethu. Synnwyd hi gan ei danbeidrwydd a'i sêl diflino, a mynnodd ei gyfarfod. Ar ôl ei weld yn cyfarch rhai miloedd o bobl am rai oriau a gweld fod ei eiriau yn suddo'n ddwfn i galonnau'r gwrandawyr nes iddynt wylofain am drugaredd Duw, penderfynodd geisio ei gyngor. Hysbysodd Howel hi yn ddi-flewyn-ar-dafod fod yn rhaid iddi roi mwy o le i'r ysbrydol yn ei bywyd a llai o gyfle i'r bydol a'r cnawdol rhag ofn i'r diafol gartrefu yn ei chalon. Danfonodd gyfrol o bregethau George Whitefield ati ar ôl dychwelyd i Drefeca, a nodyn yn datgan ei fod yn gweddïo drosti ac yn hyderu y byddai'n para'n gyndyn yn ei ffydd. Cynheswyd hi gan y sylw a gafodd ganddo a synhwyrai ei fod yn gymeriad a ddewiswyd i arwain pobl Cymru at Dduw. Nid gwraig oedd hi i gael ei swyno yn rhwydd gan ryw bregethwr pen-ffordd; gwelai yn Howel ŵr oedd o ddifri calon dros Grist – mor wahanol i'r offeiriaid a adnabu dros y blynyddoedd a fyddai'n mynd trwy y gwasanaeth yn yr eglwys mor ddigynnwrf ac undonog â llepian tonnau bach y môr. Roedd tân yn ei eiriau ef, a'r gallu ganddo i hyrddio dynion o'u bodlonrwydd ffals i gyfyngder enaid nes eu bod yn gweiddi a sgrechian ac wylo am drugaredd. Yna cynigiai ymwared i bob un a fyddai'n barod i ymddiried yn Iesu â'i holl galon. Mor felys oedd ei gynnig; mor gariadus oedd croeso Iesu.

Gwraig hunanhyderus oedd Sidney, wedi cael addysg fonheddig; roedd wedi meddwl ynghylch ei chyflwr ysbrydol yn ofalus ac wedi cael ei hennill at gynnwrf hoenus y diwygiad. Teimlai erbyn hyn ei bod wedi tyfu ac aeddfedu fel Cristion; teimlai fod gyda hi gyfraniad pwysig i'w wneud ryw ddydd yn y mudiad ac y deuai ei hawr cyn bo hir. Diwedd Ionawr 1949 bu hi yn Llangeitho yn gwrando ar Rowland, yn ei ffordd ddihafal, yn pregethu i gynulleidfaoedd niferus. Fe'i cadarnhawyd yn y ffydd ac fe gyd-deithiodd gydag ef i Erwd i Sasiwn chwarterol a gynhelid yno. (Cyfarfod i bregethwyr a chynghorwyr y mudiad newydd i drafod materion perthnasol oedd hwn.) Hi oedd yr unig fenyw yno ond nid oedd hynny'n menu'r peth lleiaf arni. Roedd yn wraig annibynnol ei hysbryd ac ni welai reswm yn y byd pam y dylai hi fod yn ail i neb. Plygodd y gwrywod i'w phresenoldeb ond nid oeddynt yn hollol barod i dderbyn ei geiriau o anogaeth ac o berswâd. Murmurai un neu ddau, 'Pwy ydy hon?' ac 'O ble y daeth hi?' Ni fedrent ddygymod â menyw yn esgyn i unrhyw safle o awdurdod oddi fewn i'r mudiad ifanc. Yn anorfod, cyfarfu eto â Harris a manteisiodd yntau ar y cyfle i'w chynghori i barhau i fyw trwy ffydd ac iddi fod yn barod i ddioddef dirmyg er mwyn Iesu.

Ymadawodd Howel am ei gartref yn Nhrefeca a synnodd, braidd, pan laniodd hi a'i morwyn yno ryw ddeuddydd yn ddiweddarach. Ar yr un pryd ymfalchïodd fod gwraig o'i chefndir hi yn cael ei thynnu ato am gyfarwyddyd. Treuliodd oriau yn ei chwmni yn sôn wrthi am ei freuddwydion am y dyfodol – am gynnydd a llwyddiant y gwaith trwy Gymru benbaladr ac am sefydlu canolfan i blant Duw i fyw ynghyd mewn ffydd a thangnefedd. Roedd yn bwriadu cynllunio adeiladau pwrpasol yn Nhrefeca ar gyfer hynny. Teimlai yn gryf fod Duw am iddo fentro. Swynwyd hi unwaith yn rhagor gan ei frwdfrydedd a bu'n porthi ei syniadau gydag awgrym neu ddau o'i heiddo ei hun, a hynny tan oriau mân y bore. Bodlonai ei wraig, Anne, iddi fod gyda nhw; roedd cael person o gefndir bonheddig fel hi ei hun yn rhoi urddas i'w cartref ac i'r mudiad. Calonogwyd Harris yn fawr gan eiriau doeth Sidney a'i dealltwriaeth gyflym o symudiadau'r diwygiad. Sylwodd yn ogystal ei bod yn wraig brydferth, yn ei dilladu ei hun yn ofalus a deniadol, a'i bod yn fwy hyddysg nag Anne mewn materion crefyddol, ond gwyddai mai rhyfyg oedd iddo feddwl gormod ar hyd llinellau cnawdol felly.

Ym mis Ebrill fe gyfarfu â hi eto yn Llundain a chafodd ei swyno eilwaith gan ei ffordd o ymdoddi'n naturiol i gwmni o wragedd bonheddig yno ac o gyfrannu i'w trafodaethau gwâr. Dechreuodd wawrio arno y gallai'r wraig dalentog hon fod yn gymar iddo yn ei lafur. Teimlai hefyd fod ganddo galon newydd i waith; roedd hi'n ei adnewyddu; cafodd 'Oleuni, Rhyddid a Chariad' yn ei chwmni ac fe deimlai fod ei feichiau trymion yn cael eu rhannu.

Ym mis Gorffennaf 1749 teithiodd Harris i wlad Llŷn unwaith yn rhagor. Bu'n pregethu a chynghori ar y ffordd yn Llanllieni, Llwydlo, Croesoswallt, gan alw yn y Mwynglawdd ger Wrecsam cyn anelu am Lanfairtalhaearn ac ymlaen i'r Crafnant, Llanberis a'r Waunfawr. Yna i Lanbadrig, Llangefni a Llanddaniel yn Sir Fôn cyn dychwelyd eto i Wynedd a throi am Nefyn a Chefnamwlch i swpera gyda Sidney, ond nid i aros dros nos. Y diwrnod canlynol cafodd achos i ddwrdio'n llym rai o gynghorwyr Llŷn, ac i ddiarddel un ohonynt o'r seiat, am eu hagwedd cnawdol at ferched. Ysai ei eiriau trwy eu ffalsedd a'u twyll. 'Ni allaf fi, ac yn siŵr ni all Duw, oddef eich llacrwydd yn caniatáu lle i Satan yn eich bucheddau. Nid oes ichi le gyda ni. Allan! Allan! Y giwed anllad.' Felly y taranodd Harris nes codi dychryn ar bawb.

Drannoeth, fe deithiodd i Bwllheli ac yno, er mawr syndod iddo, cyfarfu unwaith eto â Sidney a ddywedodd wrtho ei bod hithau, fel ef, ar ei ffordd i Langeitho i'r Sasiwn yno, ac awgrymodd y gallai gyd-deithio gydag ef. Cynhyrfwyd Harris drwyddo gan y cynnig ond ofnodd hefyd na fyddai'r Arglwydd yn taenu ei fendith ar y fenter. Penderfynodd ymgynghori â Duw a phan gafodd ateb ei bod yn iawn iddo gyd-deithio â hi, dim ond gofalu fod eu siarad bob amser 'yn ei Waed', roedd wrth ben ei ddigon. Gwyddai y byddai'n cael ei gondemnio ac yn wir efallai y deuai William Griffith i'w erlid, ond yr oedd yn esmwyth ei feddwl y byddai Duw gyda nhw; a ph'run bynnag, byddai Gwen, morwyn Sidney, yn cadw cwmni iddynt. Taith hamddenol yn heulwen tesog Gorffennaf a gawsant, a bu'n gyfle iddynt ddod i adnabod ei gilydd yn well. Credai Harris iddo gael gwefr a bendith yn ei chwmni. Teimlai ei fod wedi cael ynni a sêl newydd. Bu'n siarad gyda Sidney am oriau ben-bwy-gilydd nid yn unig wrth gyd-deithio'n glós yn y cerbyd ond yn eu lletyau amrywiol; gwrando a wnâi hi gan mwyaf, a sugno i mewn i'w chalon ei eiriau o hyder a duwioldeb. Syllai yn ei wyneb ar adegau gydag anwyldeb, ac ymhyfrydai yntau fwyfwy yn ei pherson a'i deallusrwydd. Ni allai gredu ei fod mor ffodus â chael cwmni un oedd wedi ei dewis iddo gan yr Arglwydd. Roedd Gwen, y forwyn, braidd yn anesmwyth ei meddwl pan fyddai'r sgwrsio teimladwy yn mynd rhagddo tan oriau mân y bore ond syrthiai hi i gysgu gan ystyried fod y ddau yn ddigon crefyddol i wybod beth roedden nhw'n ei wneud.

Galwasant yn gyntaf yn hen gartref Sidney ym Mhlas y Foelas ac yna anelu am y Bala. Oddi yno tramwyo i Lanfaircaereinion a Llanidloes cyn croesi Pumlumon a chyrraedd Llangeitho yn flinedig ond mewn stad o lawenydd dwfn. Crynhodd Harris ei brofiadau am y chwe diwrnod y buont ynghyd yn ei ddyddlyfr. 'Ni phrofais y cyffelyb erioed o'r blaen. Llanwodd yr Arglwydd fy nghalon a'm genau, fel y mae'n amhosibl ei fynegi mewn geiriau. Ped ysgrifennid yr holl ymddiddan a gefais gyda Mrs Griffith y chwe diwrnod hyn, gwnâi gyfrol o sylwadau ac anogaethau pur, eglur, cadarn a rhesymol ar braidd bob mater perthynol i adeiladaeth enaid ymhob gras a dyletswydd. Ni ddeuwn i ben ag ysgrifennu pennau'r holl ymadroddion a ddaeth i mi fel cadwyn barhaus nos a dydd.'

Parhaodd ei ymadroddion 'fel cadwyn' weddill ei arhosiad yn Llangeitho. Cyraeddasant yno tua dau o'r gloch y bore a dywed Harris, 'Er hynny, nid oedd fy ysbryd yn isel ac nid amharwyd ar fy nghalon na fy enaid, ac nid oeddynt yn glaear; ac nid oedd fy nghorff yn lluddedig ac ni ffaelodd fy noniau'. Ar Orffennaf 25 cafodd gyfle i bregethu yn y Sasiwn ar y testun 'Hyd yn hyn nid ydych wedi gofyn dim yn fy enw i'. Yn y Sasiwn hefyd, lle gwelodd fod yna rywfaint o ysgafnder, cafodd nerth ac awdurdod, y tybiai ei fod wedi eu colli, i dorri calonnau ei wrandawyr ac i'w fflangellu a'u cystwyo nes i bob un arswydo a thewi. Gorffennodd y dydd trwy gynghori'r pregethwyr a gwasgu arnynt nad yr arweinwyr oedd yn bwysig, ac yn sicr nid ef a Daniel Rowland, ond Crist yn unig.

Ar Awst y cyntaf, a Howel a Sidney yn Nhrefeca, daeth neges frys oddi wrth Elizabeth Whitefield yn crefu arno i ddod i Fryste i gyfarfod a drefnwyd rhwng John Wesley a George Whitefield i geisio cymod diwinyddol rhyngddynt. Roedd y rhwyg yn anorfod, o wybod fod un yn credu mewn rhagarfaeth a'r llall mewn rhydd ewyllys, ond tybiai Elizabeth y gallai Howel gyfrannu'n sylweddol at y trafodaethau yno oherwydd ei gatholigrwydd a'i elyniaeth i raniadau dianghenraid. Cyn mynd i Fryste, fodd bynnag, bu'r ddeuddyn yn Nhalacharn a Llanddowror, lle cawsant ginio gyda Griffith Jones a Madam Bevan. Manteisiodd ar y cyfle i roi'r wraig gyfoethog yn ei lle trwy ymosod ar bob rhagfarn, balchder a ffurfioldeb. Fe'i cyhuddodd hi hefyd o addoli Griffith Jones. Siaradai'n eofn a gyda'r fath hyder fel y synnai pawb at ei hyfdra. Pan gyfarfu â hi gyntaf flynyddoedd ynghynt cydnabu mai hi oedd y wraig ffeinaf a gyfarfu erioed a'r nesaf i'r nefoedd! Bu'n cynghori tan oriau mân y bore a rhaid, wedyn, oedd cychwyn am Gaerfyrddin a Threfeca. Prin y cysgodd o gwbl ac fe gyffesai ei fod wedi bod ar daith trwy ddwsin o siroedd ac wedi teithio dros bum cant o filltiroedd mewn tair wythnos a thridiau. O'r herwydd, roedd y lludded a'r blinder a ddisgynnodd arno yn llethol, ac roedd yn dioddef yn ddrwg o glwyf y marchogion, ond nid oedd gorffwys i fod. Ar ôl gweddïo gyda'i fam, a gredai ei bod ar fin marw, cychwynnodd am Fryste yng nghwmni Sidney gan sylweddoli fod ei geffyl, hefyd, wedi blino. Wedi'r cyfarfodydd yn y ddinas, pan gafwyd ensyniad gan Whitefield mai gwell fyddai iddo pe na theithiai Sidney Griffith gydag ef, dychwelodd y pâr i Drefeca, a mynnodd Elizabeth Whitefield ddod hefyd, yn gwmni iddynt. Nid oedd y berthynas rhyngddi hi a Harris erbyn hyn yn un esmwyth, a bu iddo siarad yn hallt wrthi am ei balchder a'i myfïaeth. Cyraeddasant yn ôl i Drefeca erbyn y Sul, Awst 6.

Erbyn hyn credai Anne nad oedd Howel yn ei charu mwyach, a heriodd ef ynghylch hynny nes ei orfodi i ddweud wrthi ei fod am drosglwyddo gofal y teulu a phob rheolaeth iddi hi gan ei fod yn parchu ei gochelgarwch a'i barn. Dywedodd wrthi hefyd fod ei gariad ati yn tyfu yn hytrach na gwywo. Ond nid oedd Anne yn ei goelio;

synhwyrai fod y berthynas rhyngddo a Sidney bellach yn un afiach; teimlai ei fod yn ddihid ohoni hi ac yn treulio gormod o amser yng nghwmni'r fenyw o'r gogledd. Nid oedd ei theimladau hi yn cyfrif iddo ac yr oedd yn ddall i'w hannedwyddwch. Mynnodd siarad yn siarp â'i gŵr gyda'r canlyniad fod Sidney Griffith, drannoeth, ar ei ffordd yn ôl i Sir Gaernarfon. Hebryngwyd hi gan Harris i Lanfair ac yna aeth ef tua Llundain gan adael ei wraig a'i blentyn yn Nhrefeca. Bu yn Llundain am chwe wythnos, tan ddiwedd Medi. Er ei fod yn haeru mai Anne oedd ei gariad, wrth ffarwelio â Sidney nododd yn ei ddyddlyfr ei fod 'yn siŵr fod Duw am iddynt fyw gyda'i gilydd'. Tra oedd yn gymysg iawn ei feddyliau fel hyn, gwaharddodd Sidney rhag ysgrifennu ato mwyach gan yr ofnai, mae'n siŵr, fod Anne ar fin ei adael. Roedd gan Elizabeth Whitefield fys yn y cawl, hefyd, gyda'i hensyniadau sbeitlyd am y ddwy.

Roedd Harris wedi ei ordrethu ei hun gyda'i gynghori a'i bregethu dibaid, ei lythyra diddiwedd a'i deithio diarbed. Fe'i trethai ei hun hefyd gyda'i hunanymholi parhaus a'i chwilota ym marn pobl y byddai'n anghytuno â nhw i ganfod a oedd eu safbwyntiau 'O Dduw' ai peidio. Ac yn ei berthynas â'i wraig ac â Sidney Griffith roedd ar brydiau'n simsanu'n arw. Protestiai ei fod yn caru ei wraig yn angerddol ond mynnai fod ei gariad at Sidney, hefyd, uwchlaw popeth a brofasai o'r blaen. Yn ei feddwl ei hun fe wahaniaethai rhwng y ddau fath o gariad a deimlai at y naill a'r llall. Cariad naturiol gŵr at ei wraig a deimlai tuag at Anne. Datganodd amdani, 'Fy mhriod annwyl a roddwyd i mi'n unig o blith holl ferched Efa i fod yn wraig i mi, ac wedi'i gosod yn ei lle yn fy enaid.' Cariad a'i hysbrydolai ac a'i gwefreiddiai yn ysbrydol a deallusol oedd cariad Sidney. 'Hi yw fy nghynghorydd a'm cyfaill nes na'r asgwrn', oedd un ymhlith llu o ganmoliaethau a adroddai amdani. Crist oedd ei brif Gariad ac roedd yn dymuno ar i bawb wybod hynny, ac roedd am i'r ddwy wraig weld ei berthynas â nhw yn y goleuni hwnnw. Yn wir, breuddwydiai y byddai i'r ddwy fyw mewn cytgord fel dwy chwaer ac y byddai iddo ef a hwythau fod tel tair cainc yn ffurfio un rhaff! Ond nid oedd llawer o obaith i Anne fod yn barod i rannu ei gŵr â menyw arall, a gwnaeth hynny'n berffaith glir iddo ar fwy nag un achlysur – ac nid un i hel dail ar fater ei phriodas oedd hi. Y drwg oedd na fedrai Harris bob amser ganfod y gwahaniaeth rhwng y naill gariad a'r llall; llithrai ei frwdfrydedd heintus tuag at Sidney yn agos iawn i'r serchiadau a deimlai at ei wraig ac fe fu'n rhaid iddo gyfaddef fwy nag unwaith ei fod yn teimlo mai un oedd ef a Madam Griffith, 'fel pe baem o un enaid, un galon, un ewyllys, un farn ac un serch'. Hi oedd ei 'Oleuni' i'w rybuddio rhag yr ysbryd deddfol a welai'n anurddo llawer o'r arweinwyr Methodistaidd. Credai hefyd mai ef oedd wedi cael ei ddewis yn warchodwr dros Sidney rhag iddi syrthio i bydew antinomiaeth, sef y gred beryglus fod ffydd yng Nghrist yn rhyddhau dyn rhag unrhyw ddyletswydd i gydymffurfio â'r ddeddf foesol. Tystiai hithau ei bod wedi cael mwy o brofiad o Dduw wrth wrando ar Howel na neb arall.

Yn Chinner, ar ei ffordd i Lundain i gynorthwyo yn y Tabernacl, eglwys Whitefield, teimlodd oerfel yn ei galon tuag at ei wraig a'i deulu ond, ar ôl ymgynghori â Duw, cafodd ei argyhoeddi fod ei briodas ohono Ef ac na ddylent anafu ei gilydd. 'Crynais o flaen yr Arglwydd,' meddai, 'a theimlais fod fy nghalon yn gywir tuag at fy ngwraig . . . wylais a chrefais y byddwn yn ei charu hyd ddiwedd ein dyddiau . . . Fe'i caraf fel yn y dechrau. Ni theimlais y fath gariad o'r blaen.'

Bu'n ddiwyd yn ystod ei dymor yn Llundain, yn cymodi, yn gwrando cwynion, yn cywiro nifer o'r pregethwyr ac yn ymweld â'r gweddwon a'r amddifaid. Ond roedd yn llawen o weld yr amser yn dod iddo ddychwelyd eto i Gymru, a phan gyrhaeddodd Trefeca cafodd ei swyno o gael fod Sidney Griffith, 'ei ffrind anwylaf', yno yn aros amdano. Cafodd ei ddigalonni, serch hynny, o gael fod Anne yn wael. Arhosodd Sidney am dros bythefnos ac, yn wir, fe awgrymodd Harris i'w wraig y gallai aros yn barhaol yn Nhrefeca. Gwrthod, a hynny'n ffyrnig, a wnaeth Anne nes ysgwyd ei gŵr i waelod ei fod a pheri iddo i'w chyhuddo o fod yn llawforwyn i'r diafol. Ymosododd yn chwyrn arni gan ei hysbysu o'i safle ef a'i awdurdod, ac mai ei lle hi oedd ei ganlyn.

Ni fu ysbryd Trefeca'n heddychlon y dwthwn hwnnw. Safodd ei fam a phawb arall yn y tŷ yn erbyn Harris, ac erbyn hyn roedd y si ar led trwy'r wlad am garwriaeth dybiedig y pregethwr a'r diwygiwr enwog a'r wraig o Wynedd. Ystyfnigai yntau yn wyneb y cyhuddiadau gan haeru yn agored fod Sidney wedi cael ei dewis iddo gan Dduw ei hun ac mai hi oedd ei 'Oleuni'. Bygythiad i'w arweiniad oedd pob ymosodiad ar eu perthynas. Gwthiwyd ef i fynegi mewn iaith eithafol ei fod 'yn caru Mrs Griffith yn fwy nag Anne am y rheswm fy mod yn caru Duw ynddi a bod ganddi fwy o ffydd a Goleuni a syniadau am Dduw na neb arall a adnabûm'. Dro arall ysgrifennodd am y ddwy wraig, 'Teimlais fod fy nghariad at Mrs Griffith yn rhagorach ar y cyfan nag at Anne . . . ond rhoddwyd y ddwy imi gan yr Arglwydd'. Methai â gweld mor wrthun oedd y syniad yma i'w wraig ond mewn ymdrech i'w gyfiawnhau ei hun mynnodd mai Satan oedd ar waith yn ei gartref yn gwyrdroi y gwaith da y ceisiai ei gyflawni. Ebychodd, 'Mae Satan ei hun yma yn Anne'. Roedd yn dal i'w charu ond tybiai ei bod wedi ei meddiannu gan gythreuliaid. Nid oedd agwedd nawddogol fel hyn yn gymorth i adfer heddwch, a synhwyrai Anne ei fod ef a Sidney yn llefaru o safbwynt crefyddol ffroenuchel – yn esbonio popeth o safbwynt Duw heb ystyried ei hanghenion priodasol hi. Roedd y ddau yn hollol ddi-feind ohoni. Gymaint oedd siom Harris wrth ddioddef ei hymosodiad fel iddo fynd i'r gwely mewn cryn drallod a deisyf marwolaeth fel y ddihangfa rwyddaf.

Mynnodd Anne hefyd wynebu Sidney a'i chyhuddo o ddwyn serch ei gŵr ac o wneud hynny'n fwriadol. Ymateb nawddoglyd a gâi bob tro, sef bod Anne yn cael bendith ysbrydol o'u perthynas a'i bod hi yn rhoi arweiniad oddi wrth Dduw i Howel, a'i fod yn gorfoleddu yn hynny. Ensyniai fod y cariad oedd rhyngddynt ar wastad uwch na chariad naturiol gŵr a gwraig. Ar un achlysur ni fedrai Anne ddal yn hwy; cydiodd mewn plât pren oedd ar y ford a'i daflu at Madam Griffith nes i honno ddychryn a dianc i'r buarth. Daeth y tyndra teuluol i'r fan lle bu raid i Harris benderfynu bod yn rhaid i Sidney ddychwelyd i'r gogledd. Yn fuan wedyn fe'i hebryngodd hi i Lanfair gan dwyllo Anne i feddwl fod y ddau ar eu ffordd i Gefnamwlch. Ond yn Llanfair trodd tua'r de am Forgannwg lle y bwriadai arholi'r cynghorwyr a'r seiadau. Blinid ef gan yr anghydfod gymaint fel yr anogodd Sidney, mewn llythyr yn ddiweddarach, i aros yn barhaol yn y gogledd.

Yn y cyfamser, wedi ymdawelu ychydig, gofidiai Anne iddi fod mor fyrbwyll – ac eto roedd y straen arni wedi bod yn drwm am fisoedd, a Howel yn methu gweld ei fod yn anafu ei theimladau ac yn peryglu ei briodas. Meddyliodd fod ei gŵr yn dangos arwyddion o amhwylledd, os nad gorffwylledd, yn dilyn ei orlafur dros gyfnod o amser. Ond teimlai o hyd fod 'yr hen gnawes o'r gogledd', fel yr hoffai ei galw, wedi cymryd mantais o'i wendid ac o'u haelwyd yn Nhrefeca. Penderfynodd fod yn fwy llariaidd tuag ato pan ddychwelai ond roedd yn dal yn anhapus o feddwl ei fod wedi mynd tua'r gogledd, fel y tybiai, yng nghwmni Sidney.

Ym Morgannwg cyfarfu Harris ag un o'i dröedigion, sef Howel Davies, y pregethwr a briodasai Cit Poyer ac a oedd yn ddylanwad grymus yn Sir Benfro. Cafodd wybod gan hwnnw am y straeon amdano ef a Sidney oedd yn cyniwair trwy barthau'r gorllewin – a nifer ohonynt yn bur anllad. Cenid nifer o ganeuon maswedd amdanynt hefyd ac roedd y wlad i gyd yn crechwenu y tu ôl i'w dwylo. 'Rhuai'r diafol yn enbyd' ym marn Harris. Profodd y wybodaeth hon yn ysgytiad i Howel, y gŵr na feindiai ond ychydig am farn eraill, fel arfer, gan sicred yr oedd o'i hunan fel dewis ŵr Duw. Sylweddolodd ei fod yn peryglu holl waith y deffroad a'i awdurdod ef ynddo. Deallodd fod yr arweinwyr Methodistaidd o'i du, er fod Daniel Rowland yn brygawthan am rai o'i ddaliadau diwinyddol ac yn ei gyhuddo o fod yn rhy barod 'i ddilyn cynhyrfiadau'. Gwyddai Rowland, serch hynny, mor anhepgor oedd cyfraniadau Harris i'r diwygiad, gyda'i drefniadau clir a diogel, a'i arweiniad brwdfrydig. Parchai ei ddawn ddiamheuol i ddwyn berw'r diwygiad i ffrydiau ffrwythlon y seiadau. Ysgrifennodd Harris yn fanwl yn ei ddyddlyfr am ei gariad parhaol at Anne gan nodi na fu iddo erioed bechu yn ei ysbryd yn erbyn ei briod, ac na fu iddo ddymuno cael neb yn ei lle.

Ond ar Hydref 20, 1749, ar ei daith yn ôl i Drefeca ar ôl bod ym Morgannwg, pwy a ddaeth ar ei draws yn y Bolgoed ger Llansbyddid, rhyw ddwy filltir o Aberhonddu, ond Sidney. Fe'i gwahoddodd hi i fynd gydag ef i Drefeca. Credai Anne eu bod yn dychwelyd o'u taith gyda'i gilydd i'r gogledd ond dewisodd fod yn dringar o Howel o gofio ei hadduned ac o sylwi nad trwy eiriau gerwin yr enillai ei galon. Y drwg oedd fod Madam wedi troi i fyny gydag ef, ac ni fu'n hir cyn i'r dadlau ailddechrau, a syrthiodd Harris yn ôl i'w hen rigol o ddatgan bod Anne yng ngafael y diafol ac mai hwnnw oedd yn symbylu ei thuedd naturiol hi o ymfflamychu tuag ato. Ar Hydref 22 cynhaliwyd Sasiwn Gyffredinol yn Nhrefeca ac yn ystod y dydd, gydag angerdd i'w ryfeddu, datganodd Harris ei fod wedi 'cael Awdurdod anferth i dynnu i lawr Gorff Drylliedig Crist'. Gorfoleddodd yn y gogoniant a ddisgynnodd ar bawb. Ysgrifennodd yn ei ddyddlyfr fod Mrs Griffith 'wedi ei rhoi i mi yn Llygad ac mae Duw yn fy hyfforddi drwyddi hi'. Eisoes hi oedd ei 'Oleuni'; hi hefyd oedd yr Urim a'r Thumin. Golygai hyn fod ganddi alluoedd arbennig a roddwyd iddi gan Dduw. Cynhyrfwyd Harris o weld fod Sidney yn berchen ar yr oracl a fedrai ddatgan meddwl Duw i'w bobl. Hi, bellach, oedd yn Llygad iddo i estyn cyfarwyddyd oddi wrth Dduw ar sut oedd orau i gyfeirio'r diwygiad. Derbyniodd Sidney yr anrhydedd hon gyda brwdfrydedd, ac er bod rhai o'r cynrychiolwyr yn Nhrefeca wedi eu synnu, roedd eraill wedi eu swyno gan y datblygiad dramatig hwn. Tybiai rhai fod hyn yn ddatguddiad o ysbryd Duw ar waith yn eu plith, tra amheuai eraill fod yna ryw orffwylledd newydd ar gerdded – ond nid gwiw iddynt leisio eu hamheuaeth rhag iddynt groesi Harris a'i yrru i ymosod arnynt. Roedd yn ymddwyn fel un oedd wedi ei feddiannu – gwaeddai ac wylai am hydoedd nes i'r cynrychiolwyr gael eu taro'n fud. Ond blinai ei wraig fwyfwy wrth weld y troad eithafol hwn yn ei ymddygiad.

Ar Hydref 25 cododd storm o anghytundeb rhwng Howel a Sidney am ei bod hi yn proffwydo mai hi fyddai y 'Fam yn Israel' yn rheoli dyfodol y mudiad yng Nghymru gan ddisodli safle Harris fel yr arweinydd pennaf. Bu'r ymrafael mor ddifrifol fel i Sidney godi ei phac a throi am y gogledd. Gan dybio ei fod wedi colli ei Lygad penderfynodd ei chanlyn ar unwaith a'i wraig yn gwmni iddo. Bu mewn poenau mawr ar y ffordd gan ddisgrifio'i gyflwr fel gwraig mewn gwewyr esgor. Daethant o hyd iddi yn Erwd lle bu Harris yn dwyn perswâd arni tan bump o'r gloch y bore, ac fe adferwyd eu cyfeillgarwch a Harris yn cyhoeddi mai ef oedd y 'Tad yn Israel'. Rhybuddiodd Anne rhag i'r diafol weithio arni a'i denu i ddwyn ensyniadau yn erbyn y ddau. Nid atebodd hi gan ei bod yn poeni fwyfwy am ei gyflwr meddyliol.

Yn ddiweddarach yn y dydd haerodd Sidney fod ei datganiadau – y mynnai y trosglwyddid hwy iddi oddi wrth Dduw – yn ddigyfeiliorn ac yn anffaeledig. Cynhyrfwyd Harris gan hyn a hysbysodd hi y byddai'n rhaid iddynt wahanu os hawliai iddi ei hun y fath berffeithrwydd. Mynnai mai ef oedd â'r hawl i ddehongli proffwydol-iaethau. Cydnabyddai mai ganddi hi oedd y ddawn i ddirnad rhwng gwahanol ysbrydoedd, a'r gallu i broffwydo, ond rhybuddiwyd hi ganddo fod yn rhaid iddi brofi ei datganiadau yng ngoleuni'r Beibl. Peryglus oedd troi cefn ar y Gair gan y medrai hynny arwain at gamsyniadau difrifol. Gwrthododd hi wrando ar ei ddadleuon a bu iddynt ymwahanu eilwaith. Fodd bynnag, ni fedrai ef oddef fod hebddi ac aeth ar ei hôl eto. Trawodd ar gynllun a'i bodlonai, sef y byddai hi yn parhau yn Llygad ond y byddai yntau yn Ben ac yn Safn. Ni fedrai'r naill fod heb y llall. Ond arno ef y byddai'r cyfrifoldeb o werthuso ei chyfraniad a'i drosglwyddo i eraill.

Gadawodd y tri Erwd ar Hydref 28, ond cafodd Sidney ei tharo'n wael yn Llansanffraid-yn-Elfael a gorfodwyd hi i aros i orffwys ym Mryn-melys ym mhlwyf Diserth. Aeth Howel ac Anne rhagddynt tua'r gogledd hebddi gan ddeisyf adferiad iddi, ond wedi teithio mor bell â Mochdre, ryw ddwy filltir o'r Drenewydd, daeth newydd fod Sidney wedi gwaethygu. Ni feiddiai Harris ddweud wrth ei wraig ei fod am ddychwelyd i fod gyda hi ond yn hytrach fe'i harweiniodd mewn cylch trwy Landinam a Llanidloes yn ôl i gyfeiriad Bryn-melys nes iddi sylweddoli ei fod wedi ei thwyllo. Ymosododd arno'n chwerw nes ei orfodi i'w chyhuddo hi eto o fod fel un oedd yng ngafael Satan. Gobeithiai Anne fod afiechyd Sidney hyd angau ond pan ddychwelasant i Fryn-melys roedd hi yn ei llawn hwyliau ac yn proffwydo'n frwd. Syrthiai i ryw hanner llewyg cyn traddodi ei phroffwydoliaethau, ac wrth eu hadrodd mewn tôn undonog, siglai yn rhythmig o ochr i ochr fel bedwen mewn gwynt. Syfrdanwyd Harris gan yr hyn a ragfynegwyd ganddi, sef na fyddai iddo fynychu'r Sasiwn nesaf; y byddai James Beaumont – cefnogydd a chyfaill agos Howel ar y pryd, a brodor o Faesyfed – yn galw yn Nhrefeca y Sul dilynol; y byddai Anne a William Griffith, yn dra arwyddocaol, yn marw'n fuan; y deuai Harris ryw ddydd yn 'Esgob' cyfoethog ac y byddai hi yn ei briodi a chael tri o blant – un ohonynt yn fachgen. Rhagfynegodd hefyd y byddai Howel yn gwireddu ei freuddwyd o gael undeb rhwng yr arweinwyr

Methodistaidd yn Lloegr, er na fyddai Daniel Rowland yn ymuno tan yn ddiweddarach.

Yn sgil y proffwydoliaethau hyn taniwyd dychymyg Harris nes iddo weld Trefeca fel cartref i'w ddychweledigion, ac yntau a Sidney fel 'Tad' a 'Mam' iddynt. Dyma'r adeg y trefnodd i baentio llygad mawr ar nen un o'r ystafelloedd newydd a gynlluniai. Dros gyfnod daeth i weld mor gywir oedd rhagfynegion ei Lygad ond poenai'n arw ynglŷn â'r broffwydoliaeth am farwolaeth ei wraig. Mynnai fod ymwahanu oddi wrthi yn mynd i fod yn annioddefol ond noda yn ei ddyddlyfr y byddai 'iddi farw cyn pen chwe mis neu Fehefin 18'. Brathwyd ei gydwybod gan y fath feddyliau nes iddo droi at Dduw am arweiniad, ond fe'i sicrhawyd drosodd a thro fod y broffwydoliaeth yn gywir. Cysurai ei hun mai 'mynd tuag adref y byddai Anne, ac y byddai'r Arglwydd yn ei chymryd, a'i bod yn rhy wan i oroesi.'

Dychwelodd Sidney gydag Anne a Howel i Drefeca ond profodd ei hymarweddiad yn ormod i'w fam a bygythiodd honno adael gan fod dychmygion ei mab, yn ei barn hi, yn eithafol ac yn arwydd o orffwylltra. Penderfynodd Sidney ddychwelyd i'r gogledd ar Dachwedd 16, gan addo ymuno â Howel yng Nghaerloyw ar Ragfyr 2, ac ar y pedwerydd o'r mis hwnnw teithiodd hi a Howel ac Anne i Lundain.

Yno roedd Whitefield wedi addo i Harris y câi ofalu am y Tabernacl tra byddai ef yn cenhadu yn Georgia yn America, ac y byddai ystafelloedd ar gael i'r tri aros ynddynt bob amser. Ond hysbyswyd hwy gan Elizabeth Whitefield nad oedd yr ystafelloedd ar gael ac, yn ddiweddarach, cafodd Harris wybod gan Whitefield ei hun nad oedd ei wasanaeth yn dderbyniol am ei fod yn mynnu cael Sidney Griffith yn gymar mor agos iddo.

Ymhen y rhawg dychwelodd y tri i Gymru ac, ar Ionawr 31, 1750, ymunodd Harris mewn cyfarfod o'r Sasiwn yn New Inn, Sir Fynwy. Yno clywodd Daniel Rowland yn pregethu a ffromodd at yr hyn a glywodd. Nid oedd yn derbyn o gwbl ei gyflwyniad o wirionedd y Drindod lle bu iddo ddweud mai 'Duw y Tad oedd ar ben ei hun yn creu, a bod y Mab ar wahân yn ein gwaredu'. Bu i Rowland, yntau, feirniadu Harris o fod yn rhy barod o lawer i newid ei feddwl gyda phob awel newydd o opiniwn y deuai ar eu traws, a'i fod yn mynnu fod pawb yn plygu i'w awdurdod ef. Synhwyrodd Harris hefyd fod yna islais o anfodlonrwydd gyda Sidney Griffith, oedd yn bresennol ac, wrth gwrs, golygai hyn ei fod ef ei hun yn cael ei wrthod. Gwaethygu a wnaeth ei berthynas â Rowland yn Sasiwn Llandeilo ar Chwefror 8. 'Hunan,' meddai Harris am Rowland, 'a'r deddfol a'r cnawdol oedd y gwir amdano. Doethineb ddynol ac nid yr ysbryd a reolai ei bregethu, gan arwain dynion i fod yn fwy hunanol ac yn ddoethach yng ngolwg eu hunain.' Nid oedd yn ddigon gofalus gyda'i gynghorion moesol, chwaith, wrth gyhoeddi nad oedd yn fawr o bwys os oedd dyn yn gwario chwe cheiniog neu swllt ar snisin neu gwrw cyn belled nad oedd yn niweidio eraill. Nododd ymhellach mai cariad at arian a yrrai Rowland i bregethu mewn rhai mannau a gwrthod eraill. Ni welai unrhyw arwyddion fod pobl yn tyfu mewn ffydd dan ei weinidogaeth.

Roedd perthynas y ddau yn troi'n sur, a'r hyn oedd yn lliwio agwedd Rowland oedd dibyniaeth Harris ar Sidney Griffith. Daliai Harris yn gyndyn wrth ei gred mai hi oedd ei Oleuni, a'i bod yn ei gyfarwyddo boed hi gydag ef ai peidio. Hi oedd ei gyfarwyddwr ysbrydol ac ni fedrai undyn wadu hynny. Pan oedd ef yn sych, hi a'i dyfrhâi. Yn y cyfnod hwn hefyd mynnodd Harris dynhau ei ddisgyblaeth ar nifer o seiadau – disgyblaeth lem ar gred a buchedd. Casglodd o'i gwmpas rai o'r un fryd. Treuliodd beth o'i amser yn chwilio am gartref i Sidney yn Sir Benfro, a hynny gan nad oedd croeso iddi bellach yn Nhrefeca. Yna chwiliodd am le iddi yng nghyffiniau Defynnog ond, ymhen deufis, penderfynodd mai ei lle, wedi'r cyfan, oedd yn Nhrefeca.

Parhau yn ffyrnig o wrthwynebus a wnâi Anne, gymaint felly fel na feiddiai Harris aros gartref yn rhy aml. Un tro fe'i dihunwyd a'i ysgwyd gan ymosodiad geiriol ganddi. Cyrhaeddodd bob gair milain at fêr ei esgyrn. Ni chredai bellach ei bod hi yn adnabod Duw ac nid oedd ei hysbryd gyfuwch â'i ysbryd ef. Bid siŵr, daliai i gredu fod dyddiau Anne wedi eu rhifo ac y byddai ei marwolaeth yn rhyddhad iddo ac yn fendithiol i'r gwaith mawr.

Dirywio yn barhaus a wnâi iechyd corfforol a meddyliol Harris, er na fynnai ef gydnabod hynny, a dirywio hefyd a wnâi ei berthynas â'r Methodistiaid. Yn Sasiwn Llanidloes ym mis Mai, 1750, datblygodd y gwahaniaethau diwinyddol yn rhwyg agored a phenderfynodd y rhai a ymlynai'n selog wrtho i ffurfio'n garfan ar wahân. Ym mis Mehefin teithiodd Sidney i gyfarfod â Daniel Rowland a Howel Davies i geisio adfer y berthynas, ond methu a wnaeth. Erbyn mis Medi roedd hi yn Llundain ac mewn dyled ac yn gofyn i Howel am gymorth, ac yntau'n bodloni i fod yn wystl drosti am £50. Sylwodd ei bod yn aml yn wastrafflyd: mynnai brynu dillad costus a moethau dianghenraid i'w diddanu. Ar adegau felly byddai'n hynod o hallt ei feirniadaeth ohoni. Un o'r pethau rhyfeddaf yn eu perthynas glòs oedd mor aml y cwerylent gyda'r naill yn gwrthod derbyn cerydd y llall. Dywedodd wrthi y tro hwn, yn ddadlennol, 'ei bod yn ddiafol perffaith, yn felltith y ffordd y cerddai ac yn ddigon i demtio dyn anianol i lofruddiaeth'. Hwyrach fod gan Sidney y gallu i droi pen dynion pan gerddai heolydd Llundain.

Gan amlaf, pan âi i'r ddinas, a'r ugeinfed tro oedd hwn, câi gydnabyddiaeth am ei lafur a fyddai'n ddigon i'w gynnal ac i gynnal ei deulu gartref, ond y tro hwn ni chafodd yr un ddimai am ei gymorth yn y Tabernacl a phoenai am ei wraig a'r teulu. Ond tua'r un adeg ewyllysiodd fod Sidney Griffith i ofalu am fagwraeth ei ferch fach, Elizabeth, pe digwyddai ef farw – a hynny er fod ganddi fam yn Nhrefeca! Ym mis Mawrth 1750 dioddefodd arteithiau yn ei gorff a'i wyneb, er ei fod yn dal i bregethu 'gyda rhwyddineb a grym'. Erbyn mis Ebrill dychwelodd Sidney o'r gogledd i Drefeca a bu eu perthynas eto yn garuaidd: ni fedrent ddeall pam nad oeddynt yn briod a theimlent eu bod 'fel un i Dragwyddoldeb'. Roedd Harris yn gadarnach nag erioed yn ei farn nad oedd Anne yn gymar ysbrydol iddo ac nad oedd ganddi gyfraniad i'r gwaith y byddai ef yn ei gyflawni o gylch y wlad.

Ar ddechrau 1751 bu farw William Griffith trwy syrthio i lawr y grisiau a thorri ei wddf, a rhoddodd Harris fenthyciad o £400 i Sidney iddi drefnu ei angladd a'i ystad. Roedd hyn yn ychwanegol at ei gymorth ariannol i addysgu Jacky yn Llundain. Gyrrodd hyn ef i ddyled, ond tybiai y byddai Duw yn gofalu amdano. Yn y cyfamser dechreuodd Sidney besychu gwaed. Yn annisgwyl i'r ddwy wraig, fe'i cymodwyd, a chawn y tri yn teithio i Lundain gyda'i gilydd unwaith yn rhagor. Cyn hynny breuddwydiodd Howel ei fod ef a Sidney 'mewn cwch nid nepell o'r lan a dechreuodd ollwng dŵr a chymerais Sidney yn fy mreichiau ac arbedais hi rhag boddi ond ni chofiaf fy hun yn dod i dir'. Breuddwydiodd hefyd, 'fy mod yn mynd i lifeiriant mawr ar gefn Robin [ceffyl Sidney] ond euthum oddi wrtho yn y llif a boddwyd naw . . . Tybiais fod Sidney ar gefn y ceffyl ac euthum ymaith a'i roi dan ofal rhywun, a rhodiais yn rhwydd trwy'r dŵr heb imi suddo na chael unrhyw drafferth, a daeth Anne ar gefn ceffyl ar fy ôl'. Ceisiai Harris ddehongli ei freuddwydion fel negeseuon oddi wrth Dduw ond, mewn gwirionedd, adlewyrchu ei ddryswch ei hun a wnaent.

Yn Llundain gwaelodd Sidney a dychwelodd Harris i Gymru a'i gadael yng ngofal Anne. Ym mis Mehefin cawn ef eto yn Llundain ond yn rhy hwyr i gael gweld Sidney'n fyw: bu hi farw ar y Sul, Mai 31. Gan fod Howel ei hun mewn gwendid mawr bu hyn yn ergyd arall iddo, a chymaint oedd pryder ei frawd, Joseph, amdano fel y mynnodd i feddyg ddod i'w weld yn y Tŵr. Manteisiodd Howel ar y cyfle i bregethu i'r meddyg a'i frawd a'r teulu. Chwalwyd ei obaith o weld Anne yn marw a Sidney yn dod yn briod iddo a geni tri o blant iddynt. Difrodwyd, hefyd, y weledigaeth a gawsai o Drefeca yn cael ei reoli fel cymuned Gristnogol ganddo ef fel 'Tad' a Sidney fel 'Mam'. Chwalwyd ei fyd – dros dro.

Pennod 6

Y TABERNACL, LLUNDAIN
Gweinidogaeth Harris yng nghapel George Whitefield

Roedd y ffordd o Rydychen i Lundain yn llydan a llawer o deithwyr yn ei thramwyo yn ôl ac ymlaen: rhai ar droed, rhai ar gefn ceffyl neu asyn, a rhai mewn coetsys o wahanol faint. Digon garw oedd wyneb y ffordd gyda rhychau dyfnion mewn mannau, a wnâi i Harris a'i wraig droi pennau'r ceffylau i'w hosgoi. Roedd Anne yn feichiog a cheisiai ei gŵr gofio hynny rhag iddi gael ei hysgwyd yn ormodol. Wrth iddynt agosáu at y ddinas fe'i gwelent hi fel crochan yn berwi gan greu nudden drwchus dros bob man, a gwyddent fod drewdod ac aflendid yn eu haros. Sylwodd Anne mai Eglwys Gadeiriol Sant Paul a'i thŵr crwn, uchel oedd yr unig adeilad a godai ei ben uwch y caddug. Ond ni hidiai Harris am hynny gan gymaint ei sêl dros Grist, a gwyddai y byddai'n cael ei danio eto gan frwdfrydedd ei frodyr efengylaidd yn y ddinas. Dyheai am eu gweld eto. Ymfalchïai hefyd ei fod wedi cael ei ddewis i ofalu am y Tabernacl tra bod George Whitefield i ffwrdd yn Georgia.

Wrth iddynt gyrraedd pentref bach Kensington a'i balas urddasol, ac wrth iddynt deithio trwy bentref llai Knightsbridge, daethant yn fuan i ganol halibalŵ Piccadilly ac Oxford Street cyn troi i'r dde i gyfeiriad eu llety yn y Crown and Thorns. Gwyddai Harris y câi eu ceffylau

borthiant cyson a'u dyfrio bob dydd yno. Credai'n ogystal
y câi Anne le lled gyfforddus i orffwys a dadluddedu.
Hebryngodd hi i fyny i un o'r llofftydd oedd yn wynebu ar
ardd, ac felly'n fwy tawel, heb gymaint o ddrygsawr y
stryd yn dod i mewn iddi. Roedd dau wely glân a
chwpwrdd solet yn yr ystafell a chredai Howel y byddai'n
dderbyniol i Anne yn ei chyflwr. Aeth drachefn i'r stabl i
nôl y cewyll teithio oddi ar ystlysau'r ceffylau a'u dwyn
nhw i fyny'r grisiau. Dychwelodd eto at y ceffylau i'w
rhwbio a gofalu fod gwair yn y rhesel. Yna aeth i gadw
cwmni i'w wraig a syrthiodd i gysgu.

Pan ddeffrodd aeth i lawr i'r gegin i nôl ymborth – cig
eidion a bara gwenith cyflawn, a diod fain – roedd y dŵr yn
Llundain yn fochaidd ac nid oedd am ei gyffwrdd. Cludid y
dŵr mewn cafnau pren, agored am filltiroedd a byddai
gwerthwyr dŵr yn deffro ardaloedd cyfan gyda'u bloeddio
yn y boreau. Sut bynnag, gwyddai Harris fod y dafarnwraig
arbennig hon yn paratoi bwyd iach ac y byddai'n ystyried
cyflwr ei wraig. Ar ôl brecwast roedd Howel yn ysu am
gael ymweld â rhai o'i ffrindiau a chusanodd Anne cyn troi
tua'r Tabernacl.

Teithiwr digyffelyb oedd Harris ac yn ystod ei fywyd fe
ymwelodd â Llundain 39 o weithiau. Y tro hwn bu'r daith o
Drefeca yn arw a'r hin yn ddrwg. Cawsant eira trwm ar y
ffordd fynyddig o Cheltenham i Burford a gwynt y dwyrain
yn chwythu'n ddeifiol yn wynebau'r ceffylau. Roedd y
rhew gerwin eisoes wedi brathu'r ddau deithiwr nes tynnu
gwaed o'u dwylo. Gwellhaodd y tywydd wrth ddynesu at
Rydychen ond, fel arfer wrth fynd trwy'r ddinas honno,
cythruddwyd Harris gan galongaledwch y trigolion. Ni
fedrai ganfod unrhyw ddaioni yn eu plith a'r troeon
blaenorol y teithiodd drwy'r lle ebychodd fod y ddinas 'yn

ddi-Dduw ac yn llawn oferedd'. 'Lle drygionus ydy hwn,' meddai, 'a phan edrychaf ar y gwrthgilio cyffredinol oddi wrth bob gwirionedd mewn egwyddor ac ymarfer, y mae un peth yn berffaith glir – ysbryd gwrthryfelgar sy'n teyrnasu yma.' Ni fyddai'n hoffi aros yn y dref ond byddai'n gweddïo drosti bob tro y byddai'n marchogaeth trwyddi. 'Merch y diafol' ydoedd a roddai 'fodd i bob chwant.' Un tro, mentrodd ofyn i'w Arglwydd a oedd gobaith i'r dref annuwiol yma. 'Mam Butain y tir,' meddai amdani, 'nid oes ond pechod du a thrythyllwch i'w gweld yma.'

Ym mis Tachwedd 1735, ac yntau'n ŵr ifanc un ar hugain oed cawsai Harris ei dderbyn gan goleg Neuadd y Santes Fair, ond nid arhosodd brin wythnos yno: cafodd ei siomi gan annuwiaeth y lle, ac yntau wedi profi o lawenydd iachusol yr Efengyl yn Nhrefeca. Mae'n amlwg i Rydychen darfu ar ei ysbryd. Anghaffael fu hyn iddo pan ymgeisiodd am gael ei ordeinio yn yr Eglwys ond, yn ddiweddarach, fe ddefnyddiodd ei breswyl byr yn y brifysgol fel amddiffyniad rhag sen clerigwyr a honnai ei fod yn 'bregethwr clawdd a pherth di-ddysg'. Yn rhyfedd iawn ni theimlai yr un atgasedd at Lundain er gwaethaf ei rhysedd a'i budreddi, a hynny am fod yr Efengyl yn ffynnu yno dan arweiniad ei gyfeillion.

Brasgamai yn awr tua'r Tabernacl gan geisio osgoi'r budreddi a redai yn y ffos yng nghanol y ffordd, ond roedd y ceffylau a rodiai'n gyson ar hyd y strydoedd cul yn tasgu carthion neu biswail ar ddillad pawb ac nid oedd yn anghyffredin i wraig ambell dŷ arllwys llestr o'r llofft i'r stryd islaw.

Ond bwrw ymlaen yn ddi-hid o'i amgylchedd a wnâi Harris nes cyrraedd y Tabernacl. Capel oedd hwn a godwyd gan gyfeillion Whitefield, ac fe'i hadeiladwyd ar dir comin yn y Moorfields lle dechreuodd ef bregethu yn yr awyr agored a'r tyrfaoedd yn tyrru i wrando arno a chael eu torri a'u clwyfo gan ei eiriau tanllyd. Cofiai llawer am y bregeth a ddisgrifiai y meddwyn hwnnw'n cerdded yn simsan ar ymyl y dibyn a'r pregethwr yn gwneud drama llawn arswyd o'i sefyllfa: 'A fydd iddo syrthio? Edrychwch! Y mae'n siglo! A oes rhywun a fedr ei achub ac agosáu at y dibyn at ei ymyl? Pwy a ddaw i'w achub? Dim ond un. Dim ond un, a Iesu yw hwnnw. Iesu. Iesu. Iesu.' Byddai'r ddameg yn para am ugain munud nes bod y gynulleidfa yn gweiddi ac yn gweddïo dros y meddwyn, ac yna'n cael rhyddhad o wybod ei fod yn cael ei achub. Yna, gyrrwyd y neges adref trwy i Whitefield gymhwyso'r darlun at bob un oedd yn gwrando, a'u rhybuddio rhag cerdded y dibyn a fedrai arwain at ddinistr tragwyddol.

Stwmpyn byr ydoedd George Whitefield, ac un llygad tro ganddo a wnâi iddo rywsut ymddangos yn fwy treiddgar wrth iddo sôn am Ddydd y Farn oedd yn wynebu pechaduriaid diedifar, a'i lais fel taranfollt yn gwanio eneidiau nes eu gorfodi i weiddi a sgrechian am drugaredd. Syrthient ar eu gliniau a'u hwynebau, yn llefain a griddfan am gael rhyddhad o'u cadwyni pechadurus. Cynigiai iddynt ryddid dilyffethair yr Efengyl, gan wasgu arnynt i ddianc rhag y farn anorfod a gafael yn dynn yn addewidion Crist.

Gwerin dinas Llundain oedd mwyafrif y gwrandawyr: dynion a gwragedd a'u bywydau'n gaeth i fryntni a chreulonder, lle'r oedd haint a marwolaeth yn rhemp. Anobaith du oedd eu rhan o'u genedigaeth i'w bedd ac nid oedd Eglwys Loegr a'i phwyslais ar bregethu rhesymol, call, yn cyffwrdd â'r angen dwfn yn eu calonnau am obaith a thangnefedd, a chynhesrwydd. Roedd y clerigwyr yn ymddangos fel bodau mewn byd ar wahân, a'u gwasanaethau yn oer a dideimlad, tra oedd oedfaon Whitefield yn ferw o weddïau, yn aml blith-draphlith ar draws ei gilydd, a'r ocheneidiau a'r galaru a'r llawenhau yn llanw'r wybren. Apelio yn y lle cyntaf at y galon a wnâi Whitefield ac nid at y deall. A byddai canu rhai o emynau Charles Wesley yn falm i eneidiau a chyrff y dyrfa. Caent ryddhad a chipolwg ar fywyd y nefoedd a fyddai'n trawsnewid eu bywydau llwm a gorthrymedig. Anodd oedd credu y gallasai crefydd gydio mor angerddol yn y tlodion ysbrydol, dirwasgedig hyn a tharo tant yn eu calonnau fel nodau dwysaf telyn. Gymaint oedd tynfa Whitefield fel i'r sôn ledu drwy'r ddinas a denu'r byddigion i Moorfields yn eu cerbydau i glustfeinio ar y pregethwr a hyrddiai bawb i golledigaeth – actorion a gwleidyddion, ymholwyr a beirniaid – nes bod y maes yn cynnwys tlawd a chyfoethog, carpiog a choeth eu gwisg, yn ddiwahân. Deuai rhai yn ôl i wrando arno'n gyson, ac fe hudwyd eraill i holi ymhellach am neges newydd danlli y gŵr â'r llygad croes.

Roedd edmygedd Harris o Whitefield yn ddiderfyn er fod hwnnw'n fwy na pharod i gydnabod mai Howel oedd ei ysbrydoliaeth a'i batrwm cychwynnol. 'Harris bia'r flaenoriaeth,' cyffesai. 'Ef aeth allan i bregethu ar aelwydydd, ar ben heolydd ac mewn mynwentydd, ac ef fu'n ysbrydoliaeth i minnau i gychwyn ar yr un llwybr.' Doedd dim dwywaith nad oedd y ddau yn frodyr cytûn: pregethwyr ysgubol i dyrfaoedd anferth oedd y ddau, a Chalfinaidd eu diwinyddiaeth.

Wrth i Harris ddynesu at Moorfields, a'r Tabernacl yn sefyll yn fawreddog o'i flaen, cofiodd fod gan Gymru ddyled i'w harwr a bod hwnnw wedi ei brofi ei hun yn gyfaill cywir a doeth. Mynasai Harris ei fod yn dod i'r cyfarfod pwysig hwnnw yn Watford ger Caerffili, ym mis Ionawr, 1743, i geisio gosod trefn ar y diwygiad yng Nghymru. Ef fyddai'n llywyddu ac felly byddid yn osgoi ethol Harris neu Rowland yn ben. Rhoddodd y cyfundrefnu pwysig a ddigwyddodd yn y cyfarfodydd hynny yn Watford sail barhaol i Fethodistiaeth Cymru. Cyfarfodydd heddychlon, cytûn oedd y rhain pryd y penderfynwyd rhoi trefn ar y dychweledigion a gosod patrwm ar fwrlwm y diwygiad yng Nghymru. Dewiswyd arolygwyr i'r amrywiol gylchoedd a chynghorwyr i gyfarwyddo'r seiadau niferus, a manylwyd ar eu dyletswyddau. Pwysleisiwyd fod angen cynnal cyfarfodydd misol yn lleol; yn chwarterol mewn ardaloedd ehangach, ac yn flynyddol ar gyfer y mudiad Methodistaidd cyfan. Yna, chwe mis yn ddiweddarach, bu ail gyfarfod pryd yr etholwyd Harris i ddirprwyo dros Whitefield pan fyddai ef yn absennol. Tynhawyd y cwlwm rhwng Methodistiaid Cymru a Methodistiaid Whitefield a chryfhawyd y berthynas rhwng y ddau arweinydd.

   Bu'r ddau gyfaill yn llythyra am rai blynyddoedd cyn hyn ac ym mis Rhagfyr 1742 ysgrifennodd Whitefield at ei gyfaill lythyr i'w ddarllen yn y Sasiwn Gymreig gyntaf yn Nygoedydd ger Llanymddyfri a gyffyrddai â dau fater llosg i'r Methodistiaid cynnar:

Materion o'r pwys mwyaf yw'r rhai y bwriedwch eu trafod. Mae'n bwysig canfod y safle y bu i bob un ohonoch gael ei alw iddo gan Grist. Galwyd rhai i ddeffroi . . . eraill i adeiladu; mae gan rai ddoniau cyhoeddus . . . ni all eraill ond ymweld yn breifat. Gweinidogion yn Eglwys Loegr yw rhai ohonoch – ond os parhewch yn ffyddlon, ni fedraf eich gweld yn aros ynddi lawer yn hwy. Ond peidiwch ag ymadael â hi nes ichi gael eich taflu allan ohoni. Fe garwn pe baech yn cyfarfod yn fisol, os nad mewn un cwmni yna mewn cyrff bychan cymdogol . . . I'r cyfarfod misol gall y cynghorwyr ddod i rannu eu llwyddiant. Ac fe ellir cyflawni hyn i gyd heb ymwahanu oddi wrth yr Eglwys Sefydledig. Ni fyddwn yn gomedd i'r Ymneilltuwyr y rhyddid i gyfarfod i gymuno yn eu heglwysi eu hunain yn ogystal ag yn yr Eglwys, os dyna'u dymuniad.

Ond a fyddai'r mudiad newydd, ffrwydrol yn fodlon aros oddi fewn i Eglwys Loegr? Roedd teimladau cryf yn dechrau ymffurfio yng Nghymru am fod llawer o'r dychweledigion yn methu cael bwyd ysbrydol i'w cynnal yn eu heglwysi drwy fod yr offeiriaid yn ddi-hid ohonynt, neu hyd yn oed yn chwyrn eu beirniadaeth o Harris a'r diwygiad; a ph'run bynnag, dynion salw, anwadal eu buchedd, oedd nifer ohonynt heb na sêl na theimladau gwresog tuag at yr Efengyl. Yng ngwres eu profiadau ni fedrai'r rhai a daniwyd oddef oerfelgarwch a rhesymoliaeth cynifer o glerigwyr, a theimlent na fedrent dderbyn y cymun oddi ar eu dwylo. Dadleuai Harris i'r gwrthwyneb mai eu lle oedd y tu mewn i Eglwys Loegr. Nid cychwyn enwad newydd oedd ei fwriad.

Un o ddoniau cynhenid Harris oedd ei ddawn i drefnu, a gosododd ei stamp yn drwm ar y Methodistiaid o'r dechrau. Bu'n benthyca syniadau o sawl man, wrth gwrs – oddi wrth y Morafiaid oedd wedi ymsefydlu yn Lloegr ers peth amser ac a fu'n ysbrydiaeth i Harris ar hyd ei oes; oddi wrth Whitefield; ac oddi wrth arbrofion cynnar gwŷr fel Josiah Woodward, a gyhoeddasai lyfr yn 1697 ar gymdeithasau crefyddol Dinas Llundain. Ond fe drodd y dŵr i'w felin ei hun nes gwneud y gyfundrefn Fethodistaidd yn batrwm i'w hedmygu ar draws Cymru.

Maes o law roedd cwmnïau bach lleol o bobl yn cwrdd mewn seiadau a gwŷr cymwys yn eu harwain ac yn adrodd yn ôl, yn eu tro, am gyflwr yr eneidiau yn eu gofal. Mynnai Harris fod ffrwyth y diwygiad i ddeillio o dyfiant ysbrydol parhaol, a bod adroddiadau cyson yn dod i'r sasiynau yn adlewyrchu'r llwyddiannau a'r methiannau yn hanes pob aelod. Trwy hyn byddai ef yn medru cadw llygad barcud ar y cynghorwyr ac ar aelodau'r seiadau er mwyn mesur eu prifiant. Rhaid oedd cadw'r gwres a sicrhau tyfiant: nid oedd sefyll yn yr unfan i fod, ac roedd trefn briodol yn anhepgor i hynny.

Ar ôl iddo briodi Elizabeth James o'r Fenni yn 1741 ac wedi iddo ymweld â'r Alban yn fuan wedyn, bu Whitefield yn gweini dros y gaeaf, yn 1742, yn y Tabernacl. Codwyd yr adeilad pren enfawr gan ei ddilynwyr fel y câi ei wrandawyr lluosog eu cysgodi rhag y gwynt a'r glaw, ond nid oedd yr efengylydd yn gwbl fodlon ar hyn gan ei fod mor agos i'r Ffowndri, lle roedd miloedd o ganlynwyr y ddau Wesley yn crynhoi ddwy waith y dydd ac ar y Sul. Hen adeilad lle prosesid arfau ar gyfer y fyddin oedd y Ffowndri ond pan ddaeth yn wag manteisiodd John Wesley ar y cyfle i'w gymoni a'i addasu.

Penderfynodd Whitefield mai dros dro yn unig y defnyddiai'r Tabernacl. Nid oedd am gythruddo John a Charles yn ddiangen, er fod y berthynas rhyngddynt wedi oeri dipyn ers y blynyddoedd cynnar. Roedd safbwynt Calfinaidd George Whitefield a'i bregethu digymrodedd ar y pwnc o ragordeiniad – fod Duw wedi dewis rhai, cyn dechrau'r byd, i fod yn gadwedig – yn dân ar groen y ddau Wesley. Dyma'r rhai oedd wedi eu hethol, ac er na fynnai Whitefield bregethu ochr arall y ddogma, sef fod pawb arall wedi eu gwrthod ac yn mynd ar eu pennau i ddifancoll, dyma yn ddiamau oedd y farn gyffredin am ei bregethau.

O'r tu arall ni fedrai Whitefield stumogi dysgeidiaeth John Wesley ynglŷn â 'pherffeithrwydd', sef y gred fod y rhai a ddeuai i brofiad bywiol o Grist yn meddiannu perffeithrwydd dibechod. Ar ymweliad â Bryste, lle roedd ganddo ddilynwyr lu, clywodd fod llawer wedi llyncu'r athrawiaeth hon yn ddihalen, ac yn tystio'n agored nad oeddynt wedi pechu mewn meddwl, gair na gweithred wedi iddynt gael eu hachub. 'Nid yw'n bosib imi bechu mwyach,' oedd eu cri. Sylw Whitefield oedd fod y pechod 'balchder' yn dal i fod yn perthyn iddynt. Cytunai Harris â Whitefield ar y pwnc canolog hwn.

I Whitefield roedd yr efrau wedi eu hau ym Mryste a mannau eraill gan Wesley ac fe gymerai gryn amser i'w diwreiddio a'u llosgi. Bu hyn yn asgwrn cynnen rhwng Harris a Whitefield ar y naill law, a John a Charles Wesley ar y llall ar hyd y daith ac er pob ymgais at gymodi, yn enwedig ar ran Harris, datblygu ar wahân fu hanes y Methodistiaid. Ond, yn rhyfedd iawn, parhaodd brawdgarwch yn eu plith ac ysgrifennent yn garuaidd at ei gilydd o dro i dro.

Wrth ddynesu at ben ei daith, cofiodd Harris am helyntion cynnar George Whitefield ar y comin eang ar gyrion y ddinas. Clywsai'r stori gan Whitefield ei hun. Un gaeaf bu'n arwain oedfaon ac yn cynghori yn y capel pren ac yna, pan ddaeth y gwanwyn, mentrodd allan i'r awyr agored. Llun y Pasg oedd hi a'r miloedd yn heidio i Moorfields i hamddena a mwynhau. Codwyd cannoedd o stondinau a phebyll yn cynnig pob math o ddiddanwch a phleser. Gwerthid teganau coegwych a danteithion di-rif, a'r stondinwyr yn uchel eu cloch yn cymell y tyrfaoedd i brynu. Roedd ffyliaid pen-ffair yn mynd trwy'u triciau a'r crythwyr yn crafu'r awyr gyda'u bwâu; roedd cabanau pypedau a chwaraewyr crwydrol yn denu tyrfaoedd. Roedd chwerthin a hwyl a sbri yn llanw'r awyr a bregliach a chleber yn suo dros y maes. Mwynhau, doed a ddêl; dyna'r nodyn a gâi ei daro; pawb i fwynhau ac anghofio, am ddiwrnod o leiaf, ddiflastod eu bywyd beunyddiol a'u cartrefi anhygar. Caed cyfle i ddawnsio ac i saethu bwa saeth, ac i gynnal mabolgampau; a gornestau paffio a reslo; a chyflwynwyd, er syndod i bawb, y wraig anferthol a'r corrach. Ac mewn un man roedd dyn yn llyncu cadwyn ddur a dolenni dwy fodfedd iddi ac yn gwahodd pobl i'w theimlo yn ei stumog – cyn ei thynnu allan i'w llyncu eilwaith! Nid oedd terfyn ar yr amrywiaeth hudolus yn y ffair wagedd, liwgar, swnllyd a hwyliog hon. Llifai'r jin, debyg iawn, ac roedd gwerth ceiniog yn ddigon i lorio'r cadarnaf.

Gwaedai calon Whitefield mewn tosturi tuag at y miloedd ac am chwech y bore penderfynodd fynd allan i'w hannerch yng nghwmni nifer o weddïwyr oedd wedi dod i'r Tabernacl y bore hwnnw. Dyma a ysgrifennodd:

Hwyrach fod yna ddeng mil yn aros, nid amdana i, ond am i offerynnau'r Diafol i'w diddanu. Cefais y blaen arno y tro hwn ac ar ôl imi esgyn i fy mhwlpud-maes daeth lluoedd ar unwaith o'm cwmpas, a phregethais iddynt am Moses yn dyrchafu'r sarff yn yr anialwch ac mai felly y caiff Mab y Dyn ei ddyrchafu. Gwrandawsant yn dawel a chredais fod llawer wedi eu trywanu gan argyhoeddiad dwfn am eu pechodau. Daeth llonyddwch difrifol dros y lle.

Gan imi gael fy nghalonogi, mentrais i'r maes eto ganol dydd, ond dyna newid! Roedd y caeau yn wyn nid ar gyfer cynhaeaf y Gwaredwr ond ar gyfer Beelsebwl. Roedd ei ddirprwyon yn llawn llid ac yn drymio a thrwmpedu, yn dawnsio ac yn cludo pwpedau ac yn arwain rhai bwystfilod gwyllt i'n cyfeiriad. Yn rhyfedd iawn, erbyn iddynt gyrraedd y pwlpud, oedd wedi ei osod mewn cwr arall o'r maes, ac wrth iddynt fy nghlywed yn pregethu ar 'Mawr yw Diana yr Effesiaid', bu iddynt gilio peth, ond ymosodasant yr eilwaith a thaflu cerrig, baw, wyau clonc a darnau o gathod marw ataf. Ond trodd rhan helaeth o'r gynulleidfa i wrando'n astud nes imi gael fy nghalonogi ac addo y dychwelwn eto erbyn chwech o'r gloch. Erbyn hynny, roedd miloedd mwy wedi crynhoi i'r ffair ond, yn rhyfedd, roedd rhagor am wrando yr Efengyl. Trefnodd Satan i ddewis un o'i ddoniau pennaf i ymddangos ar lwyfan oedd wedi ei chodi ond pan ddechreuais i bregethu trodd y dyrfa eu cefnau arno a dod i wrando arnaf fi. Codais fy llais fel utgorn nes i lu glywed ac ymateb. Rhuai'r gelynion nid nepell i ffwrdd a daethant yn nes. Yna, miriman, yn ddicllon am ei fod wedi colli arian yn ystod y dydd trwy fy ymdrechion i, a ymosododd arnaf trwy gael ei gario ar gefn un arall a fy chwipio â chwip gref, hir. Ond bob tro yr ergydiai fe syrthiai oddi ar ysgwyddau ei gludydd! Yn fuan wedyn cafwyd sarsiant ricriwtio mewn cwr arall o'r maes i gerdded drwy'r dyrfa yn ergydio'i ddrwm, ond gorchmynnais i'r dyrfa agor i was y brenin a cherddodd y sarsiant trwodd a heibio i mi, ac yna caeodd y dyrfa ei rhengoedd unwaith eto. Yna, crynhodd nifer sylweddol i ymosod arnom ond, am ryw reswm, fel y gwelwn y casineb yn eu llygaid, cododd ffrae yn eu plith, ac yn hytrach nag ymosod arnom ciliasant i'r ymylon. Bûm yn pregethu am dair awr ac yn canu llawer o emynau. Dychwelais i'r Tabernacl a'm pocedi yn llawn o nodiadau oddi wrth bobl yn gofidio am eu cyflwr ysbrydol.

Drannoeth euthum i fan cyfarfod poblogaidd arall, i feysydd Mary le Bone ac yno arhosai tyrfa enfawr i ddial arnaf.

Dechreuais bregethu ar y testun, 'Nid oes arnaf gywilydd o Efengyl Crist gan mai gallu Duw yw hi ar waith er iachawdwriaeth i bawb sydd yn credu', ond daeth rhai a cheisio dymchwel y pwlpud uchel a ddefnyddiwn. Yna wrth imi ymadael â'r maes ceisiodd rhyw oferddyn fy nhrywanu â'i gleddyf a theimlais ei lafn ar fy moch, ond trawyd ei law gan rywun a syrthiodd y cleddyf. Buasai'r dyrfa wedi mynnu ei ladd oni bai fod cyfaill imi wedi ei ddwyn i'w gartref.

Dychwelais i Moorfields drannoeth a'r tro yma, yn hytrach nag ymosod arnaf, daeth un miriman a dringo coeden yn weddol agos at y pwlpud a'i ddinoethi ei hun yn gyfangwbl nes codi cywilydd ar lawer, ond crechwenu wnaeth eraill. Rhaid i mi gyfaddef fy mod wedi cael ysgytwad ar y cychwyn ond cododd fy ysbryd a gofynnais i'r gynulleidfa a oeddynt bellach yn cytuno â mi pan haerwn fod 'Dyn, pan oedd wedi ei adael wrtho'i hun, yn ddim mwy na hanner diafol a hanner bwystfil'. Cafwyd llonyddwch ar ôl hyn a daeth niferoedd i'r gorlan.

I ganol y math yma o ferw y daeth Harris i ddechrau ei gyfnod bugeiliol yn y Tabernacl yn absenoldeb George Whitefield. Roedd Harris wedi derbyn yr alwad gan gredu mai dyma ddymuniad Duw, ond yn fuan daeth i weld fod y galwadau arno yn drwm a'u bod yn golygu traul ar gorff ac enaid. Yn ystod ei amser yn y Tabernacl ni châi geiniog at ei gadw, er ei fod yn pregethu i dyrfaoedd enfawr, ac roedd aelodaeth y gynulleidfa a addolai yn y capel yn cynyddu'n gyson. Cwynodd ar un achlysur fod ei wraig annwyl wedi goddef gydag ef yn ei dlodi er iddi gael magwraeth dyner; nid oedd yn anghyffredin iddi orfod cysgu ar wely o wellt a hithau wedi arfer â gwely plu ond ni fyddai hi byth yn cwyno am hynny. Sylwodd un tro fod llawer o wragedd tlawd yn y Tabernacl ond, yn rhyfedd, roeddynt wedi eu gwisgo mewn dillad costus. Droeon noda fod ei arian wedi darfod ac ni wyddai o ble y deuai'r geiniog nesaf. Weithiau ni fedrai fforddio porthiant i'w geffyl ac un tro ysgrifennodd yn ei ddyddlyfr, 'Er mwyn bod yn ddarbodus, ac i arbed syrthio i ddyled, byddaf yn bodloni ar fwyta afal neu gacen.'

Ar adegau eraill synna at garedigrwydd pobl nad adwaenai mohonynt, yn rhoi iddo arian, a chafodd ei ddarostwng pan roddodd rhywun bâr o sanau sidan iddo. Pwysai'n drwm ar ewyllys dda nifer o bobl gefnog neu Gristnogion ffyddlon a fynnai wrando arno neu dderbyn ei gyngor yn eu cartrefi, ond byddai'n rhaid iddo bregethu a gweddïo i gwmnïau bach o bobl fyddai wedi ymgynnull. Bu iddo golli ei wats sawl tro – unwaith yn y Bala ond yn amlach yn Llundain – a byddai'n ddiolchgar pan ddeuai rhywun o hyd iddi a'i danfon iddo neu roi arian iddo brynu un arall. Cynigiodd ei ffrindiau wobr o ddwy gini, un tro, i unrhyw un a fedrai gael hyd iddi a'i dychwelyd. Yn ôl ffasiwn y dydd, mynnai Howel wisgo perwig, a byddai'n gofidio pan fyddai wedi colli un – a digwyddodd hynny droeon! Credai nad oedd wedi gwisgo'n gyflawn heb ei berwig, a châi ei foddio'n anghyffredin pan roddai rhywun un arall iddo. Ar adegau câi symiau o arian yn rhodd, ond aent i dalu ei ddyledion, gan amlaf, a byddai bob amser yn rhannu peth ohono gyda'r tlodion.

Roedd cartref plant amddifad George Whitefield yn Georgia yn agos at ei galon a byddai'n apelio am gyfraniadau i'w gynnal. Ysgrifennodd at Griffith Jones, Llanddowror, yn gynnar yn ei yrfa yn datgan nad oedd yn deall sut y cafodd crefydd a chariad ymarferol eu gwahanu. 'Rhaid imi gyfaddef fy mod wedi cael eneidiau sy'n gweithredu cariad ymarferol yn hynod o brin. Yn arwynebol y cyflawnant y ddyletswydd hon yn ogystal â rhai eraill.'

Nid oedd ei waith yn y Tabernacl yn esmwyth. Ar y dechrau roedd ymrafael a checru ymhlith yr aelodau, a chafodd gryn waith i'w dwyn yn ôl i undeb. Tyndra ymhlith y pregethwyr a wasanaethai yno oedd rhan o'r achos: gwahaniaeth athrawiaethol oedd wrth wraidd y cynhennu, gan amlaf, a gwelai Harris ei hun fel cymodwr. Dro ar ôl tro gydol ei yrfa cawn ef yn mawrygu'r ddawn a roddwyd iddo i ddwyn y catrawdau efengylaidd i gytgord â'i gilydd. Ni flinai ar drefnu cyfarfodydd rhyngddynt a phregethu ar y pwnc. Dyma un o amcanion mawr ei fywyd a bu'n ddiflino yn ceisio'i wireddu. Ond yn y Tabernacl methiant fu ei ymgais er fod ei daerineb wedi cymedroli llawer ar y gwrthdaro. Y syndod mwyaf oedd na ddigalonnwyd Harris er cymaint ei siom.

Plagiwyd ef gan afiechyd dros y rhan fwyaf o'i fywyd ond y syndod yw na lesteiriwyd ei deithio na'i holl weithgareddau gan hynny. Cwynai'n aml am gur difrifol yn ei ben, a'r ddannodd; trefnodd un tro i rywun dynnu dant oedd yn ei boeni, ond tynnwyd un holliach ar gam! Gofynnodd am gyngor Duw a ddylai fentro i dynnu un arall ond ni chafodd ateb pendant! Teimlai ar brydiau fod ei boenau hyd at angau ac nad oedd gwella i fod, ond yna tynnai drwyddi'n sydyn a byddai'n llawn asbri a dewrder unwaith eto.

Roedd y straen emosiynol a nerfol a osodid arno yn fwy nag y medrai dyn meidrol ei ddal; byddai'n cynghori am oriau, a hynny gyda phobl oedd â gwir angen cyfarwyddyd gan faint eu problemau, neu ynteu byddai'n pregethu ac yn gweddïo am oriau mewn cartrefi gwahanol, a dadlau'n ffyrnig ac yn pregethu'n ffyrnicach i gynulleidfaoedd o fil a mwy. Ar gefn hyn i gyd hawliai'r Tabernacl ei amser i arolygu'r ochr ariannol oedd yn druenus o simsan ar adegau ac i gwrdd â'r bandiau, sef y cylchoedd o bump i ddeg – rhai i ddynion ifanc, rhai i ferched dibriod, rhai i ddynion priod a rhai i wragedd priod – i gyffesu eu pechodau i'w gilydd ac i weddïo dros ei gilydd.

Roedd ei ddyddiau a'i nosweithiau'n llawn i'r ymylon ond, er hynny, llwyddai i gael amser i ymweld â'i frodyr, Joseph a Thomas, ac i gael pryd o fwyd yn eu cartrefi. Mynnai ymweld â'r gynulleidfa Gymraeg yn Lambeth yn gyson a threuliai rai boreau mewn ystafelloedd coffi lle câi drafodaeth ddyrchafol a chyfle i ddarllen y papurau dyddiol. Ei fwynder bydol pennaf oedd ymweld â siopau llyfrau ail-law a phrynu ambell gyfrol. Yn rhyfedd, ni châi ei flino'n ormodol gan giwed y strydoedd er eu bod yn ei fygwth yn barhaus yn y Tabernacl a mannau eraill: gan amlaf llwyddai'n nerthol i'w gwrthsefyll a'u tawelu. Dynion wedi eu hurio i greu terfysg oedd y rhain yn aml, fel gartref yng Nghymru, ac yn meddu ar fwy o sŵn nag o synnwyr.

Ond nid yw'n anodd deall ei anhwylder parhaus yn nannedd y galwadau pwysfawr a chymhleth a osodid arno. Dro ar ôl tro cwyna ei fod yn wael ac yn wan o gorff, nad oedd wedi cysgu ond ychydig oriau, ac eto fe'i cawn yn codi ac yn mynd i bregethu am chwech neu saith o'r gloch y bore. Yn ei ddyddlyfr cawn adroddiad sawl gwaith am ddiwrnod nodweddiadol. Dyma un:

Y bore 'ma pregethais ar Actau 4:10. Adnewyddwyd fy nerth wrth ddarllen Eseia 40 i gyfarfod y gwragedd oedd yn ymweld â'r Tabernacl. Gan i mi godi'n fore heddiw, teimlwn yn sâl trwy'r dydd, bron, a gorweddais ar y gwely. I ginio at Mrs

Kedgel (gwraig yr oedd yn hoff o'i chwmni ar un adeg er eu bod yn cweryla'n aml). Siarad â'r brawd Burton o Portsmouth. Cyfarfod ag un o'r bandiau. Wedi 7.00 euthum i'r *Society* i'w cynghori etc. Yna rhoddodd Mr Bateman (un o bregethwyr y Tabernacl) siars ddifrifol oedd yn llawn taranau ac yn torri at yr asgwrn, yn wir. Roedd grym Duw yn ein plith. Fe gawn y Sacrament y Sul nesaf gyda'n gilydd. Yna cwrdd â'r porthorion. (Roedd gan y porthorion ran bwysig yn y Tabernacl am mai nhw oedd â chyfrifoldeb dros dderbyn neu wrthod mynychwyr y gwasanaethau a gofalu fod gan aelodau'r Seiat docynnau.) Eistedd gyda Mr Bateman tan wedi 1.00, gan agor ein calonnau. Mae'n siŵr fod yr Arglwydd wedi ei ddanfon yma i gryfhau fy nwylo gan ein bod o'r un meddwl a'r un ysbryd ym mhob peth.

Pwysai anghenion Cymru'n drwm ar ei feddwl hefyd, ac fe'i cawn ar fwy nag un achlysur yn ymweld â thwrneiod i bledio, er enghraifft, achos Lewis Evans a gafodd ei garcharu ar gam gan ryw fonheddwr o'r Bala neu ynglŷn â Syr Watcyn Williams Wynne o Sir Ddinbych a fu'n ddraenen yn ystlys seiadau cylch Wrecsam dros nifer o flynyddoedd nes iddo, er rhyddhad i Harris, syrthio oddi ar ei geffyl a chael ei ladd.

Ar un achlysur, er mwyn codi arian at gartref i blant amddifad Whitefield yn Georgia, trefnodd i aelodau'r Tabernacl brynu tocynnau lotri, a galwodd gwrdd gweddi am awr i ofyn am fendith ar y fenter. Teimlai wedyn ei fod wedi gwneud yn iawn gan fod yr achos yn un da, ond ni chawn wybod a fu llwyddiant ar y fenter ai peidio. Dro arall, yn y bore, bu'n sefydlu bandiau ac yna'n gwrando ar gwynion rhyw Chwaer Wood – menyw arall y bu yn rhoi cryn dipyn o'i amser prin iddi. Ar ôl cinio bu'n trafod gyda thri brawd gwahanol rai o faterion y dydd ac yn ystyried dau lythyr a gawsai – un o'r Bala'n adrodd am gynnydd y gwaith yno, ac un oddi wrth y Brawd J. Kelly – antinomiad eithafol, maes o law – yn gofyn ei farn. Wedyn aeth i annerch y *Society* a thrafod y llyfr cyfrifon.

Cefais nerth rhyfeddol. Esboniais gyflwr ariannol y Tŷ a'r costau. Dywedais, 'Un gweinidog sydd i fod yma ond fedrwch chi ddim cynnal hwnnw hyd yn oed. Amdana i, rydw i'n cynnal fy hun, ond am fy ngheffyl. Y mae llawer o *Societies* yn gorfod byw ar un bregeth bob pythefnos ac eto rydych chi'n hawlio pregethwr bob dydd a sawl gwaith y dydd. Does 'na 'run cobler yn Llundain yn gorfod byw fel ni – y pregethwyr. Oni bai fod pobl o'r tu allan i'r gymdeithas yn hael wrthym ni fyddai gennym ddillad ar ein cefnau. Fe ddylech gael gwybod fod capel wedi cael ei godi yng Nghymru ac fe gasglwyd £40 ar unwaith tuag ato, ond yma methwch â chodi arian oherwydd chwant y llygad a balchder mewn dillad ac yn eich plant, a snisin a hwpiau, etc. Mae'r pethau hyn yn traflyncu yr hyn sydd gennych gan adael dim i'r Arglwydd. Mae Duw wedi rhoi ei gomisiwn i mi.'

Ar ôl y dwrdio hallt hwn bu mewn ymryson â'r Chwaer Wood yn breifat ac yna gyda phedwar brawd, yn pwyso arnynt i barchu John Wesley a'i garu. Dangosodd iddynt fel yr oedd Wesley yn cael ei anrhydeddu gan yr Arglwydd uwchlaw pob gweinidog Ymneilltuol. Tra oeddynt hwy yn eu hystafelloedd cyfforddus, roedd ef yn mentro ei fywyd dros Grist.

Fel hyn o ddydd i ddydd y treuliau ei oriau, yn llawn i'r ymylon ac yn llwythog.

Byddai'n cael cysur o bob cariad-wledd – y cynhesrwydd, yr agosatrwydd, yr awydd i lawenhau yn yr Arglwydd. Oedfa oedd hon a fenthyciwyd oddi ar y Morafiaid, lle byddai aelodau mewnol y seiat yn cyfarfod – trwy docyn yn unig yn y Tabernacl gan ei bod mor boblogaidd. Cynhelid hi cyn unrhyw fenter neu ysgogiad newydd, ond nid yn rhy aml. Byddai'n hybu diwygiad a thröedigaeth a byddai'n rhoi cyfle i'r aelod cyffredin gynnig tystiolaeth ddigymell. Diflannai'r gwahaniaeth rhwng pobl yn wyrthiol ar yr achlysuron hyn, a ffrydiai gwres drwy'r cyfarfodydd. Byddai bwyd a diod yn cael eu rhannu ynddynt. Teimladol a rhydd oedd yr awyrgylch; mwynhad o fod yng nghwmni ei gilydd i ganu ac i weddïo. Wedi i'r gwasanaeth ddechrau câi Harris ei dynnu i mewn i weddïo ac i ganu nes iddo deimlo fod yr Arglwydd yn eu plith mewn dull syfrdanol 'fel ein bod yn codi o'n seddau a mynd a chusanu ein gilydd a chofleidio ein gilydd'.

Yn rhinwedd profiadau o'r fath, daeth i bwysleisio mai Cariad Duw yng Nghrist oedd diwedd a dechrau'r Efengyl. Roedd yn nodweddiadol ohono ei fod yn cael profiadau ewfforig pryd y byddai'n colli arno'i hun – er ei fod yn credu mai Ysbryd Duw a roddai'r ecstasi iddo – a hefyd yn cael profiadau salw pryd y suddai i ddigalondid llwyr cyn iddo gael ei godi eto i'w waith beunyddiol.

Deuai dagrau yn rhwydd iddo gydol ei yrfa ond nid oedd ysgafnder o unrhyw fath yn ei blesio. Sylwa yn ei ddyddlyfr un tro fod, 'Un wedi cael ei dramgwyddo trwy fy ngweld yn bwyta gellygen ac yn chwerthin.' Ym Mryste yn ddiweddarach dywedodd y stori hon wrth ryw Mr Chapman: 'Dywedodd dyn wrth ei feistr, wrth iddo wneud rhyw ddrwg neu'i gilydd, mai nid ef a gyflawnodd y drwg ond ei gnawd. Ond yna fe'i chwipiwyd ef gan y meistr a ddywedodd wrtho, "Nid fi sy'n dy chwipio ond fy

nghnawd!"' Hwyrach fod y stori wedi apelio at Harris am
ei bod yn jôc yn erbyn antinominiaeth – ac yn cael ei
chaniatáu, felly, fel jôc ddiwinyddol!

Tra oedd yn Llundain ceisiai'n gyson fynychu'r cymun
mewn rhyw eglwys neu'i gilydd – yn aml âi i Sant Paul, a
châi fendith yno. Perswadiwyd ef un tro i ddringo'r tŵr, ac
er fod yna olygfa odidog o'r fan honno nid oedd ef yn
rhyfeddu; yn hytrach gweddïodd yn ddwys dros y ddinas
oedd yn ymestyn oddi tano. Dro arall byddai'n pasio un o
erddi pleser poblogaidd Llundain, fel y Vauxhall neu'r
Cupid, a rhyfeddai at y rhialtwch a'r anfoesoldeb.

Bu yng ngharchar Newgate yn ymweld â dyn ifanc a
ddedfrydwyd i farwolaeth. O'i flaen gwelai ŵr ifanc,
golygus a iach ei groen. Dechreuodd hwnnw fychanu ei fai
– nad oedd yn ei fwriad i ladd. Gobeithiai y byddai ei
farwolaeth yn dâl digonol am y weithred a'i fod yn gofyn
maddeuant gan Dduw yn y dirgel am ei holl bechodau.
Ysgrifennodd Harris, 'Fedrwn i ddim peidio â dweud wrtho
fod yr Arglwydd yn ei garu. Wrth imi sôn am Grist, fe'i
toddwyd a chyffesodd na fu iddo erioed wylo am ei
bechodau o'r blaen. Gweddïais gydag ef a throsto, a daeth
ceidwad y carchar i mewn ac effeithiwyd ar hwnnw i'w
garu.'

Bu Harris hefyd yn dyst i ddienyddiad yr Arglwydd
Lovat am fradychu'r deyrnas a'r brenin a chefnogi'r
gwrthryfel i osod yr Ymhonnwr yn ei le. Cafodd Harris ei
dynnu i weddïo drosto wrth weld y miloedd yn chwerthin,
rhegi a thyngu, ac wrth sylwi ar eu dihidrwydd. Ar adeg
arall aeth i weld tri o arglwyddi'n cael eu dienyddio. Wrth
weld y miloedd wedi crynhoi ar Tower Hill daeth iddo
syniad o beth fyddai dydd yr Atgyfodiad Cyffredinol yn
debyg o fod. Pan aeth y cyntaf ohonynt i roi ei wddf ar y

bloc bu ymron i Harris lewygu o weld y fwyell yn hongian uwch ei ben, a gweddïodd drosto; yn ei natur ddynol ni fedrai osgoi'r sioc, er fod ei galon yn dawel. Pan oedd Arglwydd Kilmarnock a'i wddf ar y bloc fe deimlodd ei gariad yn mynd ato fel y medrai fod wedi marw yn ei le, a bu'n ymhŵedd ar ei ran nes i'r fwyell syrthio. Ond pan ddygwyd Arglwydd Balmerino i'r llwyfan, denwyd ei enaid i ddiolch fod Duw wedi ei ddwyn yno, neu ynteu fe fyddai'r Efengyl wedi cael ei halltudio o'r tir. Breuddwydiodd Harris y noson honno ei fod wedi ei gondemnio i gael ei ddienyddio yn Aberhonddu, ei fod wedi gosod ei ben ar y bloc, ond gan fynnu cael gweld min y fwyell yn gyntaf!

Bu achlysur cyffelyb ar ei ymweliad â Sir Benfro un tro. Teithiodd ei ferch, Elizabeth, pan oedd oddeutu pymtheg oed, gydag ef a bu'n aros gyda'r Morafiaid, y Nybergs, yn Hwlffordd. Sylwodd y teulu fod 'Betsi' Harris yn ferch deimladwy, aeddfed a hoffus. Sobrwyd pawb un dydd gan ddienyddiad yng nghanol y dref: mam tua 70 oed, a'i merch, yn cael eu dienyddio am ladd baban yr olaf. Dwy Gymraes a Bedyddwyr o Gastellnewydd Emlyn oeddynt, a buont yn pledio'n ddieuog tan y diwedd. Ymgasglodd tyrfa anynad o gylch y grocbren i syllu arnynt yn hongian.

Yna esgynnodd Harris i ben bwrdd gerllaw'r dienyddiwr a gweddïodd a phregethu yn Gymraeg a Saesneg heb hidio grwgnach y dorf, gan gynnig Gwaed Crist i bawb, ymhell ac agos. Pwyntiodd at y ddwy wraig yn hongian ar y ddwy grocbren a dywedodd, 'Fel hyn y bu i'n Harglwydd ni hongian ar y Groes drosoch chi a minnau.'

Er gwaethaf galwadau di-ben-draw ar ei amser a'i nerth yn Llundain credai fod Duw yn nes ato yno nag mewn llawer man. Brwydr barhaus oedd ei fywyd – gyda John

Wesley a phregethwyr y Tabernacl; gyda'r boblach a'i bygythiai'n feunyddiol a gyda'i wendidau ei hunan. Roedd ei nwydau rhywiol yn gryf a châi ei demtio gan wragedd a glystyrrai ato a chyfeddyf fod yn rhaid iddo fod ar ei wyliadwriaeth yn eu cwmni. Cyffesa unwaith, wedi oedfa wresog a derfynodd mewn neidio a dawnsio a llawenhau yng Nghrist, fod yn rhaid iddo wylied ei hun 'rhag ofn imi fod yn gnawdol'. Dro arall, yng nghwmni rhyw Mrs Rea, y bu'n lletya gyda hi am gyfnod, gweddïa ar i Dduw 'ei gwneud hi yn gymwys iddo ef a hithau iddo yntau', a hynny mewn cyfnod pan oedd mewn cariad ag Anne.

Ar un achlysur, pan oedd yng nghwmni John Wesley, bu'r ddau yn trafod diwinyddiaeth y Cyfamod am oriau cyn troi i agor eu calonnau i'w gilydd. Cyfaddefodd Wesley ei fod yn cael mwynhad o gael ei ganmol, a'i fod yn hoffi clod; dioddefai hefyd o saethau temtasiwn o serch tuag at fenywod. Ychwanega Harris, 'A soniais am fy ngwendidau innau wrtho ef.' Cyffesa dro arall ei fod 'Yn casáu fy hun a fy chwant: teyrn ydyw byth a hefyd. O gwared fi rhag yr ysbryd aflan hwn.' Cydnabyddai fod ganddo dymer wyllt, unbenaethol, llawn cynddaredd weithiau, a diolchodd i ryw ddyn un tro am ei gyhuddo o fod felly; fe garodd y gŵr hwnnw.

Byddai rhai o arferion y Tabernacl yn ei gythruddo i'r byw: bu am wythnosau'n ceisio gan yr addolwyr un ai i sefyll neu benlinio, ond nid i eistedd, i weddïo; a bu'n eu blagardio am hydoedd nes iddynt ufuddhau. Mater trafferthus arall a achosodd gryn anghytundeb oedd y cwestiwn o drwyddedu'r adeilad a'i ddwyn felly i'r un dosbarth â chapeli'r Ymneilltuwyr, ond sefyll yn erbyn hyn fel callestr a wnaeth Harris gan ei fod yn gwybod yn iawn mai gwahanu yn gyfan gwbl oddi wrth Eglwys Loegr fyddai canlyniad hynny.

Er mai fel cymodwr y gwelai Harris ei hun, ni fyddai ei ffordd awdurdodus o drafod pobl yn llyfnhau ei lwybr bob tro ac, yn amlach na pheidio, cythrwfl a adawai o'i ôl. Nid mewn merddwr y trigai ond ym merw'r tonnau. Trwy'r cyfan credai ei fod yn berson arbennig a godwyd i waith arbennig. 'Gwelais yn glir,' meddai unwaith, 'fod Duw yn fy ngharu gyda chariad arbennig; ei fod yn maddau i mi yr hyn na wnâi i eraill, a'i fod yn amlwg yn fy arddel fel na wnâi i eraill.' Datganodd un tro ei fod 'wedi gweld, neithiwr, fy mod yn ddyn mawr a fy mod yn dad i Gymru ac yn fendith gyhoeddus, ac nad oes gan Gymru un a all gymryd fy lle.' Gyda'r fath syniadau aruchel amdano'i hun, ynghlwm wrth yr argyhoeddiad ei fod yn cael ei arddel gan Dduw, nid yw'n syndod iddo dra-arglwyddiaethu.

Ynghanol ei holl ofalon yn Llundain codid ei galon pan feddyliai am Drefeca a Chymru – ei 'Gymru anwylaf', fel yr hoffai alw'i wlad. Byddai'n eiriol drosti ac yn ymfalchïo ynddi yn aml. Wrth frysio adref trwy Rydychen ac ebychu ei anathema arferol yn erbyn y ddinas ddiffaith honno, câi flas ar gyrraedd y Fenni – er ei fod yn gorfod taranu yno, hefyd, weithiau. Y mae'r uniad a gâi gyda'i deulu yn Nhrefeca yn felys iddo bob tro, er iddo golli ei dymer yn rhacs unwaith pan ddarganfu fod y gweithwyr wedi bod yn esgeulus o'u gwaith tra'i fod ef i ffwrdd. Ni wyddai ystyr y gair 'gorffwys', a byddai wedi cydio mewn rhyw orchwyl neu ddyletswydd neu'i gilydd o fewn ychydig oriau wedi iddo gyrraedd adref.

FETTER LANE, CARTRE'R MORAFIAID
Ymdrechion Harris i gadw undeb
y carfanau efengylaidd

Fetter Lane. Dyna enw sy'n bachu'r sylw. Mae'n gorwedd ar y ffin rhwng y Ddinas a Llundain ac arwydda'r fan lle daeth y Tân Mawr i ben. Ond bu'n ffin enwog am resymau eraill. Bu yma ddwy grocbren, un bob pen, yn diweddu bywydau offeiriaid Pabyddol a chynllwynwyr yn erbyn y brenin; bu tafarndai fel y Mucky Duck a'r Printer's Devil a Le Swan on Le Hope yn hynod ffyniannus am ganrifoedd. Arferai trigolion cynharaf y lle groesi pompren dros afon Fflyd a'i rhuthr o ddyfroedd ac roedd Stryd y Fflyd yn agor i'r de ohoni. Cyfarfyddai dau blwy yma a rhedai terfyn y ddau trwy ganol capel y Morafiaid fel bod cerddwyr y terfynau yn arfer tresmasu yn flynyddol trwyddo gan fynd i mewn ac allan trwy'r ffenestri! Yn y stryd hon arferai puteiniaid gynnig eu gwasanaeth ac yma, hefyd, y safai un o Neuaddau'r Frawdlys. Bu tanau a ffrwydradau ynddi o dro i dro ond atgyfodai o'r lludw yr un mor feiddgar a lliwgar. Denai artistiaid a chrefftwyr i'w chil-strydoedd ac, yn bwysicach, denai bobl â syniadau newydd a gwahanol. Bu Thomas Hobbes yr athronydd wrth ei fodd yma, bu Richard Baxter y diwinydd Calfinaidd rhyddfrydig yma'n darlithio, a bu John Dryden, y dychanwr, yn gysurus yma am naw mlynedd. Ond hwyrach mai un o'r rhai mwyaf nodedig a fu'n trigo yn y stryd oedd Praisegood Barebone, a roddodd ei enw i un o seneddau Oliver Cromwell. Sefydlwyd, yn eu tro, gapeli gan y Bedyddwyr, yr Annibynwyr a'r Presbyteriaid yn Fetter Lane. Stryd oedd a ddenai fewnfudwyr ac estroniaid i sefydlu ynddi. Felly ceid Iddewon yn agor eu siopau gwystlo yno a'r Huguenotiaid a'u siopau sidanwaith, clociau a watsys, a lleiafrifoedd eraill yn dod i ychwanegu at gyfaredd y stryd fechan hon ar gwr y Ddinas.

Yn ystod teyrnasiad Elisabeth I cododd y Piwritaniaid adeilad pren i addoli ynddo ar safle Pwll Blawd Llif; yna fe'i trosglwyddwyd i'r Presbyteriaid a chodasant hwy adeilad newydd o frics yn ei le, ond yn 1710 fe ffaglwyd y lle gan haid o derfysgwyr. Fe'i hailadeiladwyd ond yn fuan daeth i ddwylo nifer o Almaenwyr oedd wedi ymsefydlu ym mharthau'r stryd a bu yn eu dwylo hwy am gyfnod maith. Perthynent i fudiad Protestannaidd â'i wreiddiau yn yr Oesoedd Canol, sef y Morafiaid. Cawsent gryn lwyddiant yng ngwledydd Pwyl a Tsiecoslofacia, ond bu i'r aelodau ddioddef erledigaeth ffyrnig o du'r Babaeth a'u cefnogwyr gwladol. Yn y ddeunawfed ganrif ymfudodd rhai ohonynt i'r Almaen a chafodd nifer loches ar ystad yr Iarll Nicholas Ludwig Zinzendorf. Daeth ef yn edmygydd ohonynt ac ymunodd â nhw gan ddod yn arweinydd iddynt. Cawsant ysbrydoliaeth newydd a daethant yn genhadon beiddgar ym Mhrydain, yn India'r Gorllewin a'r Amerig. Yn Fetter Lane, sefydlwyd canolfan y mudiad yn Lloegr ac oddi yno bu iddynt ddwyn eu neges i bedwar ban y deyrnas – o Swydd Efrog i Hwlffordd.

Ddechrau Chwefror 1746, cerddai Harris o'i lety yn y Crown and Thorns i gyfeiriad Tŷ Cwrdd y Morafiaid. Er mwyn iddi gael ychydig o newid awyrgylch, trefnodd i'w wraig fynd i aros am ychydig ddyddiau gyda'i frawd hynaf a'i wraig yn y Tŵr. Roedd e wedi bod yn y Tŷ Cwrdd o'r blaen a gwyddai am y Morafiaid a'u harferion; gwyddai hefyd fod John a Charles Wesley yn credu eu bod o'r un toriad â nhw – neu felly yr arferent gredu. Dan nawdd y Morafiaid y sefydlwyd un o'r seiadau cyntaf yn Llundain ac roedd bri arni.

Dysgodd John Wesley eu parchu yn y blynyddoedd cynnar, yn enwedig yn eu cwmni ar ei fordaith dymhestlog i Georgia ac yn sgil yr hyn a welsai o'u gwaith cenhadol yn y rhan honno o'r cyfandir. Bu iddo ymweld â Herrnhut yn yr Almaen lle sefydlasai Zinzendorf ganolfan grediniol gydag ysgolion, gweithdai a chartrefi i blant amddifad ac ysbrydolwyd ef i ddilyn ei esiampl ym Mryste a mannau eraill.

Ond er cymaint ei edmygedd o'r Morafiaid, dychwelodd o'r Almaen yn bur anesmwyth ei feddwl ynglŷn â'u harweinydd. Dau ddyn cryf o feddwl a phenderfynol i gael eu ffordd eu hunain oedd Zinzendorf a John Wesley, ac nid oedd lle i gyfaddawd. Un o nodweddion y diwygwyr i gyd oedd eu parodrwydd i siarad yn ddi-flewyn-ar-dafod am wendidau a methiannau ei gilydd; credent yn gadarn y dylent 'ddilyn y gwir mewn cariad'. Felly parhaent i ysgrifennu at ei gilydd wedi'r cwerylon a'r cyhuddiadau o'r ddeutu – ac felly y bu yn hanes y ddau yma.

Roedd dyled y Methodistiaid i'r Morafiaid yn drwm. Cyfaddefai Harris ei deimladau cynnes tuag atynt dro ar ôl tro. Yn eu cyfarfodydd teimlai'r gwres a'r rhwyddineb a deimlasai yng nghyfarfodydd y diwygiad yng Nghymru. Edmygai eu symlrwydd – yn eu pregethu ac yn eu haddoliad. Ni safent yn anhyblyg ynglŷn â manylder credo. Canu eu credoau a wnaent, a dan arweiniad Zinzendorf mynnent nad oedd credo ffurfiol yn hanfodol i achubiaeth y Cristion. Yr oedd croeso i bwy bynnag a fynnai ddefnyddio'r credoau traddodiadol, ond yn eu tyb hwy yr Ysgrythurau oedd y sylfaen gadarn i bob cred. Nid oedd y gwahanol ddehongliadau o bwys – creu rhaniadau a wnaent hwy bob amser. Y gwirionedd sylfaenol iddynt oedd fod Duw wedi marw ar y Groes er mwyn dyn; yn eu hemynau a'u pregethau roedd Gwaed y Groes yn llwyr ganolog. Pwy bynnag oedd yn fodlon ymuno gyda nhw i ddatgan hyn, roeddynt yn barod i'w cofleidio fel Cristnogion. Nid oedd y Morafiaid yn chwennych brwdfrydedd y Methodistiaid, ac ynglŷn â hynny datblygodd tyndra rhyngddynt. Nid oeddynt ychwaith yn cynhesu tuag at ddiwinyddiaeth galed Whitefield a Harris. Eu bwriad delfrydol oedd hydreiddio'r enwadau i gyd a'u dwyn yn raddol i ymdebygu i'r Wir Eglwys oedd yn bod yn y Testament Newydd. Oddi arnynt hwy y benthyciodd John Wesley a Harris y syniad o gynnal gwleddoedd cariad ar achlysuron arbennig, a mawr oedd eu bri yn Nhrefeca.

Wrth gerdded yn gyflym i gyfeiriad y Tŷ Cwrdd sylwodd Harris ar nifer o farcutiaid yn ffraeo am ysglyfaeth y tu allan i siop cigydd ar ochr y ffordd. Meddyliodd am eiliad mor gyffredin oedd yr aderyn hwn yn Llundain, rhagor cylch Trefeca, ond cydnabu yn gyflym fod ei feddwl yn crwydro oddi wrth bynciau ysbrydol a gweddïodd am faddeuant. Gweddïai'n gyson er mwyn cryfhau'r berthynas rhyngddo a Christ. Weithiau, yn arbennig gyda'r nos, neu pan fyddai'n methu cysgu, gweddïai'n faith er mwyn cael arweiniad i ddilyn ewyllys Duw yn gywir. Cyfaddefai fod hyn yn anodd ar adegau ond câi ei galonogi gan yr arweiniad clir a gâi weithiau. Yn ddiamau, gweddïwr mawr oedd Harris. Erbyn hyn safai wrth ddrws capel y Morafiaid a cherddodd i mewn. Eisteddai'r gynulleidfa gan ganu emyn a folai Waed Crist; eistedd i ganu a wnaent bob amser, ond ni flinid Harris gan hynny. Y peth pwysig oedd fod Crist a'i Groes a'i Glwyfau yn cael eu dyrchafu a'u canmol yn ddiarbed.

Teimlai'n gysurus yng nghwmni'r Morafiaid, a bu'n gyfeillgar gyda nifer o'r arweinwyr ar hyd ei oes. Byddai rhai ohonynt – y Nybergs er enghraifft – yn galw'n gyson yn Nhrefeca ar eu taith o Lundain i Hwlffordd lle roedd cynulleidfa gref wedi ymsefydlu. Roedd Harris yn adnabyddus i nifer yn y capel ac fe ddaeth Cymro o Sir Benfro, John Gambold, esgob yn eu plith, ymlaen ato a'i gofleidio'n gynnes a'i gyfarch yn Gymraeg. 'Croeso! Croeso! Howel! Mae'n dda eich cael gyda ni unwaith eto. Gwyddoch gymaint yw ein cariad tuag atoch ac rwy'n siŵr y bydd pawb am eich clywed yn ein hannerch yn yr Arglwydd. Y mae'r ddau Wesley a Whitefield yma eisoes a rwy'n tybied y byddant hwythau hefyd am eich clywed.' Atebodd yntau, 'Wrth gwrs y pregetha i i'r dyrfa ogoneddus hon ac rwy'n siŵr y daw bendith.'

Gwyddai Harris am gyfraniad Gambold i eglwys y Morafiaid yn Hwlffordd ac am ei frwdfrydedd yn ceisio lledaenu eu neges yn Gymraeg i ogledd Sir Benfro ac ymhellach. Gwyddai hefyd am ei ymdrechion i gyfieithu nifer o'r emynau Morafaidd i'r Gymraeg a'u cyhoeddi mewn emyniadur. Ef a lywiodd drwy'r wasg gyfieithiad i'r Gymraeg o waith Zinzendorf, *Un Ymadrodd ar Bymtheg Ynghylch Iesu Grist* – a derbyniodd hynny sêl ei fendith.

Daeth Morafiad arall, James Hutton, llyfrwerthwr amlwg yn Llundain, ymlaen i'w groesawu, a gydag ef y bu Harris yn lletya ar ei ymweliad cyntaf â'r ddinas. Sylwodd hefyd fod Francis Pugh yno – cymydog a chyfaill iddo o

Sir Faesyfed a fu'n cyfryngu rhyngddo ac Anne yn ystod eu carwriaeth ystormus. Un arall o'i ffrindiau oedd yn bresennol oedd James Beaumont o'r Gore ger Hen Faesyfed, gŵr a ddiarddelwyd gan Fethodistiaid Cymru, yn groes i ddymuniad Harris, am ei antinomiaeth. Bu hyn yn achos cynnen rhwng Harris a Daniel Rowland am gyfnod.

Bu ymrafael difrifol rhwng y Methodistiaid a'r Brodyr Morafaidd yn y flwyddyn 1739 ynglŷn â dau fater llosg y byddai Harris yn gorfod eu hystyried drosodd a thro yn ei waith yng Nghymru. Mynnai'r Brodyr fod hawl gan leygwyr i weini wrth Fwrdd Swper yr Arglwydd ac i weinyddu'r Sacrament o Fedydd ac i bregethu, ac nad oedd yn rhaid i neb fynychu Eglwys Sant Paul yng nghwmni Charles Wesley bob Sul i dderbyn y Cymun. Credent hefyd fod rhyddid i'r aelodau gyfrannu i'r oedfaon fel y byddai'r Ysbryd yn eu hysgogi. Gallent dorri ar draws pregeth neu arwain emyn pe dymunent. Tra cefnogai Harris, yn anorfod, hawl lleygwyr fel ef i bregethu, credai y dylai'r aelodau aros yn ffyddlon i ordinhadau Eglwys Loegr, neu ynteu, os Ymneilltuwyr oeddynt, caent fynychu eu capeli eu hunain.

Egwyddor bwysig oedd hon gan y Methodistiaid i gyd, ac nid oedd Harris, er cymaint ei deyrngarwch i Eglwys Loegr, am rwystro'r dychweledigion rhag cymuno yn eu capeli eu hunain. Bu'r bygylu yn ffyrnig nes i'r ddau Wesley a Whitefield symud y seiat lewyrchus oedd wedi ei sefydlu yn Fetter Lane i'r Ffowndri – ffatri arfau rhyfel a ddinistriwyd mewn ffrwydrad ac a addaswyd gan Wesley ar gyfer ei ddilynwyr. Symudodd rhan helaeth o'r aelodau gyda nhw ond arhosodd y rhelyw yn eu hen gartref, er gwaetha'r helynt. Daliai'r ddau Wesley i fynychu Fetter Lane o dro i dro a chaent fendith yno. Er fod Harris yn ddibrofiad mewn materion o'r fath, ochrodd gyda'r ddau Wesley yn y cyfwng hwn ond, er gwaetha'r chwerwedd a achoswyd, parhaodd ei berthynas â'r Morafiaid a'i edmygedd ohonynt yn gryf, a dangoswyd parch a chariad o'r ddeutu. Yn wir, pan ddanfonwyd llythyr miniog o'r Ffowndri at y Brodyr fe atebodd James Beaumont mai 'er mwyn Howel Harris yn unig yr ydym yn eich ateb; mae gennym barch diderfyn ato ef ac fe'i hanwylwn'. A phan ymosododd rhai o gefnogwyr Whitefield arnynt, ymatebodd Francis Pugh trwy fynnu 'fod yna un eithriad yn eich plith, a Howel Harris yw hwnnw. Ni feiddia neb ddweud gair drwg yn erbyn y ddau Wesley nac yn erbyn y Brodyr yn ei wydd ef.'

Pregethodd Harris am awr i'r gynulleidfa ddisgwylgar. Dechreuodd yn dawel ond roedd y geiriau'n llifo'n llyfn o'i enau a'i lygaid treiddgar yn meistroli a meddalu'r bobl. Yna, cododd ei lais ryw ychydig a daeth ei dôn yn fwy dwys ac ymbilgar, cyn iddo gyrraedd pwynt pryd y llefarai'n bwyllog, fygythiol, a'i eiriau'n treiddio trwy'r adeilad eang nes i bobl oedd yn mynd heibio y tu allan oedi i wrando. Nid oedd ganddo nodyn o'i flaen, ond hyrddid y gwirioneddau, wedi eu blaenllymu gan wres ei galon, i drywanu calonnau'r cannoedd, a phan gyhoeddodd, mewn tôn liniarus, fod 'Gwaed Crist yn golchi pob rhyw fai' a bod croeso 'i bawb, ie, i bawb ddod eto Ef', ochneidiodd y gynulleidfa Forafaidd o ryddhad am faint yr achubiaeth a gynigid iddynt, ac ymunwyd i ganu drosodd a thrachefn un o emynau Zinzendorf.

Roedd Harris wedi ymlâdd a sychodd y chwys oddi ar ei wyneb cyn dychwelyd i eistedd yng nghorff y capel. Penliniodd yno i weddïo am rai munudau a diolchodd i Dduw am iddo gael nerth i draddodi'r efengyl gyda'r fath rym. Wrth gwrs, nid oedd y Morafiaid yn credu mewn dangos gormod o frwdaniaeth mewn oedfa; cadwent eu teimladau dan ffrwyn, ond synhwyrai Harris ei fod wedi eu cyffwrdd yn nirgelion eu calonnau. Daeth Whitefield a'r brodyr Wesley ato a diolch iddo am ei bregeth, a'i wahodd i gyfarfod yn un o ystafelloedd y capel yn y man i drafod mater a godwyd ganddo ef lawer tro – undeb rhwng Cristnogion efengylaidd.

Enciliasant i drafod y pwnc dyrys hwn – dyrys i bawb ond Harris. Dyheai ef beunydd am undod rhwng y carfanau efengylaidd – rhwng dilynwyr John a Charles, y Morafiaid, dilynwyr Whitefield, yr efengylwyr amlwg yn rhengoedd Eglwys Loegr, a gwŷr a gwragedd o gyffelyb fryd ymhlith yr Ymneilltuwyr yn ogystal â'i ganlynwyr ef ei hun. Blinid ef fod Corff Crist yn cael ei ddarnio, a chredai y byddai cytgord rhwng yr enwadau i gyd yn hyrwyddo cenhadaeth y Deyrnas yn fwy na dim ac yn eu tanio i herio'r byd. Roedd y cecru a'r dadlau parhaus yn wendid sylfaenol yn eu proffes. Bid siŵr, nid oedd yn barod i estyn yr un croeso i'r Undodwyr na'r Pabyddion, er ei fod yn fwy na pharod i gydnabod fod yna bobl Grist-debyg yn eu rhengoedd. Nid oedd lle i'r rhai cyntaf am eu bod yn gwadu dwyfoldeb Crist ac nid oedd lle i'r olaf am nad oeddynt yn barod i blygu i awdurdod yr Ysgrythurau.

Eisteddasant o gwmpas y bwrdd a chydiodd Harris yn yr awenau. Ymbiliodd yn daer ar i Dduw y Tad fod gyda nhw yn eu trafodaethau ac ar i Waed Crist eu harwain. Gweddïodd felly am tua ugain munud. Ameniodd y cwmni'n frwd. Yna, agorodd John Wesley y pwnc a haeddai sylw pob un ohonynt.

Y mae yna nifer o faterion sy'n ein gwahanu ac yn creu ansicrwydd, a hyd yn oed gythrwfl, ymhlith ein canlynwyr ond

107

y mae ple parhaol Harris ar i ni ymbwyllo, yn gofyn am ymateb, os Duw a'i mynn. Rhaid inni ystyried y ffordd orau y medrwn ni i ymatal rhag gwthio ein syniadau ein hunain, a phwysleisio, yn hytrach, neges y Testament Newydd a chyflwyno'r Efengyl sydd yno yn ddifloesgni.

Gŵr byr o gorff oedd John, ychydig dros bum troedfedd o daldra – tua'r un taldra â'i frawd ac â Harris, ond roedd dipyn yn fwy golygus na'r olaf. Llifai ei wallt tonnog dros ei ysgwyddau – ni wisgodd ef berwig, fel ei gymrodyr, erioed – a disgleiriai ei lygaid duon, treiddgar o'i wyneb gwelw. Ond ei ddwylo a'i fysedd hirion, hyblyg a dynnai sylw gan ei fod yn eu defnyddio mor gywrain i gadarnhau ei bwyntiau neu i apelio at ei wrandawyr. Doedd dim dwywaith nad oedd yn ysgolor o'r radd flaenaf, yn feistr ar nifer o ieithoedd (yn ŵr ifanc bu iddo gyfieithu un o emynau Luther yn orchestol i'r Saesneg), yn arweinydd a threfnydd, ac yn fugail eneidiau; yn ŵr diwylliedig a hoffai ddarllen Shakespeare ac a garai wrando ar gerddoriaeth; ac yn fwy na dim yn bregethwr a enillai glust y werin. Edmygai Harris ef yn fawr, a'i barchu, ac nid yw'n ôl o ganu ei glodydd a diolch i Dduw amdano yn ei ddyddlyfrau.

Ar yr un pryd, unben oedd John Wesley na fynnai rannu awdurdod ac arweiniad gyda doniau eraill os oedd eu bwriadau'n ei groesi. Mynnai ei ffordd ei hun. Mynnai, er enghraifft, ddal gafael yn yr athrawiaeth o Berffeithrwydd. Daliodd ati ar hyd ei oes, yn wyneb pob gwrth-ddadl, fel rhan hanfodol o'r bywyd Cristnogol. Cynhyrfwyd Harris gan y dybiaeth hon a dywed iddo gyfarfod ag un o ddilynwyr John 'a haerai ei bod yn Berffaith. Ond pan holais hi yr oedd mor ystrywgar ac anunion a throfaus ag unrhyw dwrnai wrth y bar. Pan ofynnwn un cwestiwn iddi atebai gydag un arall neu ei osgoi yn gyfan gwbl.' Gwelai Whitefield y syniadau hyn fel gwyriadau ac fel efrau yn cael eu hau ymhlith y gwenith ac ymlafniodd i'w dinistrio. Ond daliodd John Wesley'n ystyfnig wrth ei gred a hynny er na chafodd ef ei hun brofiad o Berffeithrwydd, a bu hyn yn un o'r rhesymau am y rhaniad rhyngddynt maes o law.

Daliai Harris i obeithio y medrai ennyn ysbryd cymodlon rhwng y carfanau. Gwyddai'n iawn mor gryf oedd daliadau'r pump a eisteddai yn awr o gwmpas y bwrdd. Nid oedd cyfaddawdu yn rhan o'u gwead, ac nid oedd yn rhan o'i gymeriad yntau ychwaith, ond dyheai yn nwfn ei galon ar i rwymyn cariad gael ei gadw ymhlith y mudiadau efengylaidd er mwyn sicrhau fod y diwygiad mawr a ysgubasai trwy'r gwledydd – a ysbrydolwyd gan Ysbryd Duw – yn parhau i ennill gwŷr a gwragedd i Grist a dymchwel teyrnas ffiaidd Satan. Felly apeliodd yn huawdl ac yn daer ar iddynt ymwrthod â phregethu yr elfennau hynny oedd yn dramgwyddus i'w gilydd, a phwysleisio Crist a'i Efengyl.

Gwyddai Harris am y sgwrs a gawsai Zinzendorf gyda John Wesley beth amser ynghynt lle pwysleisiodd yr Almaenwr mor bwysig oedd cynhesrwydd teimlad mewn crefydd, a bod Duw yn cyffwrdd yn uniongyrchol â chalon dyn. Profiad oedd yn bwysig ac nid dogma. Rhaid oedd i ddyn wacáu ei galon o bob hunan a rhoi lle i gyflawnder cariad Duw. Ychwanegodd ei fod yn siŵr nad oedd Perffeithrwydd yn bosib i ddyn. 'Crist yw ein hunig Berffeithrwydd. Cael ei briodoli, ei gyfrif, i ni wna Perffeithrwydd Cristnogol. Yng Nghrist yr ydym yn Berffaith; yn ein hunain nid ydym fyth yn Berffaith. Ffydd yng Ngwaed Crist yw ein Perffeithrwydd ni. Nid yw'n gynhenid i ni.' Ond dadl Wesley oedd fod Ysbryd Crist, wedi i ni ei dderbyn Ef, yn gweithio ynom y Perffeithrwydd hwn.

Credai Harris a Whitefield mai dysgeidiaeth beryglus a fyddai'n rhannu'r dychweledigion oedd hon, a ph'run bynnag, arwydd ydoedd o'r pechod mwyaf marwol o'r cwbl – balchder. Plediasant ar John Wesley i ymatal rhag rhoi cymaint o bwyslais ar y gred hon a llwyddasant, i raddau, i'w ddarbwyllo.

Tymherid agwedd Charles gan ei ddawn farddonol ryfeddol a sianelwyd ganddo i gyfansoddi miloedd o emynau ac a ddatganai mor ddiamwys brofiadau'r rhai a ddenwyd at Grist. I'r lluoedd di-rif a ddaliwyd gan ormes jin a thlodi dinistriol, budreddi a chreulondeb y strydoedd, byddai canu ei emynau yn rhoi iddynt brofiadau dwfn a newydd danlli o obaith a'u codai i fyd gloywach a gwell.

> He breaks the power of cancelled sin,
> He sets the prisoner free!
> His blood can make the foulest clean,
> His blood availed for me!

Byddai pennill fel hwn yn cynnig gobaith digyffelyb i drueiniaid y gwter ac yn rhyddhau gofidiau ac ofnau i ddod i'r amlwg mewn boddfa o ddiolchgarwch. Dawn yr actor oedd ganddo, gyda'i lais peraidd, cyrhaeddgar yn dychryn ac yn dyrchafu cynulleidfaoedd. Areithiwr cyrrau'r galon ydoedd.

Aelod arall o'r cwmni oedd George Whitefield. Roedd o daldra canolig ac o bryd golau, yn osgeiddig a golygus. Glas oedd ei lygaid ac er fod tro yn un ohonynt, tystiai llawer fod hynny'n ddibwys wrth iddynt wrando arno'n llefaru. Fel Harris, dyn gwrywaidd ydoedd, â llais cyfatebol, cryf ganddo, ac eto medrai doneiddio'n felys-dyner pan oedd galw. Roedd yn lân a thrwsiadus, a'i osgo'n gyfeillgar heb fod yn ffurfiol na stiff; byddai pawb yn mwynhau ei gwmni cwrtais. Ond, yn wahanol i John Wesley a Harris, nid oedd yn drefnydd; pregethwr ydoedd a fedrai hudo ac argyhoeddi tyrfaoedd enfawr o ddeng mil a mwy, ond John oedd yr un a'u trefnai'n gylchoedd ac yn seiadau – a dyna pam na chafwyd, maes o law, enwad Whitefieldaidd yn y wlad.

Yn naturiol ddigon, am eu bod yn cyfarfod yn un o stafelloedd Fetter Lane, eisteddai Philip Molther gyda'r cwmni. Olynydd i Peter Böhler oedd y gŵr ifanc hwn, a Böhler a fu'n offeryn i ennill y ddau Wesley at ffydd efengylaidd. Cyfaddefodd John 'nad adnabu Crist yn iawn ac mai ffydd yn Nuw oedd ganddo ac nid ffydd yng Nghrist' cyn iddo gyfarfod â Böhler. Fe symudodd Böhler o Lundain i Georgia ac yno bu'n gyfaill da i Whitefield. Erbyn i Molther, a oedd yn bur amheus o bob gor-frwdfrydedd, gyrraedd i lywio Fetter Lane, darganfu fod anhrefn yn teyrnasu yno; yn wir, pan fu iddo fynychu'r cyfarfodydd yno gyntaf tystia iddo 'gael ei ddychryn pan glywodd eu hocheneidiau a'u griddfannau, eu nadau a'u hubain – synau a briodolent i'r Ysbryd Glân a'i rym.'

Dan ei arweiniad fe ddygwyd y Morafiaid i drefn a daethant i weld mai bod yn 'llonydd' oedd eu dyletswydd a bod yn 'oddefol' mewn materion crefyddol ac aros am Dduw mewn 'llonyddwch' nes i wir ffydd gartrefu ynddynt. Anogodd hwy i hepgor pob agwedd ar 'foddion gras', gan gynnwys darllen y Beibl, a mynd i dderbyn Cymundeb yn yr Eglwys, rhag ofn iddynt fynd i bwyso ar y pethau allanol am eu hiachawdwriaeth. Bu hyn yn achos rhwyg arall rhwng John Wesley a Molther, gyda Wesley'n cael ei gyhuddo o fod yn unben ac o wthio ei syniadau ei hun ar y gynulleidfa. Un a gafodd ei eni i reoli oedd ef ond, yn Fetter Lane, un o'r criw ydoedd ac nid y capten – a dyna'r adeg y tyfodd y ddau fudiad ar wahân. Felly braidd yn gignoeth oedd teimladau'r ddau. Er hynny, dalient i gredu ei bod yn bwysig ceisio dal pen rheswm, yn enwedig felly gan mai Harris oedd am fynnu iddynt ystyried cymodi a chydweithio, a pharchent ef ddigon i ufuddhau trwy gydol y helyntion chwerw i gyd.

Dynion galluog a phwerus, felly, oedd y pump a gyfarfu o gylch y bwrdd yn Fetter Lane, a phump a gredai mai calon crefydd oedd caniatáu i Grist reoli eu bywydau. Ond roedd y gwahaniaethau rhyngddynt yn rhy ddwfn i'w pontio; gwir fod parch y pump at ei gilydd yn ddigon o ryfeddod, a chydnabod fod rhai yn Arminiaid a rhai yn Galfiniaid, un yn 'llonyddwr' ac eraill yn credu'n gryf mewn arddel moddion gras; rhai yn Eglwyswyr selog ac eraill yn anesmwyth dan unrhyw fath o offeiriadaeth. Yr oedd yn wir, hefyd, er gwaethaf pob brath a chernod a dderbynient neu a roddent, eu bod ar ryw ystyr yn gyfeillion ac yn edmygwyr y naill o'r llall, ac yn ysgrifennu, ar dro, lythyrau caruaidd at ei gilydd – ond tra bod hyn yn wir amdanynt hwy, prin y gellid hawlio'r un ewyllys da ar ran eu canlynwyr. Ymhen amser fe fyddai'r gwahaniaethau hyn yn datblygu i fod yn bedwar enwad ar wahân, sef y Morafiaid, oedd eisoes yn bod fel enwad, enwad Arglwyddes Huntington, yr enwad Wesleaidd ac, yng Nghymru, Methodistiaeth.

Ceisio morthwylio diwinyddiaeth allan o'u profiadau cythryblus a rhyfeddol a wnaent. Hogwyd eu meddyliau trwy lythyrau di-rif at ymholwyr, cyfeillion a beirniaid a thrwy ysgrifennu pamffledi a llyfrau yn dehongli neu yn amddiffyn eu safbwyntiau. Byddent hefyd yn cyfrannu i gylchgronau a gyhoeddwyd i hybu'r diwygiad a byddai darllen mawr ar y rhain. Bid siŵr, byddent yn copïo ac yn dosbarthu llawer o'u llythyrau er mwyn i eraill wybod beth oedd yn digwydd; a byddent yn darllen eu dyddlyfrau i'w gilydd pan godai cyfle. Agored, felly, oedd eu perthynas. Nid oedd dim ynghudd. Ond gallent ffraeo'n ffyrnig â'i gilydd, er hynny.

Y rhwyg a ddatblygodd rhwng y ddau Wesley a Whitefield oedd y dyfnaf. Yr athrawiaeth a greai'r anghydfod oedd Rhagarfaeth, sef y gred a goleddid gan Whitefield a Harris fod rhai wedi eu hethol, neu eu dewis, gan Dduw cyn creu'r byd i fod yn gadwedig. Roedd eu lle yn y nefoedd yn saff. Eu profiadau trawiadol eu hunain a roddai iddynt y sicrwydd o hyn; dro ar ôl tro ebychai Harris y rhyfeddod ei fod wedi cael ei arwain a'i alw gan Dduw o blith cynifer o'i gyfoedion. Ni fedrai esbonio'r fath brofiad ysgytwol a gafodd ar ei dröedigaeth yn Eglwys Talgarth yn 1735, ac ar ôl hynny, heb gredu'n angerddol fod Duw wedi ei ddewis ef i efengylu. Profiad dwys oedd hwn a fu gydag ef trwy holl dreialon ei fywyd; gwyddai fod llaw Duw wedi cydio ynddo a'i arwain. Y profiad hwn oedd sail ei ddiwinyddiaeth, a chredai hyn cyn iddo ddod i'r afael â Chalfiniaeth fel athrawiaeth; a'r un oedd profiad Whitefield yntau – pregethai ryfeddod etholedigaeth cyn dod i'r afael â Chalfin. Dalient yn gadarn fod sylfaen yr athrawiaeth i'w chael yn ddiwrthdro yn yr Ysgrythurau. Mynnent nad oeddynt yn gwthio Rhagarfaeth i eithafion – ond ni fyddent yn gorbwysleisio'r athrawiaeth gyfatebol o Wrthodedigaeth, er ei bod yn ymhlyg yn yr hyn a arddelid ganddynt. Wedi'r cyfan os oes rhai yn cael eu derbyn mae'n dilyn fod eraill yn cael eu gwrthod.

Roedd Whitefield wedi arloesi'r tir ym Mryste yn 1739. Yno, yn Kingswood, yn 1739, y bu iddo fentro am y tro cyntaf i bregethu yn yr awyr agored. Ei gynulleidfaoedd enfawr oedd y glowyr, alaethus eu byd a brwnt eu bywydau, a sychedai am orwelion gwell iddynt eu hunain a'u gwragedd a'u plant. Byddent yn ymateb yn filain tuag at unrhyw ddieithriaid a ddeuai i'w plith ac ymosodent yn ffyrnig ar ddinas Bryste o dro i dro. Roedd dros gant ac ugain o byllau glo yn yr ardal a byddai'r teuluoedd cyfain yn gorfod gweithio ynddynt.

Cyn dechrau ar y gwaith llwyddiannus o efengyleiddio yn y talcen caled hwn ceisiodd Whitefield gyfweliad gyda Gruffydd Jones, yr eglwyswr a'r diwygiwr o Landdowror, oedd yn digwydd bod yng Nghaerfaddon ar y pryd. Cafodd ei sicrhau nad oedd yn torri unrhyw gyfraith eglwysig wrth bregethu yn yr awyr agored ond y dylai, hwyrach, fod wedi ymgynghori â'r clerigwyr yn y plwy' yn gyntaf. Ond gwyddai Whitefield nad oedd y glowyr yn perthyn i unrhyw blwy'. Cynheuwyd y fath goelcerth yn Kingswood, yn ôl Whitefield, fel 'na fedrai'r cythreuliaid yn uffern ei diffodd', a thyrrai'r glowyr ato yn eu dagrau, a daethant i'w garu.

Bu Harris yno'n aml yn ei gefnogi, ond pan ymwelodd Whitefield ag America yn ddiweddarach yn 1739, symudodd y ddau Wesley i Fryste i barhau'r gwaith llwyddiannus ac i gadarnhau'r llafur ymhlith glowyr Kingswood. Ond mewn pregeth ymosodol trodd John i ymgyrchu'n ffyrnig yn erbyn Rhagarfaeth. Cafwyd effeithiau dramatig y diwrnod hwnnw wrth i nifer o'r gwrandawyr gael eu llorio'n llwyr gan y bregeth, ac er mwyn cadarnhau ei fod wedi cyhoeddi'r gwir fe daflodd John goelbren, a'i chael yn syrthio'n ffafriol ac yn datgan ewyllys Duw yn ddiamwys iddo. Ar ei bregeth mynnodd mai 'Tynghedu dynion i farwolaeth yw'r ddysgeidiaeth Galfinaidd. Nid yw'n deilwng o Dduw ac, er i eiriau esmwyth gael eu defnyddio, yr ystyr yw fod Duw, os yn achub rhai, yn damnio eraill. Yn ogystal, y mae'n athrawiaeth sy'n gwneud pregethu yn afreidiol gan na fedrir newid meddwl Duw ac nid yw'n ysbrydoli dynion i sancteiddrwydd . . . Athrawiaeth gableddus ydyw sy'n dianrhydeddu Duw . . . Mae'n dymchwel ei gyfiawnder a'i drugaredd a'i wirionedd . . . Un gwaeth na'r diafol yw Duw (os yw'n rhagarfaethu), yn fwy ffals, yn fwy creulon, yn fwy anghyfiawn.' Ymresymodd fod ystyron eraill yn bosib i'r adnodau a ddyfynnid o'r Testament Newydd gan y Rhagarfaethwyr.

Pregeth rymus a chofiadwy oedd hon – pregeth a gafodd ddylanwad ar rediad y mudiad Methodistaidd yn Lloegr. Wedi iddo ei chyhoeddi a'i dosbarthu – fe'i hanogwyd gan Dduw i 'Bregethu a Phrintio' – fe aeth ei sylwadau Arminaidd ar led gan esgor maes o law ar yr enwad sy'n dwyn ei enw – y Wesleaid.

Hwn yw'r digwyddiad, yn anad yr un arall, a arweiniodd yn ddiweddarach at y rhwyg yn undod Methodistiaeth, ac mewn gwir ofid yr ymatebodd Whitefield i'r ymosodiad ffyrnig ac annisgwyl hwn. Yr oedd yn Georgia ar y pryd ond daeth copi o'r bregeth i'w ddwylo a gyrrodd lythyr maith at Wesley yn ymosod ar ei ddatganiad ac yn amddiffyn ei safbwynt ei hun.

Fe fyddai'n well gen i farw nag ysgrifennu'r geiriau hyn, ac eto rhaid i mi fod yn ffyddlon i Dduw ac i fy enaid fy hun ac

115

eraill . . . Mae perygl i blant Duw syrthio i gyfeiliornad . . . Ni ddylech fod wedi bwrw coelbren i ddod o hyd i'w ewyllys Ef – nid yw yn ddibynadwy . . . Gŵyr pawb mai trwy bregethu y dewisodd Duw ddwyn dynion i iachawdwriaeth . . . P'run bynnag, ni ŵyr undyn pwy sydd wedi eu hethol, felly rhaid pregethu yn ddiwahân i bawb . . . Nid yw Rhagarfaeth yn dinistrio ymdrechion dyn i fyw bywyd gwell. Dywedwch yn eich pamffled, 'Os yw dyn claf yn gwybod fod yn rhaid iddo un ai farw neu gael adferiad, nid oes yna reswm dros iddo gymryd moddion.' Ond os buoch chi ar unrhyw adeg yn sâl fe wyddoch y byddech yn eu cymryd gan hyderu mai dyna ewyllys Duw ar y pryd. Felly gyda Rhagarfaeth: mae'n wir fod ein penyd wedi ei benderfynu ond gan na wyddom beth fydd hwnnw, pam na fedraf i a phawb arall ymegnïo a derbyn bendith Duw a fedr fy nwyn i gyflwr o ras? . . . Perygl eich pwyslais chi ar Waredigaeth Gyffredinol yw ei fod yn cadw yr enaid yn ei gyflwr cysglyd, swrth . . . Rhad Ras yw teitl eich pregeth ond Rhydd Ewyllys Dyn yw ei byrdwn . . . Frawd anwylaf, rhowch heibio eich ymosod anysgrythurol a cheisiwch ewyllys Duw.

Tymer danllyd Wesley a ysgogai ei bregethu yn erbyn Rhagarfaeth a dyma a liwiai ei eiriau cas. Llariaidd oedd ymateb Whitefield er ei fod yn sefyll yn ddigymrodedd dros ei safbwynt. Nid oedd mwyach obaith am gytundeb rhyngddynt er i Whitefield bledio dros i'r anghytuno gael ei gadw yn ei le oddi fewn i'w ffyddlondeb unol i Grist.

Ynghanol y dadlau gellid disgwyl i Harris deimlo'n israddol i'w frodyr gan na chawsai ef addysg prifysgol na hyfforddiant diwinyddol, ond sylweddolodd yn fuan ei fod yn gallu dal pen rheswm gyda'r gorau a chyfrannai'n frwd i'r dadleuon. Cystwyodd John Wesley droeon am ei dymer anghymesur ac am ddilyn llwybr awtocratig yn llawer rhy aml. Roedd hyn, wrth gwrs, fel Satan yn gweld bai ar bechod, gan fod Harris ei hunan yn gweithredu fel unben, er nad oedd yn barod i gydnabod hynny bob amser.

Yn y cyfarfod hwnnw yn Fetter Lane yn 1746, fe apeliodd Harris dro ar ôl tro ar i'r cwmni aros mewn undeb â'i gilydd. Daeth y cyfarfod i ben wedi dwy awr o drafod gyda phob un yn addunedu ei fod am geisio cadw safbwyntiau'r gweddill mewn cof pan fyddent yn ysgrifennu neu'n pregethu, gan geisio pwysleisio'r pethau a'u hunent yn hytrach na'r rhaniadau. Gorffennwyd trwy i Harris offrymu gweddi ddwys yn erfyn ar i Dduw eu harwain, ac am undeb yn yr Ysbryd Glân. Wedi cofleidio'i gilydd ymadawsant yn teimlo'n galonnog.

Brasgamodd Harris trwy'r oerfel tua'r Tŵr i hebrwng ei wraig yn ôl i'w lety. Roedd e wedi ceisio droeon i ddwyn perswâd ar ei frawd, Joseph, i dderbyn Crist fel ei Waredwr, ond roedd ef â'i feddwl ar faterion eraill – ar y pryd roedd yn asesu lle arian bath yn economi'r wlad ac ym myd masnach. Ffrwyth ei lafur oedd cyhoeddi, yn ddiweddarach, y llyfr *An Essay upon Money and Coins*, wedi ei gyflwyno i un o Arglwyddi'r Trysorlys. Cyhoeddodd hefyd nifer o lyfrau pwysig a dylanwadol ar forwriaeth, a dyfeisiodd offerynnau i gynorthwyo tramwyo'r moroedd. Hefyd, fe gyflwynodd bapur i'r Gymdeithas Frenhinol. Yn hwn, ac yntau gartref dros dro yn adfer ei iechyd, defnyddiodd Drefeca yn fan ar fap fel safon i fesur, yn ofalus, safleoedd cymdogol y medrid eu cymhwyso ar gyfer sefyllfaoedd byd-eang, a bu'n defnyddio ei delesgop i wneud y mesuriadau. O ganlyniad, deuai ysweiniaid y cylch i ymweld â Threfeca i gyweirio eu watsys trwy ymgynghori â deial a godwyd yno gan Joseph. Ni chwenychai enwogrwydd ond fe'i gwnaed yn Brif Brofwr y Bathdy Brenhinol a chafodd fyw, a'i gladdu, yn y Tŵr.

Gŵr cymedrol, caredig oedd Joseph, a ofalodd yn dyner am ei fam ac a geisiodd atal penboethni ei frawd ieuengaf, Howel. Ceisiodd, o'r dechrau, cyn bod sôn am John a Charles Wesley a George Whitefield, dymheru ei frwdfrydedd carlamus, ac anghytunai â'i bwyslais efengylaidd. Ond ysgrifennai ato'n gyson, a byddai croeso iddo yn y Tŵr ac, er fod Howel yn boendod ar adegau, ac yn ceisio ei argyhoeddi, fe barhaodd, trwy'r cyfan, yn gefnogol i'w frawd iau. Pan oedd yn gyfyng ar Howel danfonai Joseph gymorth iddo; er enghraifft, ar un adeg gyrrodd ddwy got, dwy wasgod, pedwar pâr o lodrau, het, perwig, chwe chadach gwddf, gwydr poced a hanner gini iddo. Hefyd rhybuddiodd ef yn garedig rhag brwdfrydedd, ac i fod yn fwy gwylaidd, ac i sylwi mwy 'ar y cyrff nefol, a hyd yn oed anifeiliaid y ddaear – y rhai sydd islaw dyn . . . Y mae cariad ac ewyllys da tuag at ein gilydd yn un o nodweddion gwahaniaethol Cristion.' Go brin y byddai geiriau o'r fath yn bodloni Harris, a blinai'n arw mai ar ei ben i uffern yr âi ei frawd annwyl. Griddfanai drosto a dyheai am ei achub ond, wrth gwrs, ni fedrai Joseph anghofio cymwynas Howel yn rhyddhau'r ffordd iddo briodi Anne Jones, Tredwstan. Am rai blynyddoedd buasai ei thad, Thomas Jones, yn wrthwynebus i'r garwriaeth ond daliodd Joseph i'w charu gan hyderu yr enillai ei fendith. Yn y cyfamser, bu Howel yn cadw llygad ar y sefyllfa ac yn danfon llythyrau o anogaeth at ei frawd. Ymhen amser caniatawyd y briodas a bu'n uniad hynod o hapus.

Anne, gwraig Joseph, a groesawodd Howel i'r Tŵr y noson honno ar ôl y cyfarfod yn Fetter Lane – ac roedd ganddi newyddion drwg iddo. Aethai ei wraig, Anne, neu

Nansi fel yr hoffai Howel ei galw weithiau, yn ôl i'w llety gan ei bod yn teimlo'n anhwylus ac awgrymwyd iddo mai ei chanlyn i'r Cross and Thorns ar fyrder fyddai orau. Llogwyd trap i'w gludo trwy ganol Llundain a phan gyrhaeddodd y llety cafodd fod bydwraig wedi bod yn gweini ar Nansi am rai oriau gan ei bod wedi camesgor eu baban. Pan aeth Harris i'w hystafell gorweddai ei wraig ar y gwely a'i phryd yn welw, a gwenodd yn wannaidd arno. Aeth yntau ati â dagrau yn ei lygaid a'i chofleidio'n dyner. Wylodd y ddau ynghyd ac yna trodd Howel at Dduw mewn gweddi. Teimlai fod ei hyder yn ei Dad Nefol wedi ei siglo – roedd eisoes wedi colli un ferch fach ac nid oedd yn deall pam fod y golled hon eto wedi dod ar eu gwarthaf. Adroddodd eiriau o Salm 42, 'Dywedaf wrth Dduw, fy nghraig, "Pam yr anghofiaist fi? Pam y rhodiaf mewn galar? Mor ddarostyngedig wyt, fy enaid, ac mor gythryblus o'm mewn"'. Ond roedd adnod olaf y salm yn gysur iddo, 'Disgwyl wrth Dduw, oherwydd eto moliannaf ef, fy ngwaredydd a'm Duw'. Buont yn gweddïo ac yn darllen rhagor o salmau gyda'i gilydd nes i Nansi syrthio i gysgu. Symudodd Howel i gwr arall o'r ystafell ac eisteddodd mewn cadair freichiau a dechrau ysgrifennu yn ei ddyddlyfr. Syrthiodd yntau i gysgu tua un o'r gloch y bore wedi ymlâdd yn llwyr.

Yn ei gwsg, breuddwydiodd. Nid oedd yn mwynhau ei freuddwydion gan eu bod gan amlaf yn ddrwg. Credai, er hynny, eu bod yn rhybudd neu yn anogaeth iddo ond gwyddai ei fod wedi dioddef ar ei ymweliad cyntaf â Llundain, cyn iddo briodi, dan bwysau breuddwydion anllad. Byddai'n cael ei gynhyrfu i waelod ei fod; ni fedrai ddeall pam ei fod ef, a fu'n efengylu'n llwyddiannus dan fendith Duw ar hyd a lled Cymru, yn cael ei lorio gan ddychmygion mor aflednais.

Bu'r cyfnod arbennig hwnnw yn gyfnod cythryblus iddo. Ysgrifenna yn ei ddyddlyfr, 'Yn fy nghwsg llywodraethid fi'n gyfan gwbl gan y cnawd a'r diafol. Cefais freuddwydion ffiaidd, bwystfilaidd a thrachwantus; ni allaf eu disgrifio. Ni bûm aflanach yn fy mywyd. Yr oedd fy nghorff yn wannaidd a minnau wedi difa fy nerth. Yr oedd pechod yn fy ysbryd. Y mae Crist gyda mi, eithr nid yw ynof fi; pe amgen, bwriai ef y meddyliau hyn allan ohonof, hyd yn oed pan fyddwn mewn cwsg.' Ond, ym mis Mai 1739, wedi hir ymbil a gweddi, ac wedi cyfnod o iselder ysbryd difrifol ac yntau'n ei weld ei hunan fel 'ci brwnt', fe gafodd brofiad a'i llanwodd â llawenydd. Teimlai fod 'tywyllwch' yn ei lesteirio rhag gweld Duw a throdd i ddarllen y bennod olaf yn Llyfr y Datguddiad. Yno cydiodd y geiriau hyn yn ei feddwl, 'Y mae'r Ysbryd a'r briodasferch yn dweud: "Tyrd"; a'r hwn sy'n clywed, dyweded yntau "Tyrd". A'r hwn sydd sychedig, deued ymlaen, a'r hwn sydd yn ei ddymuno, derbynied ddŵr y bywyd yn rhad.' Fel pe bai'n digwydd o'r newydd, cafodd ei daro gan yr addewid am ddyfod yr Ysbryd Glân i drigo yn ei galon. Daeth hyn fel gweledigaeth iddo: nid ei cheisio a wnaeth, 'Cyn gynted ag y sylweddolais hyn, toddodd fy nghalon ynof. Eto ni allwn orffwys ar yr addewid oni chawn i Grist ynddi. O'r diwedd, daeth ef ynddi. O! Cofier y dydd hwn am byth.' Cafodd ei atgoffa gan y profiad ysgytwol hwn o'r profiad a gawsai unwaith o'r blaen – yn Eglwys Tal-y-llyn ar ddechrau ei yrfa ysbrydol. 'Prin y gallwn ymatal rhag neidio a llamu oddi amgylch. Maluriwyd fi hefyd yn llwch. Gallaswn gerdded ar fy ngliniau amgylch-ogylch y byd dros fy Ngwaredwr annwyl.'

Yn raddol, cododd ei ysbryd, a daeth iechyd enaid a chorff yn ôl iddo. Yn fwy na dim teimlai hyder yn ei waith a llawenydd newydd o fod yn eiddo i Grist. Daliai pechod ei afael ynddo, i raddau, ond gwyddai fod y cadwyni wedi eu torri am byth. Ni fyddai eto'n gaeth i'w bechodau ond byddai'n wyliadwrus ohonynt: y rhai pennaf oedd diogi, dyrchafu'r hunan a thrachwant, a'i duedd barhaus i syrthio'n ôl ar 'weithredoedd' fel sail ei berthynas â Duw yn hytrach na 'chredu'n syml' fod Crist yn trigo ynddo ac yntau yng Nghrist. Ofnai weithiau ei fod yn pregethu i eraill yr hyn na chredai ei hunan, ond cysurid ef gan eiriau un o'r Morafiaid wrth John Wesley, 'Pregethwch nes ichi ddod i gredu'. Câi ei gysuro'n fawr hefyd gan ei gyfaill James Hutton a chan ysbrydolrwydd George Whitefield.

Cysgodd am ryw deirawr a dihunodd a mynd at wely ei wraig. Gofynnodd iddi a garai gael enllyn i'w fwyta, a'i dymuniad oedd cael diod a thamaid o fara a chaws. Mwynhaodd y brecwast bach cynnar a theimlai dipyn yn gryfach. Mynegodd Harris wrthi y byddai'n rhaid iddo ei gadael yn y bore gan fod ganddo nifer o gyfarfodydd i'w cynnal a phobl i'w gweld. Gwenodd hithau a dweud, 'Rhaid i'r gwaith fynd yn ei flaen, Howel. Fe fydda i'n iawn ond iti adael bwyd a diod wrth ochr y gwely imi; ac agor y ffenestr cyn iti fynd.' Gadawodd Harris, fel y gwnâi bron bob bore, i gynnal oedfa bregethu yn y Tabernacl neu yn Fetter Lane. Llanwodd y diwrnod i'w ymylon a dychwelyd yn flinedig tua phump o'r gloch i weini ar ei wraig oedd yn teimlo'n gryfach erbyn hynny. Wedi gweddïo a bwyta aeth Harris allan eto i bregethu yn un o seiadau Deptford a dychwelyd tua un ar ddeg. Cafodd ei wraig yn cysgu. Wedi offrymu gweddi dros Anne, syrthiodd yntau i gysgu, ac ni chafodd hunllef y noson honno.

HARRIS A CHYMRY LLUNDAIN
Ei bregethau a hanes dechreuad ei yrfa ysbrydol

Tra oedd yn Llundain nid anghofiai Harris mai Cymro ydoedd. Byddai'n gweddïo'n gyson dros y gwaith a gychwynnwyd ganddo yn ei wlad ei hun a llamai ei galon pan dderbyniai lythyrau wedi eu hailgyfeirio o Bronllys neu Gelli Gandryll: llythyrau oddi wrth ei fam a'r cynghorwyr a'i gefnogwyr – pobl fel y rebel hwnnw, Edmund Jones o'r Transh ger Pont-y-pŵl. Ysgrifennai yntau'n ôl atynt i'w calonogi neu i'w cyfarwyddo gan bwysleisio bob amser yr angen am iddynt gadw'r ffydd a byw yn ddifrycheulyd. Weithiau fe bryderai nad yn Llundain y dylasai fod ond gyda'i bobl ei hun. Yn wir, apeliai rhai o'r llythyrwyr yn daer arno i ddychwel adre, ac fe'i beirniadwyd yn hallt gan Daniel Rowland am ei absenoldeb mynych o Gymru. Ond mynnai Harris ei fod yn llanw bwlch, os nad bylchau, yng ngwaith y diwygiad yn Lloegr. Bu'n llafurio hyd at waeledd dros Whitefield a'r ddau Wesley. Cofiai, gyda diolch, am y cymorth a gawsai gan nifer o'r brodyr a'r chwiorydd hyn pan oedd yn gyfyng arno yntau. Byddai ar ei gythlwng yn aml heb wybod o ble y deuai ei bryd nesaf, ond deuai rhywrai i'r adwy a chynnig cymorth iddo, a gwelai yn hynny law agored Duw yn ei gynnal.

Yn ystod y blynyddoedd cynnar yng Nghymru pan deithiai o gwmpas y wlad gan bregethu a chynghori dair neu bedair gwaith y dydd, prin oedd y rhai a roddai ystyriaeth o ba le y câi ei gynhaliaeth faterol. Bu pobl fel Edmund Jones yn garedig wrtho yn 1738, ac yng Nghaerdydd yn 1739 rhoddwyd ceffyl iddo ar gyfer ei daith i Fryste. Bu ei gyfaill, William Seward, yn hynod o hael wrtho droeon gan estyn iddo bum gini fwy nag unwaith. Ni fu Harris erioed yn ariangar ac ymgynghorai â Duw bob tro yr oedd dewis anodd o'i flaen – bu'n simsanu am gryn amser a ddylai brynu llestri te ai peidio i Anne yn Llundain; ar ddiwedd y dydd cafodd anrhegion o ddwy set gan gyfeillion. Gweddïai hefyd pan oedd angen arian arno i ehangu'r adeiladau yn Nhrefeca.

Ar adegau yn Llundain pan na fedrai brynu lluniaeth, a phan fyddai'n pregethu mewn nifer o fannau yn gyson ac yn cyfarwyddo'r aelodau a'r dychweledigion a'r ymholwyr, byddai ei gorff yn wanllyd; weithiau byddai'n llewygu yn ei wendid ond câi nerth i'w ryfeddu pan fyddai galw arno i bregethu, a chredai fod Duw yn ei nerthu ar yr adegau hynny. Gŵr cadarn o gorff oedd Harris ond ni fedrai'r cryfaf o ddynion barhau i weithio dan y beichiau a osodai arno ei hun, gan mai ychydig oriau o gwsg a gâi bob nos a chan na fyddai bron byth yn cymryd diwrnod o orffwys. Roedd gorffwylledd yn ei ymroddiad ar adegau a blinai nes ei fod yn sâl hyd at angau. Ond deuai arwydd oddi wrth Dduw gan amlaf i'w ysbrydoli, a pharhâi yn ei weithgaredd diflino.

Ni cheisiai gyfoeth iddo'i hunan; yn wir, pan dderbyniai arian oddi ar law cefnogwr, cyn nos byddai wedi ei rannu â rhywun y byddai arno fwy o'i angen. Credai'n ddiysgog mai esiampl Iesu oedd byw yn dlawd a rhannu ei eiddo â'r tlodion, ac ymdrechodd i'w efelychu. Serch hynny, hoffai foddio ei hun ar adegau; dymunodd brynu cloc i'w gartref ond bu'n rhaid iddo aros am flwyddyn cyn medru fforddio un er iddo gael ei demtio droeon pan welai ddewis mor helaeth yn siopau Llundain; ac anaml y medrai fynd heibio i siop lyfrau heb droi i mewn i bori ymhlith y blasusion ar y silffoedd. Dymunai hefyd y gorau i Anne, a fagwyd mewn cartref moethus ond a ddifreintiwyd o'i hetifeddiaeth wrth ei briodi. Bywyd anodd a gafodd hithau am gyfnodau, a byw yn arw gan ofidio am ei gŵr.

Gwyddai yntau fod nifer o'r cynghorwyr a'i cynorthwyai yng Nghymru wedi rhoi heibio eu gwaith bob dydd i hybu'r diwygiad, ac roedd yn gyfyng arnynt. Anaml y byddai'n apelio am arian ond gwnaeth hynny yn Sir Benfro unwaith pan ofynnodd yn Nhir-iet am i'r seiat gasglu'n wythnosol at reidiau'r cynghorwyr gan egluro iddynt ei gyni ei hun, 'Nid yw fy nillad carpiog werth chweugain a cheffyl benthyg gwael sydd gen i. Het wael sy gen i ar fy mhen, a hen esgidiau diwerth sy gen i am fy nhraed; a hen gyfrwy a dim chwip o gwbl.' Eglurodd na chawsai bumpunt at ei dreuliau yn ystod y chwe mis blaenorol. 'Rydw i fel hen geffyl melin y gall pawb osod eu beichiau ar ei gefn ac er fod gen i wraig ragorol rydw i am ofalu amdani hi a fy mam a'r plentyn a'r forwyn. Fe fydda i'n teithio rhwng dau a thri chan milltir bob wythnos heb gael help o unman. Rydw i mewn dyled o £50 a dw i ddim yn gwybod i ble i droi . . . ond fe wn i un peth – Duw sydd wedi fy nanfon a rhaid, ie, rhaid yw pwyso ar ei addewidion ef.' A dyna'r hyder a'i cludodd trwy dlodi chwerw a gwaradwydd a chyni am flynyddoedd. Roedd yn berffaith barod i fod yn dlotyn er mwyn Crist, gan wybod ei fod yn gyfoethog ynddo ef a'i rasusau.

Nid un i adael i ddiffyg arian effeithio ar ei frwdfrydedd oedd Harris; tybiai y byddai Duw yn cyflawni ei holl reidiau, ac yn y sicrwydd hwnnw y bu'n ymlafnio yn Llundain. Darganfu fod yna lawer o Gymry'n ymweld â'r ddinas a bod llaweroedd yn byw yno. Daethant i glywed amdano, ac ar ei ail noson yno ymgasglodd cynulleidfa dda ynghyd i Fetter Lane i'w groesawu. O ran chwilfrydedd y daeth rhai, eraill yn chwilio am gysuron yr Efengyl yn Gymraeg a chafodd oedfa i'w chofio. Pregethodd ar yr adnod o Lyfr y Datguddiad – un o'i hoff destunau – 'Wele, yr wyf yn sefyll wrth y drws yn curo. Os clyw rhywun fy llais ac agor y drws, dof i mewn ato a swperaf gydag ef, ac yntau gyda minnau'. Yr eglwys glaear yn Laodicea a gyferchir, ac esboniodd Harris ystyr hynny i'w wrandawyr: 'Claear ydych chwithau bob un; nid ydych nac oer na phoeth. Nid ydych o ddifrif gyda'ch ffydd. Rhyw ganlyn o hirbell a wnewch heb unrhyw wresogrwydd yn eich calonnau. Llipa a di-asgwrn-cefn ydy eich ymroddiad. Ond mae'n rhaid ichi gofio am eich dyled ddifesur i Iesu Grist a ddaeth o'r nefoedd i rannu ein bywydau daearol ni ac a fu farw yn ein lle er mwyn i ni gael bywyd tragwyddol. Gwaed y Groes sydd yn ein hachub ac yn ein dwyn i'r nefoedd.'

Nid gyda 'Iesu fel y drws', fodd bynnag, y dechreuodd, ond gyda'r tebygrwydd rhwng y Cristion a'r milwr.

Milwyr drosto ef ydym ni bob un – wedi cofrestru ac ymroddi i'w wasanaeth ym mhob man; ac fel milwyr da rhaid i ni baratoi. Mae'r lluoedd sydd yn ein bygwth yn feunyddiol yn ddrygionus, yn fygythiol, yn ffiaidd; lluoedd y fall ydynt ac ni fedrwn ddiosg ein harfau am eiliad neu fe gawn ein concro gan y diafol a'i lu. Fel y mae Paul yn dweud, "Nid â dynion yr ydym yn yr afael ond â llywodraethwyr tywyllwch y byd hwn. Gan hynny, ymarfogwch â holl arfogaeth Duw, er mwyn ichi fedru gwrthsefyll yn y dydd drwg." Beth, felly, yw eich cyflawn arfogaeth? Yn gyntaf, rhaid ichi wrth wregys gwirionedd am eich canol – a dyna wna'r gwregys i'r milwr yw ei ryddhau i symud yn chwimwth a'i alluogi i ddal ei ddagr a'i gleddyf. Y mae'r Cristion yn medru symud yn rhydd a chyflym am ei fod yn coleddu'r gwirionedd yng Nghrist. Ac os oes ganddo gyfiawnder yn llurig ar ei ddwyfron ni ddichon neb ei glwyfo. Gwisgai'r milwr sandalau am ei draed ac felly'r Cristion, gan y bydd yn symud yn gyflym i gyhoeddi efengyl tangnefedd i bawb; ac fe ddygwch, fel amddiffyn rhag saethau'r diafol, y darian laes sydd yn arbed corff cyfan y milwr.'

Dyfynna eiriau Paul eto o'r Llythyr at yr Effesiaid,

Derbyniwch iachawdwriaeth yn helm, a'r Ysbryd, sef Gair Duw, yn gleddyf. Ymrowch i weddi ac ymbil, gan weddïo bob amser yn yr Ysbryd. I'r diben hwn, byddwch yn effro . . .

Esboniodd, gydag eglurebau treiddgar, yr elfennau gwahanol yn yr arfogaeth nes i bob un yn y gynulleidfa deimlo y carai ymuno â byddin Iesu Grist a theimlo, yr un pryd, yn annigonol i'r dasg. Pwysleisiai Harris fod angen ymroddiad a dyfalbarhad; fod y daith weithiau'n anodd a'r ffordd dan draed yn gorsiog neu yn greigiog; byddai bwyd a diod ar adegau'n brin a'r hin yn stormus. Ond byddent yn fuddugoliaethus ar yr amod eu bod yn ymddiried yn llwyr yng Nghrist. 'Ymfyddinwch gyda Iesu,' gwaeddai, 'a meddiannwch fywyd tragwyddol yn awr.'

Trodd yn ôl wedyn at ei brif neges, sef bod Iesu yn curo

ar ddrws eu calonnau a'i fod yn curo'n daer am gael dod i mewn.

Mae E'n sefyll yn yr oerfel y tu allan i'r drws yn curo a churo. Ond hwyrach eich bod chi'n rhy falch i agor iddo. Nid ydych yn siŵr beth fydd yr effaith arnoch o roi croeso iddo. Mae E'n codi ei lais ac yn eich cyfarch, yn gofyn yn daer am gael dod i mewn. Ond nid ydych am ei ateb. Y mae'n ormod o *risk* i chi agor y drws, hyd yn oed ei gilagor. Nid dieithryn sydd yn gofyn am ddod i mewn i'ch bywyd ond Mab Duw ei hun, ac y mae'n addo y bydd yn dod i mewn ac eistedd wrth eich bwrdd; cewch rannu bord wedi ei harlwyo gydag Ef. Pam, felly, yr oedwch? Pam nad agorwch y drws? Yn awr? Y foment hon? Mae E'n aros yn amyneddgar. Da chi, agorwch y drws! Agorwch y drws! Agorwch y drws!

Bu'n pregethu am deirawr. Roedd yr ystafell fawr yn orlawn o Gymry ac yng ngoleuni'r canhwyllau edrychai eu hwynebau'n llwydaidd a'u llygaid yn ddisglair – weithiau yn llawn dagrau – wrth iddynt hoelio eu holl sylw ar Howel Harris. Nid oeddynt wedi clywed pregethu mor daer, mor bersonol, mor danbaid, mor ddifrifol erioed o'r blaen. Rhyfeddent at ddidwylledd y pregethwr, wrth iddo ei gynnwys ei hun yn ei bregeth – fel un ohonynt – a synnent at ei lefaru grymus fel gwynt yr hydref yn ysgubo'r deiliach o'i flaen ac yn peri i goed cryfion ysgwyd. Wylai rhai yn hidl dan orthrwm eu heuogrwydd. Rhyfeddai eraill at y goleuni newydd a gawsent ar yr Efengyl. Teimlai Harris ei hunan fod yna ryw felyster yn yr oedfa a'i fod, ar ôl iddo weddïo, wedi teimlo rhyw gariad rhyfedd at Iesu a sêl drosto na theimlasai erioed o'r blaen. Ysgrifennodd y noson honno yn ei ddyddlyfr, 'Teimlwn y fath gariad ynof tuag atynt fel na allwn ymatal rhag llefaru wrthynt. Gallaswn eu dwyn yn fy mreichiau at Dduw. Yr oedd Duw yno gyda ni. Credaf i Dduw fy nghadw yma. Diau bod Crist ynof.'

Oedfa nodedig oedd hon – y bregeth gyntaf a draddododd Harris i'r Cymry yn Llundain. Ar ôl canu a gorfoleddu am hydoedd aethant yn ôl i'w cartrefi â chalonnau newydd o'u mewn wedi iddynt flasu addewidion yr Efengyl. Teimlai Harris fod ei bregethu wedi ei fendithio ac aeth ar ei union am gartref James Hutton, wedi'r gwasanaeth, i rannu ei brofiadau gydag ef. Ond sylweddolodd fod llwyddiant yr oedfa yn arwain at y pechod marwol hwnnw – balchder – a themtasiwn nerthol oedd balchder i ddyn ifanc pump ar hugain oed. Penderfynodd, felly, beidio ag yngan gair wrth ei gyfaill am ei brofiad cyffrous. Cyrhaeddodd ei lety am ddeuddeg a syrthiodd i gysgu.

Yn Lambeth trigai nifer o Gymry oedd wedi dod yno i weithio yn y iardiau coed niferus neu yn y gerddi marchnad ffyniannus. Yn y gwanwyn a'r haf deuai merched o Geredigion a Brycheiniog yn eu cannoedd i lafurio yn y gerddi gan fynd a dod yng nghwmni'r porthmyn – a byddent wedi croesi afon Gwy yn agos i'r Ysgrîn. Caent eu hebrwng yn ddiogel yng nghwmni'r porthmyn, a'u gwarchod rhag ymosodiadau lladron pen-ffordd.

Un bont oedd ar gael i groesi afon Tafwys yng nghyfnod ymweliadau cynnar Harris â Lambeth, a Phont Llundain oedd honno. Ond sylwasai fod sylfeini pont gadarn arall yn cael eu gosod, sef Pont Westminster a fyddai, maes o law, yn hwyluso'r daith i ochr ddeheuol yr afon. Ond yr unig bont ar y pryd oedd Pont Llundain a chyfyng oedd honno a'i siopau bregus yn hongian yn simsan dros yr afon, a'r drafnidiaeth – yn bobl ac anifeiliaid – yn peri bod ei chroesi yn ymgymeriad mentrus.

Ar un o'i ymweliadau cynnar fe drefnwyd cyfarfod crefyddol yn y Fferm yn Lambeth ac yno, mewn ysgubor eang, medrai cannoedd ymgynnull yn gymharol gyfforddus. Penderfynodd yr efengylydd groesi'r afon ar un o'r myrdd o gychod a oedd ar hur; gwyddai fod afon Tafwys yn well priffordd na'r bont, a mwynhaodd y daith gan mai dyma'r tro cyntaf iddo deithio mor bell ar ddŵr – merddwr oedd Llyn Safaddan o'i gymharu â'r llanw a lanwai'r gawres hon o afon. Glaniodd yn ddiogel ar yr ochr ddeheuol ac anelodd am y Fferm. Roedd yn wlyb dan draed ond llwyddodd i gadw ei esgidiau'n weddol sych ac, ar ôl iddo holi un neu ddau fe gyrhaeddodd yn ddiogel erbyn tua wyth, a bu'n pregethu, gweddïo a chanu tan ddeg. Canai'n soniarus a llwyddodd i gael y Cymry i ganu gydag ef emynau a folai Waed Crist a'r iachawdwriaeth rad. Roedd y tymheredd ysbrydol yn uchel a manteisiodd Harris ar y cyfle i adrodd peth o'i daith ysbrydol ryfeddol ef ei hun. Llefarai mewn addfwynder ac wylai wrth apelio arnynt i ddod at Grist ac i agor drysau eu calonnau iddo.

Byddai'n adrodd am ei daith ysbrydol ef ei hun yn lled aml am ei bod yn cadarnhau'r llwybr y medrai eraill ei ddilyn. Gadawsai ei brofiadau cynnar argraff ddofn ar ei feddwl a'i fywyd, ac ni fedrai lai na sôn amdanynt pan godai cyfle. Manteisiodd ar yr achlysur hwn i gyflwyno ei Fethodistiaeth arbennig i wrandawyr Llundain. Manteisiodd hefyd ar gyfarfodydd a drefnwyd iddo trwy gyfrwng Arglwyddes Huntingdon i ddweud ei stori wrth wŷr a gwragedd bonheddig a rhai o wŷr enwog y dydd – pobl fel Iarlles de Lietz, chwaer y brenin, a'i chwaer, Iarlles Chesterfield a'r Fonesig Archibald Hamilton. Caent eu cyfareddu gan yr hanes – a chydiodd yn y cyfle yn Lambeth i sôn wrth y Cymry am y digwyddiadau chwyldroadol a gafodd.

Esboniodd y byddai'n dathlu pob Sulgwyn fel diwrnod pen-blwydd i gofio diwrnod mwyaf ei fywyd pryd y cafodd sicrwydd o'i berthynas hollol newydd â Duw, pryd y trowyd ei fyd a'i ben i waered. Dechreuodd sôn am ei fagwraeth grefyddol ar aelwyd Trefeca-fach a dylanwad ei fam arno. Rhaid oedd iddo fynychu'r eglwys yn rheolaidd a pharchu'r hyn y safai drosto. Fe ddysgodd hanfodion y Llyfr Gweddi a hoffai ganu'r Salmau a'r emynau, ond fel yr âi'n hŷn byddai ei feddwl yn crwydro yn ystod y gwasanaeth, yn enwedig pan ddechreuodd sylwi ar y merched yn y gynulleidfa. Tref farchnad fach, fywiog oedd Talgarth. Roedd llawer o ieuenctid yn byw yn y fro a deuent yn gyson i'r eglwys i fwynhau cloncian a gwag-swmera, ac i ymddiddori mewn chwaraeon ar ôl yr oedfa.

Daeth i ystyried gwagedd y blynyddoedd hyn fel cyfnod pechadurus yn ei hanes. Ysgrifennodd amdano'i hun, 'Pan oeddwn yn yr ysgol, er byrred oeddwn o faintioli, byddwn bob amser yn barod i ymladd hyd yn oed â chyfeillion. Teimlwn gasineb tuag at y rhai a fyddai'n fy ngham-drin a dirmygwn blant o'r un radd â mi pan wisgwn siwt newydd o ddillad. Roeddwn yn fedrus yn dweud celwydd wrth fy mam, fy athro neu unrhyw un a fyddai'n fy ngham-drin; ac yn gyfrwys yn creu esgusodion am dorri'r Sabath.' Gorliwio gwendidau bachgennaidd a wnâi wrth ei weld ei hun fel 'gwas i'r diafol'. Dywedodd wrth ei gynulleidfa, 'Drwg oedd fy meddyliau yn yr oedfa, a mater o ffurf yn unig oedd fy nghrefydd. Fy mhrif amcan oedd hudo merched. Yr un pryd ymddangoswn yn grefyddol i'r crefyddol ac yn ddwys i'r difrifol, ond yn hwyliog i'r penchwiban'. Ond er fod yma orliwio wrth iddo edrych yn ôl ar ei lencyndod, cawn ddeall fod yma berson ifanc nwyfus a chydwybod ganddo.

Aeth ati i roi disgrifiad manwl o'i dröedigaeth:

Ond ar Sul y Blodau, 1735, digwyddodd rhywbeth i mi a newidiodd nod a phwrpas fy mywyd. Bu llawer o bobl Talgarth yn esgeuluso'r Cymun ac apeliodd y ficer, Pryce Davies, ar i bawb ddod y Sul canlynol. Ac meddai, wrth y sawl a deimlai nad oedd yn gymwys i ddod i'r Sacrament, 'Os nad wyt yn ffit i ddod at Fwrdd yr Arglwydd, nid wyt yn ffit i ddod i'r Eglwys, nid wyt yn ffit i fyw, nac yn ffit i farw.' Cefais fy nharo yn fy nhalcen gan ei eiriau nes i mi addo i mi fy hun y byddwn yn mynychu'r Cymun ac yn adolygu fy mywyd o'r newydd. Bûm yn archwilio fy mywyd, yn cyffesu fy ffaeleddau ac yn ymprydio. Hefyd bûm yn darllen *Yr Ymarfer o Dduwioldeb* – yn arbennig y rhan sy'n pwyso ar bawb i baratoi yn ofalus at y Cymun ac yn egluro'n ddifrif-ddwys ei ystyr ym mywyd y Cristion. Cefais fy nharo gan y sylw: os oedd ein pechodau yn gwasgu arnom, ac os aem i'r Cymun, yna fe gaem ein rhyddhau. Yn unig, gofynnid i ni gredu'n syml, syml yn Iesu Grist ac fe faddeuid i ni ein holl bechodau. A dyna ddigwyddodd i mi pan euthum i'r Cymundeb ar Sul y Pasg, a dychwelyd wedi'r gwasanaeth tuag adre'n llawen – yn llawen tu hwnt i ddychymyg. Llawenhawn a neidiwn, a dywedwn, 'Y mae fy mhechodau wedi eu maddau'. Roeddwn wedi gweld Crist yn gwaedu ar y Groes, a hynny drosof fi. Penderfynais newid fy muchedd ar unwaith ac ar y ffordd adre gofynnais am faddeuant cymydog a dramgwyddais. Yr wythnos ganlynol bûm yn gweddïo'n fynych ac yn hoelio fy sylw ar Dduw. Fy ngelyn pennaf yr adeg yma oedd anffyddiaeth a ddeuai i ymosod arnaf pan nad oeddwn yn wyliadwrus.

Roeddwn yn cadw ysgol ar y pryd yn Eglwys Llangasty, ac yn lletya yn Nhrebinsiwn, ac yno daeth llyfr i fy ngafael yn dwyn y teitl *Holl Ddyletswydd Dyn*, a gyfieithiwyd i'r Gymraeg gan John Langford, ficer Rhuthun. Wrth ddarllen hwn fe sylweddolais ffordd mor bell oedd gen i i'w cherdded cyn i mi fod yn Gristion. Y munud y dechreuais ei ddarllen gwelwn fy mod yn syrthio'n brin yn fy nyletswyddau tuag ataf fy hunan, fy nghymdogion a Duw. Blinid fi gan hynny. Ymroddais fwyfwy i ympryd a gweddi, ond nid oeddwn yn esmwyth fy mryd. Roedd gen i awydd cryf i roi fy hunan i Dduw ond ofnwn y byddai hynny'n atal fy rhyddid ac y byddai'n golygu derbyn yr her i fyw'n ddibechod. Ond teimlwn alwad Duw yn daer arnaf, ac ni fedrwn ei gwrthsefyll. Dyma'r adeg y penderfynais ffarwelio â phethau tymhorol a dewis yr Arglwydd fel fy rhan. Er i mi gael fy ngalw cyn hyn, yma, yn Llangasty, y daeth Crist i mewn.

Ond nid dyma ddiwedd gofidiau: yn fwy na dim amheuwn a oedd Duw wedi fy nerbyn i. Euthum i'r Cymun eto ar Fai 25 yn gymysglyd iawn fy meddwl ond yno, diolch i Dduw, cefais olwg ar Grist ar ei groes yn gwaedu. Cefais sicrwydd fod fy mhechodau wedi'u maddau. Ond plagiwyd fi gan ofnau y byddai fy nhangnefedd yn diflannu ac felly ymdrechais i ddisgyblu fy mywyd ac i weddïo'n gyson. Ar Fehefin 18 roeddwn ar weddi unwaith eto yn Eglwys Llangasty ac yn sydyn, teimlais fy nghalon yn foddfa o'm mewn, fel cŵyr o flaen y tân, o gariad tuag at Dduw, fy Iachawdwr. Nid cariad a thangnefedd yn unig a deimlais ond hiraeth am gael ymddatod a bod gyda Christ. Yna daeth cri i'm henaid o'm mewn nas clywswn erioed o'r blaen, 'Abba! Dad!' Ni allwn lai na galw Duw yn Dad i mi; gwyddwn mai ei blentyn ef oeddwn a'i fod yn fy ngharu a'i fod yn gwrando arnaf. Digonwyd a llanwyd fy enaid a llefais, 'Digon; bodlon wyf.' Gwyddwn fod Duw wedi fy nerbyn. Gwyddwn ystyr 'cyfiawnhad trwy ffydd' fel profiad, fel profiad gogoneddus. A gwyddwn na fedrwn gadw'r newydd yma i mi fy hun; byddai'n rhaid i mi ei gyflwyno i eraill. Ac felly dechreuais ar y gwaith o sôn am Dduw a Iesu gyda fy nghyfeillion a'm cymdogion ac yna crwydro ymhellach ac ymhellach o Drefeca i bentrefi'r cylch nes bod llawer yn gwrando ac yn dechrau sychedu am fwy. Tyfu'n rhyfeddol a wnaeth y gwaith, ac erbyn hyn y mae tyrfa gref ar draws Cymru ac arweinwyr teilwng yn eu plith yn ufuddhau i'r un alwad; ac yma yn Lloegr ac yn yr Alban a'r Amerig y mae berw tebyg yn cyffroi ardaloedd. Ond cofiwn mai gwaith Duw ydyw, ac ef piau'r diolch.

Dyna fy stori i. Ond gall fod yn stori i bob un ohonoch chi. Gall eich bywydau chi gael eu trawsnewid. Gall eich pechodau chi gael eu maddau a'u mathru dan draed. Gall Gwaed Crist eich golchi. Gall fy mhrofiadau i fod yn brofiadau i chi. Yn unig, ymddiriedwch yn Nuw. Ac rwy'n eich rhybuddio rhag eistedd yn ôl yn oddefol, a rhag gwenwyn rhesymu eich ffordd i ffydd. 'Rheswm' a 'rhesymu' yw geiriau grymus ein hoes ni, ond nid trwyddynt hwy y daw Duw atoch ond trwy ymddiried ynddo – trwy bwyso arno. Mae rhesymu yn waeth pechod na llygredigaeth gan ei fod yn arwain at amheuaeth ac anffyddiaeth. Nid yw addysg yn ddibwys ond y mae adnabod Crist yn bwysicach. Weithiau ar fy ngweddi cyfaddefaf fod fy neall yn dywyll, fy ewyllys yn ystyfnig, fy serchiadau yn glynu wrth bethau gweledig, fy meddwl yn ddall, fy nghalon yn galed, difater a dideimlad, yn barod i redeg oddi wrth Dduw, a'm cydwybod yn ansensitif. Ond er hyn i gyd, wrth i mi edrych ar y byd ac ar gyflwr truenus dynion, yr ydw i, ar sail fy mhrofiad yn Nhalgarth, yn benderfynol o fynd oddi amgylch yn nannedd gelyniaeth a gwrthwynebiad i gyfrannu'r wybodaeth sydd gen i am Iesu Grist. Dyma fy ngalwad a dyma fy ngwaith, tra bydda i.

Un peth arall, a hwn sydd wedi fy nghynnal i trwy drofaon y blynyddoedd a'u siomedigaethau: y gred ddi-ildio a ddaeth i mi'n gynnar ac sydd wedi aros gyda mi, sef er gwaethaf pob newid yn fy nghyflwr, ac yn wyneb pob digalondid, fod Duw yn ddigyfnewid. Diolch iddo! Dyna fy nghysur erioed, hyd yn oed pan oeddwn yn y gors. Cydiodd y gwirionedd yn fy nghalon, 'Myfi yr Arglwydd, ni'm newidir'. Erys Ef yn ffyddlon bob amser. Nid ar deimlad y dibynna ffydd ond ar y gwirionedd sylfaenol hwn – fod Duw yn ddigyfnewid. Y sawl a garodd ef unwaith a gâr am byth: dyna'r wyrth.

Ameniodd y Cymry'n frwdfrydig gan mor ddiffuant y swniai'r cyfan. Gwelent fod ei fywyd yn unol â'i gred a'i fod wedi ymgysegru i efengylu tra byddai. Nid oedd amheuaeth am ei ddidwylledd a threuliai ei hun, gorff ac enaid, yn ddiarbed i ledaenu'r newyddion da a brofasai ef ei hun mor rymus. Gwyddai na fedrai gadw'r trysor amhrisiadwy yn ei gôl ei hun: gosodwyd rheidrwydd arno i'w rannu gyda phawb er mwyn i bawb gael eu cyfoethogi fel y cyfoethogwyd ef ei hun. Amlwg oedd fod ei fuchedd a'i bregeth yn un. Ni fedrai fod wedi adeiladu bywyd mor ffyddlon a hunanaberthol ar seiliau simsan: rhaid fod craig gadarn ei brofiadau yn cynnal y cyfan.

Trwy ei eiriau i gyd rhedai gwres a ddygai bawb i mewn i'w fyd a thorrodd amryw allan i wylo wrth glywed ei hanes rhyfedd. Os dyma oedd gwir grefydd, yna roedd yn werth ei chael; roedd yn gynnes a chofleidiol ac yn dwyn yr efengyl yn agos, agos atynt ac yn dwyn Iesu a Duw yn nes hefyd. Mor wahanol oedd hyn i'r hollti blew diwinyddol a sych a brofodd yr Anghydffurfwyr yn eu plith yn eu hoedfaon maith; ac mor wahanol i'r drefn a'i gwisgoedd ffurfiol a'r oerfelgarwch a nodweddai wasanaethau Eglwys

Loegr. Pwy na fedrai gael ei lorio gan weddïau Harris o'r frest? Nid oedd yn faith – yn wir, fe gwyna ambell dro am weddïau hirwyntog rhai o'i gydnabod – ond roedd yn cynnwys y gwrandawyr yn y gweddïau, ac yn eu dwyn gydag ef i agor eu calonnau ac i ystyried fod Duw wrth law i'w clywed. A gweddi felly a offrymwyd gan Harris wrth iddo geisio dwyn yr oedfa i'w therfyn. Ar y diwedd yn deg, fe dyr allan i ganu cyfieithiad Rowland Fychan o emyn Markant. Lediodd hi linell wrth linell i ddechrau, ac yna bennill wrth bennill nes bod pawb yn ei gwybod.

> Na thro dy wyneb, Arglwydd glân
>   Oddi wrth un truan agwedd,
> Y sydd o flaen dy borth yn awr
>   Mewn cystudd mawr yn gorwedd.

Dyna a ganent yn y pennill cyntaf ac, yn y pennill olaf, yn llawn o deimladau dwys, fe ganent:

> Trugaredd, f'Arglwydd, heb ddim mwy,
>   Yw'r llwybr rwy'n ei geisio;
> Trugaredd yw fy newis lwydd,
>   Trugaredd, f'Arglwydd dyro!

Anodd oedd ymadael: roedd yna ysbryd cytûn a chariadus yno, ond ymbiliai llawer am drugaredd. Ar ddiwedd y noson hebryngodd nifer o'r gynulleidfa Harris at lannau Tafwys, at y fferi. Erbyn hyn roedd wedi nosi ac wrth edrych i fyny ac i lawr yr afon sylwodd fod llawer o gychod a badau yn dal i groesi igam-ogam, a bod ffaglau yn goleuo eu llwybrau. Wedi iddo ffarwelio â'i gyd-Gymry camodd yn ansicr i'r cwch a rhwyfodd y cychwr i gyfeiriad glanfa Piccadilly. Trawyd Harris gan nifer y llongau o bob math oedd yn gorwedd dros nos ar yr afon, yn arwydd o dwf carlamus masnach Llundain gyda phedwar ban y byd. Lled ddistaw oedd y daith ar wahân i lepian y dŵr a rhythm y rhwyfau ond gorweddai niwlen fygythiol dros y dyfroedd ac, yn waeth na hyn, codai drewdod na ffroenodd Harris ei debyg o'r blaen – drewdod carthion Llundain a lifai yn ddidor i'r afon. Ni fedrai lai na meddwl am lendid Trefeca a'r awel iach ar Lyn Safaddan. Wrth lanio, diolchodd i'r cychwr ac offrymodd weddi drosto ef a'i frodyr ar afon Tafwys.

Ar y ffordd yn ôl i'r llety clywodd sibrwd a sisial o'i ôl, ac yna lef gras yn gweiddi'n fygythiol, 'Dyma fe, y Cymro bach sy'n dod yma i Lunden i ymosod ar yr Eglwys a'r brenin. Fedrwn ni ddim gadel i hyn fod. Daliwch e. Fe'i taflwn i'r afon.' Ymunodd eraill yn y gweiddi a'r hwtian, ac er i Harris gyflymu ei rodiad, cyflymu wnaeth yr haid ac uwch y cododd y bygythion croch. Dechreuodd redeg ac er nad oedd yn siŵr o'i ffordd drwy'r strydoedd cul, tywyll, llwyddodd o'r diwedd i'w hosgoi gan swatio mewn cornel nes i oernadau'r criw ddiflannu yn y pellter. Ailgydiodd yn ei daith tua'r llety yn gythryblus ei feddwl a chyrhaeddodd yno tua chanol nos. Cyn syrthio i gysgu diolchodd i Dduw am ei arbed, a gofyn am faddeuant am fod mor llwfr.

Atgoffwyd Harris y bore wedyn am brofiad arall a greodd ddychryn yn ei galon pan fu, un tro, yn croesi Comin Moorfields yng nghwmni'r Brawd Benjamin Ingham o Gaerefrog. Gŵr oedd hwn a fu yn Georgia gyda John Wesley ac a dyfodd i garu'r Morafiaid ac yna ymaelodi â nhw. Blinid ef gan y tyndra alaethus rhwng gwahanol garfanau'r diwygiad ac fe gyfarfu am y tro cyntaf â Harris yng nghartref un o aelodau Fetter Lane pan fu iddo deithio yr holl ffordd o Gaerefrog gyda'r bwriad o geisio cymod rhwng y pleidiau. Llamodd calon Harris o lawenydd o gael brawd o'r un fryd i ymdrechu gydag ef. Gwraig Ingham oedd Margaret Hastings, chwaer-yng-nghyfraith Selina, Arglwyddes Huntingdon.

Rywfodd neu'i gilydd cawsent eu hunain yn y Moorfields lle roedd miloedd wedi crynhoi i blesera ac i 'wasanaethu satan', fel y noda Harris yn ei ddyddlyfr. Teimlai'n bryderus, os nad yn ofnus, ynghanol y dyrfa swnllyd. Nid oedd yn barod i annerch y dorf; yn wir, dianc a wnaeth y ddau i ddiogelwch ystafell Charles Wesley yn y Ffowndri gerllaw. Wedi iddynt ymgynghori â'i gilydd, fe agorodd Harris y Beibl a digwydd taro ar y ddeuddegfed bennod o Luc a gweld y geiriau, 'Chwi o ychydig ffydd'. Cafodd ei sobri, a throdd i weddïo. Ond daeth ofn eilwaith i'w calonnau a throesant at eu Beibl a'i agor ar antur a chael adnod yn eu rhybuddio rhag mentro i annerch y dyrfa. Fodd bynnag, trodd Harris eto i weddïo ac yna agor ei Feibl a chael yr adnod yn Jeremia 50, 'Dos i fyny yn erbyn Merathaim ac yn erbyn trigolion Pecod'. Cafodd hyder yn y geiriau a phenderfynu y byddai'n mentro'n ôl i'r Moorfields. Wedi'r cyfan pe bai'n cael ei gam-drin, a hyd yn oed ei ladd, byddai'n cael y fraint o ddioddef neu farw dros ei Dduw. Cafodd gymorth un o'r brodyr i gludo blocyn a'i osod yng nghanol y ffair. Crynai ei goesau ond pan ddechreuodd bregethu ac wedi iddo dorri allan i ganu, teimlai fod Duw yn ei nerthu.

Atgofiodd Harris y dyrfa o'r addewidion bedydd a wnaed ar eu rhan, ac am y catecism y bu iddynt ei ddysgu unwaith. Yna trodd i sôn am ddinistr Sodom a bygwth mai dyna fyddai eu cyfran hwythau hefyd. Trodd i'r Testament Newydd ac adrodd dameg y Gŵr Goludog a'i ddioddefiadau haeddiannol ef, ac yna disgrifio Barn a Thragwyddoldeb. Ond yna, mewn cywair gwahanol, fe gynigiodd Iesu iddynt fel eu Gwaredwr a fu farw dros bob un ohonynt. Fe ddug ei bregeth i'w therfyn, a'i lais yn grug, trwy roi enghreifftiau o Grist yn achub dynion – gan ei gynnwys ef ei hunan – dynion fel Saul o Darsus a Sacceus.

Cymysgedd oedd y bregeth o'r arswydus a'r deniadol ond rhwyfus ddigon oedd ei wrandawyr. Ar adegau byddent yn gwrando'n astud ond ar adegau eraill byddent yn cyffroi ac yn gweiddi neu'n chwerthin yn uchel ac am gyfnod taflent laid a cherrig ato ac ambell furgyn drewllyd. Cafodd ei daro yn ei dalcen a chododd lwmpyn arno, ond dal i ddiolch a wnâi Harris a chanu emynau. Yna gwahoddodd hwy i'r Ffowndri, ac un ai mewn direidi neu o ryw fath o edmygedd ohono, fe'u cludasant i'r capel anferth, lle roedd Charles Wesley yn pregethu ei efengyl wresog a gwahoddgar mewn ffordd rymus i'w rhyfeddu. Y canlyniad fu i lawer o'r haid o ddilornwyr droi i edifarhau ac i ddiolch.

Parhaodd yr oedfa tan tua hanner awr wedi deg pryd yr aeth Harris, ar ôl ffarwelio ag Ingham, ac er ei fod yn flinedig, i arwain seiat breifat o ddychweledigion i'w tywys i ffydd aeddfetach. Wedi iddo weddïo aeth yn ôl i'w lety ac i'w wely erbyn hanner awr wedi un. Dihunodd, yn ôl ei arfer, am chwech ac ar ôl darllen ei Feibl a gweddïo fe aeth yn ôl i'r Ffowndri a phregethu yno i gynulleidfa foreol. Yn ddiweddarach cafodd frecwast gyda'r Chwaer Kedgel, gwraig arall y bu bron iddo syrthio mewn cariad â hi, a gwraig a barchai am ei sêl ddi-ildio dros Grist. Ar ôl brecwast aeth i gwmnïa gyda ffrindiau ac i drafod, unwaith yn rhagor, hanfodion y diwygiad grymus oedd yn llifo trwy gynifer o wledydd ac yn dwyn cynifer at yr efengyl mewn ffordd mor annisgwyl o newydd. Cytunent mai gwaith Duw oedd y cyfan – nid oedd esboniad arall ar y cynyrfiadau grymus, fel tân mewn gwellt – mewn cynifer o wledydd.

Ond parhau i ofidio a wnâi Harris am undeb ymhlith Cristnogion. Yn ystod y prynhawn, ar ôl ciniawa gyda John a Charles Wesley, bu'r tri yn trafod, am yr ugeinfed tro, yr angen am undeb. Roedd hyn yn flaenoriaeth i Harris a gweddïai'n aml am gael bod yn offeryn yn llaw Duw i uno ei bobl. Meddai, 'Canys daw'r meddwl ataf yn rymus o dro i dro, megis y daeth imi pan argyhoeddwyd fi gyntaf. Hiraethwn y pryd hwnnw am uno dy bobl â'i gilydd ac felly dy anrhydeddu di.' Daliodd at y weledigaeth honno yn nannedd pob gwrthwynebiad a siom, ac fe'i hamddiffynnai ei hun trwy ddatgan mewn dadl ag eraill, 'Fe'm cyhuddir yn aml o gulni a rhagfarn am fy mod yn gwrthwynebu culni a rhagfarn.'

Mewn seiat breifat yng Nghaerloyw unwaith, bu iddo fyfyrio ar rinweddau'r gwahanol garfanau. Dywedodd ei fod yn parchu'r Morafiaid am ei fod yn cytuno â nhw yn eu pwyslais ar Waed a Chyfiawnder a Dirgelwch Crist; a gyda'r Methodistiaid Wesleaidd am eu sancteiddrwydd a'u hunan-ymwadiad, am eu beiddgarwch dros Dduw ac am rodio gydag Ef. Canmolai yr Ymneilltuwyr am eu gwybodaeth o'r Ysgrythurau ac am eu cydwybod tra thyner a fynnai fod yn rhaid i'r Cristion fod yn ufudd i'r Gair, ac roedd yr Eglwys i'w pharchu am ei hysbryd Catholig a'i chariad ymataliol, ac edmygai ei herthyglau a'i chyfansoddiad a'i dull o ddarllen yr Ysgrythurau ac o dderbyn dynion i'r weinidogaeth. Am Whitefield a'i ganlynwyr, canmolai hwy yn frwd am eu bod, ymhell uwchben unrhyw garfan arall, yn dangos y rhagoriaethau pwysicaf yn eu bywydau ac yn ymdebygu i Grist, gan ymwadu â'r hunan. Nid oedd amheuaeth am ysbryd cynhwysol Harris a'i gatholigrwydd; ni phetrusai rhag canmol rhinweddau mewn eraill y byddai, ar brydiau, yn ymosod yn chwyrn arnynt. Nid dyn dof yn ceisio heddwch ffals oedd hwn ond gŵr o argyhoeddiad yn ceisio cymhwyso meddwl Crist ar gyfer ei bobl.

Ffarweliodd yn fwyn â'r ddau Wesley y prynhawn hwnnw a cherdded yn gyflym yn ôl i'w lety. Bu'n ysgrifennu yn ei ddyddlyfr am beth amser ac yn darllen ei Feibl – rhan o'r Llythyr at y Corinthiaid sy'n sôn am yr aelodau yng Nghorinth fel pobl heb ddoethineb, heb awdurdod a heb dras yn cael eu calonogi gan yr Apostol yn y geiriau, 'Ond pethau ffôl y byd a ddewisodd Duw er mwyn cywilyddio'r doeth, a phethau gwan y byd a ddewisodd Duw i gywilyddio'r pethau cedyrn, a phethau distadl y byd, a phethau dirmygedig a ddewisodd Duw, y pethau nid ydynt, i ddiddymu'r pethau sydd.' Rhoddai'r geiriau hyn gysur nid bychan i Harris, a chytunai â rhybudd Paul nad oedd lle i unrhyw ddyn ymffrostio gerbron Duw, ac y dylai'r sawl sy'n ymffrostio, wneud hynny yn yr Arglwydd yn unig. Dyma'r rhyfeddod oedd yng nghanol ei ffydd, sef bod Duw wedi dewis un mor ddi-ddim ag ef i fod yn llefarydd drosto ar bob amgylchiad. Nid oedd esboniad arall ar ei rawd ond bod Duw wedi ei ethol i'w bwrpas ei hun a châi galondid o ddarllen geiriau'r Iesu wrth rai o'r Iddewon a'i heriai, 'Ni all neb ddod ataf fi heb i'r Tad a'm hanfonodd i ei dynnu ef'. Cael ei dynnu a wnaeth, yn siŵr. Cyn cysgu, trodd at Dduw mewn gweddi i ddiolch iddo am roi iddo hyder gostyngedig ac am ddewis un mor annheilwng i gael y fath fraint. Eiriolodd dros yr Iddewon, yr Indiaid, y Tyrciaid ac eraill oedd yn haeddu cael clywed yr Efengyl. Hunodd yn esmwyth tan hanner awr wedi pump, pryd y cododd eto i ymdaflu i ddiwrnod arall o weithgarwch dyfal yn pregethu bedair gwaith, yn cynghori ddwywaith i'r merched dibriod ac i'r dynion ifanc, cyn annerch yn y seiat yn Fetter Lane, lle daeth rhyw gant ynghyd i bwyso ar ei eiriau.

Felly y treuliai ei ddyddiau a'i wythnosau a'i fisoedd yn Llundain. Byddai'n cyfarwyddo unigolion ac yn gwrando cyffesion yn aml, a cheisiai roi tro am y Tŵr i weld Joseph a'i deulu yn weddol gyson, a châi groeso bob tro a phryd o fwyd i'w gynnal ar ei daith. Y tro diwethaf iddo fod yno cafodd ei arwain i weld aur yn cael ei ddistyllu i'r mowldiau i wneud darnau aur a delw'r brenin arnynt. Synnodd fod y fath olud yn y Bathdy, a bod ei frawd yn dwyn cyfrifoldeb am y lle, ond ni chwenychai ddim o'r cyfoeth o'i flaen; yn unig, gweddïai dros i'w frawd gael ei ennill i Grist. Dyma'r gwir gyfoeth, sef meddiannu Crist. Cafodd wahoddiad hefyd i weld y sŵ oedd ym muarth y Tŵr a rhyfeddodd at yr anifeiliaid dieithr yno.

Mwynhâi Harris ei waith yn y Tabernacl a byddai nid yn unig yn pregethu a chynghori ac yn gofalu am y grwpiau gwahanol, ond byddai'n ymweld â'r tlodion a'r claf a gofalu bod digon o arian ar gael i'w ddosbarthu iddynt yn ôl eu hangen. Trefnai hefyd ddosbarthiadau i ddysgu canu; cyfarfodydd i eiriol; cyfarfodydd gyda'r gweddwon a sicrhau bod yr ysgol a gynhelid ar gyfer tua chant o blant yn cael ei chadw'n effeithiol. Weithiau fe dreuliai orig yn nhŷ coffi yr Amsterdam lle câi gwmni dethol gweinidogion Ymneilltuol, a chyfle i gyfarfod â rhai o arweinwyr nodedig yr Annibynwyr a'r Bedyddwyr.

O ystyried yr holl ruthr a'r gofalon, ac yn wyneb y ffaith ei fod yn ei amddifadu ei hun o oriau cwsg a hamdden, ac yn arbennig yng ngoleuni ei hunanholi tostlym a'i weddïau dwys, y rhyfeddod oedd bod ei iechyd wedi dal cystal.

Blinid ef gan wendid corfforol ac yn aml teimlai'n rhy wael i godi o'i wely. Weithiau tybiai fod ei rawd ddaearol yn dod i ben a llawenhâi'n fawr yn hynny. Ni fyddai'n bwyta'n iawn. Meddai, 'Teithiaf ar y lleiaf o gost . . . yn aml yn bwyta cacen neu afal i arbed bwyta mewn gwesty.' Ond roedd ei sêl yn danbaid a diflino; mynnai 'fod Duw wedi ei alw i fod yn dyst yn erbyn pob loetrwr yn y winllan', a dyna un o'r pethau na fedrai ei oddef – loetran. A phan ddychwelai i Gymru – taith a gymerai bedwar neu bum diwrnod iddo – byddai'n barod i dreulio wythnos neu fwy oddi cartref yn pregethu ac yn bugeilio'r seiadau.

Ysywaeth, roedd arwyddion clir fod y llafur a ysgwyddasai dros gyfnod mor hir yn effeithio ar ei iechyd. Ar awr gyfyng byddai'n deisyfu presenoldeb Crist yn ei galon ac yn gweddïo, 'O! Tyred, Arglwydd', ugeiniau o weithiau. Bryd arall llefai drosodd a thrachefn, am amser maith, y gair, 'Gogoniant! Gogoniant! Gogoniant!' Cyfaddefodd yn 1749, 'Mae fy natur wedi ymlâdd ac yn lluddedig ac mae fy nghorff mor ddiffygiol fel nad oes gen i ddigon o ynni; ac ni fu gen i ers amser maith ond yr hyn a gawn yn wyrthiol trwy ffydd. Dygir fy llais oddi arnaf yn wastadol fel na fedr y tyrfaoedd fy nghlywed, bellach – o leiaf, nid heb boen.' Yn ddiweddarach dywedodd John Wesley am Howel, 'Ei fod wedi ei drethu ei hun trwy bregethu cymaint fel na fedrai bregethu mwyach; ysigwyd ei gyfansoddiad yn llwyr.'

Yn ei galon gwyddai Harris ei fod yn blino ar fwrlwm Llundain er gwaetha'r ffaith ei fod yn cael ei herio a'i ddwysbigo yno. Cynhesai ei galon wrth feddwl am ei gyfoeswyr yng Nghymru a'u cwrteisi greddfol o'u cymharu â'r Llundeinwyr parablus, di-ddal. A'r tro hwn cychwynnodd yn eiddgar ar ei daith adre gan anelu am

Fryste, lle roedd brwdfrydedd amlwg dros y Methodistiaid. Cofiai, un tro, gyrraedd Hounslow, rhyw ddeng milltir o Lundain, ac iddo gyfarfod â dau gwmni o ferched ifanc ar eu ffordd adre o'r gerddi marchnad yn Lambeth ddiwedd yr haf, ac arhosodd i bregethu iddynt. Hyfryd i'w glust oedd eu clywed yn porthi ei bregeth – nifer ohonynt o ardal Daniel Rowland yn Llangeitho, ac eraill o gylch Pantycelyn. Eglurodd wrthynt ddameg y deg morwyn – pump yn gall a phump yn ffôl. 'Byddwch barod i groesawu'r priodfab,' meddai wrthynt, 'canys ni wyddoch pa bryd y daw – ni wyddoch na'r dydd na'r awr.' Yna ymunodd y cwmni i ganu emyn Cymraeg yn wresog gyda'i gilydd, a'u lleisiau swynol yn codi'n uchel dros y perthi. Roedd llawer grudd yn llaith. Dymunodd iddynt daith ddiogel yn ôl i'w gwlad yng nghwmni'r Iesu. Marchogodd yntau cyn belled â Maidenhead ac yno bu'n sgwrsio gyda'r rhai a gafodd oleuni ganddo y tro diwethaf y bu yno. Yna, teithiodd ymlaen i gyfeiriad Swindon – tre farchnad bwysig.

Cennick, y gŵr annwyl ac uchel ei barch gan Harris, oedd ei gydymaith ar y daith hon er fod niferoedd yn ymuno â nhw am beth o'r ffordd o dro i dro. Wrth iddynt nesáu at Swindon, a rhyw ugain o farchogion wedi ymuno â'r ddau, dyma fonheddwr yn dod i'w cyfarfod ac yn eu rhybuddio na ddylent ar unrhyw gyfrif fynd i mewn i'r dref gan fod yna giwed afreolus yn eu haros, ac y byddent yn siŵr o ymosod arnynt. Ciliodd y marchogion oedd wedi dod yn gwmni iddynt mewn cryn ofn; gwyddent am ffyrnigrwydd y dorf yn y dref hon. Ond roedd hyn yn her i Harris; taniwyd ei ysbryd, a bwriodd ymlaen nes dod at goedlan nid nepell o ganol y dre, lle canodd emyn, ac offrymwyd gweddi gan Cennick. Ond, yn sydyn, ymddangosodd yr haid yn tynnu injan ddŵr, a chyn bo hir troesant y bibell o'r peiriant ar y ddau bregethwr a chwistrellu dŵr arnynt am yn agos i ddwy awr. Ond gorfoleddu a wnâi Harris, gan guro dwylo yn afieithus, a gweddïo a chynghori am yn ail, a sôn wrthynt am gariad Duw a'i gariad yntau tuag atynt. Yna saethwyd mwsgedau a *blunderbusses* atynt ryw bymtheg o weithiau. Canai rhywun gloch law gydol yr ymosodiad, a chwythai un arall gorn, tra byddai eraill yn codi pastynau'n fygythiol. Yna taflwyd wyau at y ddau a thrawyd Harris yn ei geg nes tynnu gwaed. Troesant wedyn i daflu llwch arnynt nes i rywun gael y syniad o chwistrellu budreddi o'r ffos gerllaw arnynt. Trwy hyn i gyd, parhau i foliannu Duw a wnaeth y pregethwyr, a gweddïo dros eu herlidwyr nes iddynt, yn y man, gilio.

Wedi dod o hyd i'w ceffylau aethant ymlaen i ganol y dref a chawsant lonydd yno, a chroeso yn nhŷ cyfaill. Pregethodd Harris yn y stryd a dychwelodd y giwed, ond cadwasant draw y tro hwn. Mynnodd Harris atgofio ei wrandawyr ei fod wedi bod yn fyfyriwr yn Rhydychen a pharchent ef fwyfwy am hynny. Cytunent ag ef pan fynnai fod y driniaeth a gafodd yn annynol ac yn anghristnogol. Am bedwar o'r gloch ymadawsant â Swindon dan ganu, ac anelu am Brinkworth. Ymhen deuddydd daethant i Fryste.

YMWELD Â BRYSTE A SIR FYNWY
Rhagor o erlid

'Y siop fawr fwya budreddus a welais erioed', dyna sylw un Sais am Bryste ond y gwir yw mai porthladd a dinas ffyniannus ydoedd. Bu felly oddi ar yr Oesoedd Canol gan fod aber afon Hafren yn cynnig dyfnder priodol i'r llongau, ac erbyn y ddeunawfed ganrif datblygodd i fod yn ail i Lundain yn unig am fewnforio ac allforio caethweision o Affrica i'r ddwy America. Ar un achlysur trosglwyddwyd naw mil o gaethweision mewn tair ar hugain o longau ar draws yr Iwerydd, a byddent yn dychwelyd gyda siwgwr a gâi ei brosesu yn y ffatrïoedd ym Mryste. Datblygodd diwydiant distyllu yno gan greu teuluoedd tra chefnog, a gwaith i lu o'r werin bobl, gan gynnwys canran dda o Gymry. Bu'n atynfa erioed i Gymry o'r de a'r gorllewin a phan ymwelai Harris â'r ddinas byddai'n llawen o fedru cyfarfod aelodau o'i gyd-genedl a phregethu iddynt, ac fe gâi gynulleidfaoedd da bob tro.

Er fod y porthladd yn lle o igian ac ubain – y trueiniaid yn eu cadwyni a'u coleri haearn – nid oedd mwyafrif y boblogaeth yn gweld dim o'i le ar gaethwasiaeth. Rhan o drefn pethau oedd hyn. Ac nid yw Harris yn synnu at yr arfer, ychwaith, ond hwyrach iddo ddod i sylweddoli fod John Wesley, dan ddylanwad y Crynwyr yn Georgia, yn elyn anghymodlon i'r arfer. Fe gyhoeddodd Wesley lyfr,

Thoughts about Slavery, a enillodd glust llawer. Ynddo gofynnodd i gapteniaid y llongau – nifer fawr ohonynt yn Gristnogion – 'Onid ydych chi yn teimlo poen? Onid oes gennych unrhyw gydymdeimlad? Onid oes gennych dosturi? Gwell fyddai i India'r Gorllewin suddo i'r môr na bod y fath bris yn cael ei dalu am amaethu'r wlad. Fe ddaw dydd yn fuan y bydd yn rhaid i Loegr edifarhau, a'i throsedd bennaf yw ei goddefgarwch o gaethwasiaeth.' Roedd Wesleaeth yn tyfu'n gyflym ym Mryste ac roedd nifer o'r perchnogion llongau a gwŷr busnes yn aelodau. Gofynnai am gryn ddewrder iddo gyhoeddi'r fath ymosodiad ar fusnes mor broffidiol.

Cofiai Harris am droeon eraill y bu ym Mryste a hefyd yng Nghaerfaddon – y dref ffasiynol honno lle roedd y Parade, yr hanner cylch o dai urddasol, yn cael ei adeiladu. Ar ymweliad un tro, bu yn un ohonynt yn cael te ac yn pregethu. Deuai cyfoethogion y deyrnas yno i yfed y dyfroedd iachusol ac i ymolchi ynddynt er mwyn gwella eu hanwylderau. Yno, hefyd, medrai'r rhai mwyaf ysgafala ennill neu golli ffortiwn trwy chwarae cardiau neu gamblo. Ond cofiai Harris am un ymweliad â Chaerfaddon pan gafodd gwmni Griffith Jones, ei arwr a'i fentor o Landdowror, 'Seren Fore' y diwygiad, a'r un a ysbrydolodd genedl gyfan i ddysgu darllen. Y tro hwnnw cafodd rybudd digon hallt gan Griffith Jones i fod yn dra gofalus rhag pregethu ei fympwyon a'i dymherau ei hunan yn hytrach na'r Efengyl wrthrychol. Tynnwyd gwynt o'i hwyliau ychydig gan sylwadau'r gŵr da a cheisiodd osgoi cynneu gormod o deimladrwydd yn ei bregethu ar ôl hynny – ond roedd yn anodd! Bu dan hyfforddiant Griffith Jones yn Llanddowror ac yn athro ar un o'i ysgolion yng nghylch Trefeca am gyfnod, a pharchai ef am ei gefnogaeth i'r mudiad ifanc ac am ei alwad gyson y dylai pob Methodus aros yn driw i Eglwys Loegr.

Ond ym Mryste yr oedd yn awr, a gwyddai am waith arloesol Whitefield yma ac yn Kingswood gyda'r glowyr. Bu'n ei gefnogi, yn cynnal ei freichiau, ac yn pregethu'n gyson ar ei ymweliadau. Gwyddai hefyd am dresmasiad John a Charles Wesley ar y gwaith da pan oedd Whitefield yn America, ac fel y bu iddynt wadu etholedigaeth a rhwygo'r cynulleidfaoedd. Ond ni fyddai'n osgoi mynd i Fryste, a daliai i gwmnïa gyda'r ddau frawd er iddo fod yn ddeifiol yn ei gondemniad ohonynt, a hynny yn eu hwynebau. Cyhuddodd nhw droeon o fod yn arddel syniadau cnawdol, a'u bod yn tueddu tuag at Babyddiaeth drwy eu hanogaeth i fawrhau'r saint ac yn eu pwylais ar 'weithredoedd' fel y ffordd at Grist. Yn fwy na dim, roedd e'n feirniadol o'u pregethu am rydd ewyllys dynion. Ni fedrai Harris oddef y pwyslais olaf hwn gan gymaint y credai ei fod ef ei hunan wedi ei alw a'i ethol gan Dduw. Tân ar ei groen oedd pwyslais y ddau Wesley, ac eraill, fod Duw am achub pawb; gwyddai ef mai dirgelwch a chyfrinach Duw oedd ei ddewis o bobl i'w hachub.

Cyfaill da i Harris oedd William Seward, gŵr cefnog o gylch Evesham yng nghanolbarth Lloegr. Cafodd ei ennill i'r ffydd newydd trwy bregethu John Wesley ond ymunodd yn ddiweddarach â Whitefield a'r Calfiniaid. Bu'n gefnogwr cywir i Harris, gan ymuno ag ef ar ei deithiau efengylu a rhoi help ariannol yn achlysurol a thalu am lety iddo'n fynych. Gŵr addfwyn ond dewr ydoedd, a byddai'n sefyll wrth ochr ei gyfaill i bregethu, a hynny'n aml yn wyneb bygythiadau'r dyrfa. Credai'n ddiysgog fod eu hachos o Dduw ac y gofalai Ef amdanynt yn nannedd pob erledigaeth. Cyfarfu Harris a Seward am y tro cyntaf yn

Nhŷ Coffi Garraway yn Llundain, lle byddai prif farsiandïwyr y ddinas yn cyfarfod. Treuliodd y ddau amser dwys yno gyda'i gilydd yn ystyried penodau o'r Llythyr at y Rhufeiniaid a oedd yn ymwneud â phechod a'r bywyd yng Nghrist. Buont hefyd yn ymdrin â rhannau o Ail Lythyr Paul at Timotheus a drafodai y cymwysterau at fod yn weinidog yr Efengyl. Cyfnod digon anodd oedd hwn yn hanes Harris, ond cafodd ysbrydiaeth a chalondid yng nghwmni ei gyfaill. Teimlai agosrwydd cynnes tuag at Seward ac addawodd y ddau gefnogi ei gilydd.

Ym mis Medi 1740 roeddynt yn pregethu yng Nghasnewydd pan ymosodwyd arnynt gan giwed gynddeiriog a fu'n crochlefain am ddwy awr. Dal i ganu a gweddïo a chynghori a wnaeth Harris a Seward nes teimlo eu bod wedi rhoi tystiolaeth ddigonol i'r dyrfa, er gwaetha'r sŵn aflafar. Ond trawyd Harris yn ei dalcen â charreg ac yn y terfysg a ddilynodd llarpiwyd llawes ei got. Daeth eraill i'w cefnogi ac, yn wir, medrent fod wedi troi ar yr haid a'u goresgyn, ond mynnai'r ddau droi'r rudd arall a chyfnewid pob melltith â bendith. Gyda'r hwyr aethant i Gaerllion ond wedi cyfnod o lonyddwch daeth yr haid eto i'w cythryblu; taflwyd pob math o bethau atynt nes i Seward gael ei daro gan ddarn o fricsen yn ei lygaid dde. Achoswyd cymaint o boen iddo fel y bu'n rhaid iddo gael ymgeledd mewn gwesty cyfagos. Ar y ffordd, gweddïai dros y dyrfa ac yn arbennig dros y rhai a'i niweidiodd. Parhau i bregethu a wnaeth Harris.

Bwriadai'r ddau fynd ymlaen i Bont-y-pŵl y noson honno ond bu raid i Seward fynd i'w wely'n gynnar ar ôl cael triniaeth i'w lygad. Bore trannoeth mynnai Harris ddychwelyd i'r un fan â'r noson cynt ac fe aeth Seward i'w gefnogi. Cafodd y ddau lonydd y tro hwn i ddwyn eu tystiolaeth gerbron y gynulleidfa.

Drannoeth daethant i Frynbuga, ond gorfu i Seward gael gŵr i eistedd y tu ôl iddo ar gefn y ceffyl gan fod gwendid y llygad dde yn effeithio ar y llygad chwith, a gwisgai fwgwd drostynt. Daeth miloedd ynghyd; cawsant ddefnyddio neuadd y dref, a bu llwyddiant rhyfeddol ar eu hymdrechion. Siaradodd Seward am dros awr, ac fe'i dilynwyd gan Harris yn pregethu yn Gymraeg – a thystiolaeth pawb oedd fod ei genadwri o Dduw. Yna symudasant ymlaen i Dryleg ac, unwaith yn rhagor, eisteddai gŵr y tu ôl i Seward ar ei geffyl. Wedi cyrraedd, fin nos, bu Harris yn cynghori, a'r un modd y bore wedyn. Ganol dydd trowyd am Drefynwy a disgwylient wrthwynebiad yno fel yng Nghaerllion, ond pan drodd rhai o wehilion y dref i ymosod arnynt fe'u rhwystrwyd gan geidwad y carchar ac eraill.

Digwyddai fod rasys ceffylau yn Nhrefynwy y prynhawn hwnnw, ac roedd llawer o foneddigion yno gan gynnwys dug ac arglwydd. Ar ôl plygu mewn gweddi, aeth y ddau bregethwr at y bwth yn y cae rasio a Seward yn cael ei arwain yno gerfydd ei law gan un a dosturiai wrtho. Buont yn pregethu am amser i dyrfa niferus heb unrhyw rwystr, ond yna daeth y beili atynt a darllen y Ddeddf Derfysgaeth. Cawsant ofn, a chilio i'r gwesty, lle buont yn ymgynghori â Gair Duw a chael arweiniad o dri man gwahanol yn yr Hen Destament. Fe gafodd Seward neges uniongyrchol oddi wrth Dduw yn dweud, 'Dos. Dyma'r ffordd; rhodia ynddi.' Ar ôl cinio gosodwyd bwrdd i sefyll arno gogyfer â neuadd y dref; buont yn canu a gweddïo cyn i Harris bregethu gyda nerth anorchfygol am dros awr, a hynny dan gawodydd o gnau Ffrengig ac eirin, afalau, cerrig – a chi wedi trigo! Codwyd ofn ar Seward, ond cysurwyd ef gan y geiriau, 'Gwell yw hyn nag uffern'. Yna, boddwyd eu lleisiau gan ddrwm yn cael ei daro, a thaflwyd llaid atynt nes gorchuddio'r Beibl.

Sylweddolodd Seward mai ei brif ddyletswydd oedd cefnogi Harris gan mai ef oedd y pregethwr grymusaf ac, yn ystod ei draethiad, ymosododd yn chwyrn ar ddawnsfeydd y gwŷr mawr, y cynulliadau pleser a'r rasys ceffylau, a datganodd fod y pechodau hyn yn dwyn gwarth ar y genedl. Ar hyn, agorodd y boneddigion a'r pendefigion eu ffenestri ac edrych yn dosturiol arnynt – yn enwedig ar Seward am eu bod yn adnabod ei dad. Yna dygwyd y peiriant dŵr a'i anelu atynt ond nid oedd hwnnw'n gweithio. Wedi dychwelyd i'r gwesty dilynwyd hwy gan wŷr bonheddig; bu dadlau brwd, ond cafodd Harris a Seward ryddid i ymateb mewn cariad ac addfwynder.

Yn hwyrach y dydd aethant i Dryleg eto, a chael amser hyfryd yng nghwmni'r ffrindiau yn y seiat yno; trannoeth mynnodd Harris eu bod yn dychwelyd i Drefynwy, ac er fod ei lygad yn ei boeni'n arw, cytunodd Seward i fynd gyda'i gyfaill. Ond ar y ffordd darbwyllwyd hwy, trwy droi at y Gair ac ar ôl gweddïo, mai mynd i Gaerloyw fyddai ddoethaf. Yno, mewn gwesty, bu Harris yn rhybuddio nifer o fonheddwyr y byddai'n rhaid iddynt roi cyfrif o'u hamser, o'u harian a'u talentau yn Nydd y Farn. Daeth rhagor i mewn i ddadlau gydag ef ond ni chafodd ei atal. Heriwyd y ddau i ddweud ar ba awdurdod y deuent i bregethu, ond atebodd Seward gan hawlio mai trwy gomisiwn Duw ei hunan y deuent. 'Nid yw ceisio achub eneidiau i wasanaethau'r bywiol Dduw yn groes i ddeddfau Duw na deddfau dyn,' meddai. Yna, aed ymlaen i Coleford lle roedd seiat ar gael i'w croesawu, a drannoeth aeth

Harris i bregethu yn y farchnad. Daeth criw o ddynion a fu'n eu herlid yn Nhrefynwy i'r dref, ond pan ddechreuasant greu cynnwrf trodd y dyrfa arnynt a'u gorfodi i ffoi.

Ar ôl bod yng nghwmni ei gilydd am chwe niwrnod ymwahanodd y ddau gyfaill mewn tynerwch. Ymhen rhyw bum diwrnod roedd Seward wedi dychwelyd i gylch Trefeca ac yn aros gyda ffrindiau yn y Gelli. Aeth at gyrion y dref i bregethu ond fe'i llesteiriwyd gan Ustusiaid Heddwch ac offeiriaid. Bodlonodd ar hynny ond, yn ddiweddarach, dychwelodd i'r Green ger y Black Lion, ac wrth lefaru yno fe'i trawyd â darn o dywarchen yn y llygad anafus. Gwaeddodd mewn poen a syrthiodd yn ddisymwth i'r llawr. Bu farw'n fuan wedyn. Ni chafodd Harris wybod am dranc Seward am ryw bedwar diwrnod, ac ysgrifennodd yn ei ddyddlyfr, 'Clywais fod fy mrawd annwyl, Seward, wedi mynd i'r nefoedd . . . Yr oedd ei golli yn fwy na fedrwn ei ddal, roedd fy nghalon bron â thorri.' Claddwyd ei weddillion ym mynwent Cusop, dros y ffin yn Sir Henffordd, a daeth tyrfa o Fethodistiaid o bell ac agos i ddiolch am fywyd prydferth y gŵr ifanc deunaw ar hugain oed.

Ni fedrai Harris lai na chofio am y croeso tywysogaidd a roddwyd iddo ef a Seward a Whitefield yn Sir Fynwy beth amser ynghynt pryd y bu deugain o farchogion yn eu hebrwng yn afieithus o dre i dre. Cofiai iddynt deithio i Gwm-iou lle trigai un o gefnogwyr mwyaf pybyr Harris, Thomas Jones, y ficer, ac un y medrai yr efengylydd ymddiried ynddo fel cynghorydd cywir. Roedd llif o lwyddiant wedi eu hamgylchynu ar y daith gofiadwy honno ac anodd oedd esbonio'r newid a fu yn y cyfamser, oni bai fod rhai o'r gwŷr mawr wedi llwyddo i gynhyrfu'r werin yn eu herbyn am eu bod yn bygwth awdurdod yr Eglwys ac yn peryglu'r frenhiniaeth. Mae hynny'n esboniad digon dilys oherwydd ar eu ffordd i Lundain y tro hwnnw fe arhoson nhw yn Rhydychen dros y Pasg, a chyn ymadael galwyd Whitefield gerbron Is-ganghellor y Brifysgol – i dderbyn cerydd llym am dorri cyfreithiau'r Eglwys a'r wlad. Ond nid amharodd hynny ar eu tystiolaethu, a chofient yn ddiolchgar am y llwyddiant a fu yng Ngwent a Brycheiniog.

Nid yw'n anodd deall penbleth yr awdurdodau gwladol ac eglwysig pan glywent am gynnwrf y Methodistiaid ar hyd y wlad. Iddynt hwy ymddangosai'r brwdfrydedd heintus fel bygythiad i'r drefn ordeiniedig, ac fe gaent eu hatgoffa o gynyrfiadau'r ddwy ganrif flaenorol – y Rhyfel Cartref chwerw a llofruddio'r brenin, ac ansefydlogrwydd y wlad. Methent â chanfod fod y bobl gyffredin yn ystwyrian o dan undonedd hunanfodlon yr oedfaon eglwysig. Roedd yna aeddfedrwydd a pharodrwydd ymhlith y werin i wrando ar ddulliau newydd o gyflwyno'r Efengyl; pregethu personol, cyrhaeddgar; emynau rhydd, naturiol a ddatganai eu teimladau; gweddïau o'r frest a lefarai eu dyheadau yn gywir. Câi'r Efengyl ei chynnig mewn ffordd mor hael, mor ffres, mor heriol ac mor bersonol. Teimlai llawer ddiflastod gyda'r oes ysgafala, arwynebol a denwyd hwy gan wres ac argyhoeddiad y diwygiad fel gwyfynnod at olau cannwyll. Yn lle musgrellni, cafwyd asbri a goleuni.

Cwyn Harris yn ei bregethau oedd fod profiadau pobl o Dduw yng Nghrist mor arwynebol: nid oeddynt yn cyrraedd i ddyfnder eu calonnau – dim ond gorwedd yn esmwyth ar wastad y deall yn unig. Eglurodd un gŵr natur y diwygiad fel hyn, 'Ysbryd dieithr i'n byd ni yw'r hyn a syrthiodd arnynt (sef y dychweledigion). Y sêl a'u hysai oedd gair Duw, fel tân wedi ei gau o fewn eu hesgyrn, ac ni allent ymatal. Dygid hwy ymlaen gan rym aruthrol . . . Nerth o'r uchelder oedd wedi eu gwisgo, y fath na ellir ei ddisgrifio, ac anhraethol uwchlaw i neb allu ei ddynwared'. Ychydig obaith oedd gan y rhai a bwysai'n ysgafn ar arfer a thraddodiad i'w cynnal, o'u cymharu â sêl y rhai oedd â 'thân wedi ei gau o fewn eu hesgyrn'. Ni thalai ffurfioldeb ac arfer ddim, fel y datganodd Harris lawer gwaith. Ar bregeth yn Llanddeusant crynhodd y safbwynt Methodistaidd fel hyn:

> Fe allai dy fod ti wedi troi llawer ar ddail y Beibl dros ddeugain mlynedd, ac eto ni wyddost ti fwy am Dduw na'r ci neu fochyn; fe allai dy fod ti wedi bod ar dy liniau yn gweddïo lawer gwaith yn dy dyb dy hun, ac yn grefyddwr braf, ond ni weddïaist ti eto unwaith o dy galon erioed. Ac oni chaiff Duw dy galon di, fe fyn weld y diawliaid yn dy rwygo, gorff ac enaid, yn awr angau, ac yn Nydd y Farn; mae fy saethau yn llymion, Duw a ddanfono ei eiriau fel bwlets i saethu trwy dy galon.

Gollyngdod teimladol, yn y lle cyntaf, oedd y diwygiad, ac apelio a wnâi yn ddi-ffael at y galon. Crefydd y galon ydoedd yn ei hanfod. Y galon oedd cartref yr ewyllys, y serchiadau a'r nwydau – roedd y deall ar wahân. 'Pregethwn yn bennaf,' meddai Harris, 'i'r galon a'r ysbryd.' Roedd hynny'n bodloni rhyw angen dwfn mewn pobl. Yr ymroddiad teimladol, eneidiol hwn a hudodd y miloedd at Fethodistiaeth. Nid apelio at y deall a wnâi'r pregethwyr yn y man cyntaf – er fod y pregethau gan amlaf yn ddealladwy a rhesymol – ond cyrraedd at y galon, at y man hwnnw ym mhersonoliaeth dyn a fedrai ymateb mewn symlrwydd i Dduw. Medrai Williams, felly, ysgrifennu:

> Mae caru'n un â chredu, ac y mae caru'n ras
> Sydd yn ffieiddio'n wastad holl gangau pechod cas;

A gredodd, hwnnw garodd; a garodd sy'n cashau
Pleser anghyfreithlon, cans arall mae'n fwynhau.

Llanw bwlch a wnaeth y mudiad newydd a chyflwyno holl
ddrama fawr crefydd bersonol i ddynion. Roedd y pwyslais
ar yr unigolyn i benderfynu drosto'i hun yn ei galon; nid
traddodiad, nid teulu, nid arfer ac nid barn eraill oedd i
benderfynu, ond pob un yn noethlymun o flaen ei Dduw yn
erfyn am faddeuant am ei bechodau ac yn begian am gael ei
wisgo â Christ. Deffro pobl i'w hangen oedd nod y
diwygiwr, nid eu suo i gysgu gyda geiriau teg.

Ffordd Williams Pantycelyn o ddisgrifio gwendidau'r
Eglwys Wladol a'r Ymneilltuwyr a newydd-deb y diwygiad
oedd fel hyn:

Ysbryd yr Arglwydd oedd wedi ymwadu â chynulleidfaoedd
cyfan; gweinidogion oedd yn pregethu i'r cerrig. Marweidd-
dra ysbryd, caru'r byd, sych wrth-ddadleuon, hunan-dyb,
gofalon anghymedrol, a myrdd o bryfed gwenwynig o'r fath
fel locustiaid yn difa'r wlad o'u blaen. Am eraill yr oedd yr
holl ymddiddan, eraill oedd y bobl feius, a phrin neb fyddai'n
beio arno'i hun. Casineb, malais a rhagfarn oedd yn teyrnasu;
nos, nos oedd trwy'r holl eglwysi. Er fod utgyrn lawer, a rhai
ohonynt yn utgyrn arian, nid oedd braidd ddyn yn clywed eu
llais, o Gaergybi i Gaerdaf.

Ond yn awr fe wawriodd y dydd, fe anadlodd yr Arglwydd ar
yr esgyrn sychion ac y maent yn ymsymud. Wele dorfeydd yn
cludo at air y bywyd; pwy a'u rhifa hwynt?'

Gollyngdod a rhyddhad i laweroedd – yn wir 'Pwy a'u
rhifa?' – oedd y diwygiad, a bodlonai Harris ar fod yn un o
gyfryngau'r Ysbryd Glân i lefaru drosto.

Gwrthdaro â Daniel Rowland
Rhwyg yn datblygu

Cymar tanllyd Harris yng ngwaith y diwygiad oedd Daniel Rowland o Langeitho. Cafodd ef ei alw i'w waith rai misoedd yn ddiweddarach na Harris yn 1737 a byddai Harris yn barod iawn i honni mai ef oedd y cyntaf yn yr holl wlad i fynd oddi amgylch i gynghori a phregethu. Ar y llaw arall, hawliai Harris fod y ddau Wesley, Whitefield a Rowland wedi eu galw i'r ymgyrch fawr tua'r un adeg – a thestun o ryfeddod oedd hynny iddo – ond mynnai ar hyd ei oes mai ef oedd y blaenaf. Pan gyfarfu â Rowland gyntaf, yn Nefynnog yn Awst 1737, cyfareddwyd ef gan ei gymeriad hardd a'i bregethu grymus, efengylaidd ond roedd yn sicr ei fod ef ei hun wedi ei ddewis a'i ddanfon gan Dduw, a ffordd o'i amddiffyn ei hun oedd hawlio'r flaenoriaeth er nad oedd wedi ei ordeinio fel y lleill. Iddo ef roedd y profiad uniongyrchol, personol o Dduw yn bwysicach nag unrhyw arddodiad dwylo gan esgob. Nid na ddeisyfai gael ei ordeinio, ond pur denau oedd ei obaith o hynny, er iddo wneud cais bedair gwaith. Yn y diwedd bodlonai ar ddatgan mai ef oedd y cyntaf i gael ei alw, a rhoddai hynny rywfaint o statws iddo. Diolchai i Dduw am ei ddyrchafu gymaint.

Roedd meysydd y ddau mewn gwahanol rannau o Gymru ond byddent yn cefnogi ei gilydd yn y blynyddoedd cynnar, a mawrfrydig yw canmoliaeth Harris i'w gyfaill dro ar ôl tro. Âi ef i aros ac i bregethu yn Llangeitho a deuai Rowland i Drefeca a'r cyffiniau yn achlysurol a sefydlwyd seiadau gan y ddau. Ond gwŷr stwbwrn a phenderfynol oeddynt, ac nid hir y buont cyn dechrau anghytuno. Gwŷr ifanc oeddynt a chanddynt weledigaeth lachar, bob un yn siŵr ei fod ar ffordd llwyddiant yr efengyl ac yn ennill llu o gefnogwyr, yn arbennig pobl ifanc. Roedd y ddau'n ddewr yn nannedd erledigaeth a gelyniaeth lem ac yn barod i deithio i ogledd Cymru 'lle rhuai Satan', yn ôl Harris; roedd y ddau'n fyr eu tymer ac yn ddisigl eu hargyhoeddiadau, a'r ddau ag ewyllys o ddur. Y rhinwedd olaf hwn a'u cynhaliodd trwy lu o anawsterau, ond a'u baglodd, hefyd, mewn sefyllfaoedd a ofynnai am gymedroldeb. Cyhuddid Harris gan ei elynion a'i gyfeillion o fod yn falch a hunanol, yn or-feirniadol ac yn llym ei dafod. Ond amddiffynnai ei hun trwy ddweud 'nad pechod ynof na drwg-dymer sy'n perthyn imi ond y natur a roddwyd imi. Cefais fy nghreu gyda llais garw a threm arw ond cariad yw fy enaid ac fe lefaraf mewn cariad.' Nid oes amheuaeth, serch hynny, nad oedd Harris yn hoffi ac yn mynnu bod yn ben – roedd yn ei waed i dra-arglwyddiaethu. Llysenwyd ef unwaith ym Mryste yn 'Bab', ac nid oedd hynny'n ei foddio o gwbl.

Cynnen a chymod ar yn ail fu rhwng Harris a Rowland am nifer o flynyddoedd: dadlau ffyrnig un diwrnod a maddeugarwch ac edifeirwch yn dilyn. Parod oedd Harris i ysgrifennu llythyrau edmygus a chynnes pan fyddai taro a does dim dwywaith nad arddelai Rowland fel pregethwr eneiniedig yn nwfn ei galon: ond nid oedd mor siŵr am ei gyraeddiadau eraill. Amddiffynnai ef yn wyneb beirniadaeth ac ar un achlysur fe ysgrifennodd lythyr hir at Griffith

Jones yn dannod i hwnnw ei fod yn cael ei gamarwain gan glepgwn maleisus am ffaeleddau tybiedig Rowland. Dywedodd yn blaen wrtho:

Ni fedrwch wadu ei ddawn i droi calonnau dynion a'u cael i edrych o'r newydd arnynt eu hunain mewn symlrwydd, a chydnabod eu drygioni. Nid oedd yn anodd gweld y galon ddrylliedig a'r ysbryd gostyngedig yn eu dagrau . . . Nid oes angen ond ar ichi wrando arno'n pregethu ac fe ddiflannai pob rhagfarn . . . A phan feirniadwch y gweiddi mas yn ei oedfaon, cofiwch mai pobl wedi eu trywanu i'r byw yw'r rhain. Bid siŵr, y mae yna dwyll yng ngwaeddiadau rhai, a phrotestiais yn erbyn y rhain yn gyhoeddus a diolchodd Rowland imi . . . Ac am y canu ar y ffyrdd, beth ydych chi'n ddisgwyl? Cedwir gwag-siarad a meddyliau gwamal draw, a phan gynhesir fy nghalon i gan gariad, canu sydd raid imi hyd yn oed pan wy'n grug . . . A phan fydd rhai yn cofleidio'i gilydd mewn cariad yna mewn symlrwydd calon y gwnânt hynny. Gymaint yw fy nghariad atoch chi fel y byddwn yn eich cofleidio yng nghariad Duw er i eraill ei gamddehongli fel annoethineb . . . Mae gan Rowland barch dwfn tuag atoch ac nid yw'n ôl o annog ei wrandawyr – miloedd ohonynyt – i ddarllen eich llyfrau. Peidiwch, felly, â thalu sylw i fân gleber dynionach. Gŵr Duw yw Rowland.

Ni ellir gwadu gwir fawredd Rowland a'i ddawn bregethu ddihafal. Byddai'r cynulleidfaoedd a dyrrai i'w glywed yn Llangeitho a mannau eraill ledled Cymru yn anghofio pob lludded wrth wrando arno. Nid ei fod yn pregethu'n faith nac yn ddwfn-ddysgedig ond ei fod yn hoelio sylw ac yn Feiblaidd. Codai ei eglurebau'n aml o brofiadau cyffredin ei wrandawyr. Er enghraifft, wrth sôn am yr Ysbryd Glân defnyddia gymhariaeth fyddai'n gyfarwydd i'w wrandawyr:

Daw yr Ysbryd Glân fel glaw mewn sychdwr. Gwaeth yw'r sychdwr yn yr ysbryd na'r un ar y ddaear. Pa beth a wneir ond gweddïo am law graslon a gwlith ddefnynnau'r Cysegr i ddisgyn arnom . . . 'Ambassador' yn dysgu iaith gwlad ddieithr rhag cael ei dwyllo gan 'interpreters' – felly unig iaith y nef yw'r Ysbryd Glân. Dieithr yw pob dyletswydd a gyflawnir heb yr Ysbryd. Y rhai sydd heb yr Ysbryd, er maint eu proffes a'u doniau, eu cymwysterau, a'u cyraeddiadau, nid ydynt ond fel dyn marw er ei fod hwyrach wedi ei arwisgo a'i addurno yn hardd-deg rhagorol fel gallai un ddywedyd, 'O ddyn marw, ni welais i harddach dyn marw erioed'. Felly mae'r rhai oll sydd heb yr Ysbryd sydd yn bywhau.

Dywedodd un clerigwr a fu'n gwrando ar Rowland yn gyson fod ei bregeth fel ymchwydd ton y môr, yn codi o'r dyfnderoedd yn raddol, nes cynyddu i'w hanterth cyn torri'n foddfa dros y bobl – miloedd lawer ohonynt – nes i'w teimladau gael mynegiant ffrwydrol, unol, mewn gweiddi 'Gogoniant' a 'Haleliwia'. Byddai'r pregethwr yn aros am ysbaid fer ac yn gadael i'r dyrfa fwynhau'r wledd cyn dechrau ar ail gymal ei bregeth. Newidiai ei wynepryd a'i draethiad a'i lais yn raddol, a hynny mewn ffordd ryfeddol, a phan ddeuai ei neges efengylaidd a'i huodledd ysgytwol i'w benllanw, fe dorrai'n don fawr, ddiatal, dros y bobl nes iddynt lawenhau a gogoneddu Duw fwyfwy.

Byddai'r cynulleidfaoedd yn mwynhau cwmni ei gilydd, Cymry o bell ac agos, yn canu a gorfoleddu am oriau lawer – weithiau ar hyd y nos, cyn cychwyn tua'u cartrefi yn dal i ganu a gweddïo a moli, heb flinder na chwsg yn agos!

Tystiai un pererin iddo gerdded o ogledd Cymru i Langeitho a phan gyrhaeddodd, teimlai yn rhy flinedig i sefyll, ond wrth glywed Rowland yn pregethu am y gwleddoedd o fwydydd bras a'r gwinoedd coeth a addawodd Duw i'w bobl, ni fedrai ond llawenhau fel pawb arall. 'Roedd fel pe bai gwin Cyfamod Gras wedi ei ryddhau i lifo dros y dyrfa ac yfais innau ohono nes imi fod mor feddw ag ynfytyn. A dyna lle roeddwn, ac ugeiniau eraill, wedi anghofio pob lludded, yn gweiddi a dawnsio am oriau.'

Tystiai Harris, yntau, i ddawn arbennig Rowland i argyhoeddi dynion. Disgrifiodd bregeth Rowland un tro fel gwahoddiad taer i'w wrandawyr gofleidio Iesu fel y'i gwelir yn yr Efengyl, fel na fedrai'r person mwyaf calon-galed ei wrthod.

Canmol ei gyd-lafurwr yn gynnes a wnâi Harris yn fynych, a diolch i Dduw amdano beunydd. Ond nid oedd y brawdgarwch hwn i barhau. Pan sefydlwyd y sasiynau i reoli a sianelu brwdfrydedd y diwygiad, bu'r ddau'n gefnogol ond, fel y datblygai'r drefnyddiaeth ac amlhau o'r cynghorwyr, deuai pynciau llosg fwyfwy i'r amlwg. Y tro cyntaf y bu ffrwydrad oedd yng Nglanyrafon-ddu, ger Talyllychau, yn 1742. Y pwnc a'i gwahanai oedd y Cyfamod. Mynnai Harris mai rhwng Duw a'i Fab fel cynrychiolydd Dyn y sefydlwyd y Cyfamod, ond hawliai Rowland mai rhwng Duw a Dyn y daeth i fod. Bu codi llais a cholli tymer, ond ni fynnai'r naill na'r llall ildio'i safbwynt, ac fe fu iddynt ymwahanu heb ddod i gymod. Yn wir, ymadawodd Harris â'i dymer yn berwi, a chyfaddefodd iddo golli pob cariad at Rowland. Teimlai, gan mor ffyrnig y gwrthdrawiad, y byddai'n barod i dorri pob perthynas â'i gyd-lafurwr, beth bynnag y canlyniadau.

Cyfarfu'r ddau trannoeth yn Llwyn-y-berllan, ym mhlwy' Llandingad gerllaw, ond parhaodd y tyndra. Ceryddwyd Harris am wastraffu amser yn ysgrifennu yn ei ddyddlyfr ac fe godwyd cwestiynau gan Rowland ynglŷn â rheol a threfn y cyfarfod.

Trwy weddi, ac mewn dagrau, cafwyd cymod rhwng y ddau ond yna cododd dadl frwd rhyngddynt ar fater 'sicrwydd'. Credai Harris ar y pryd y dylai'r profiad o iachawdwriaeth gael ei ddilyn gan 'sicrwydd' o fod yn gadwedig. Credai Rowland, ar y llaw arall, y medrai dyn gredu yng Nghrist heb fod yn hollol sicr ei fod yn gadwedig. Ofnai Harris mai bwydo rhagrithwyr a wnâi Rowland, tra gwelai ef Harris yn rhy barod i ddymchwel ffydd y gweiniaid yng Nghrist. Erbyn diwedd y cyfarfod daeth y ddau i ryw fath o ddealltwriaeth, a chyflwynwyd datganiad unol i'r brodyr oedd yn bresennol. Ond yn ei galon, ni fedrai Harris dderbyn y gallai rhywun fod yng Nghrist heb wybod hynny i sicrwydd. Ysgrifennodd yn ei ddyddlyfr weddi dros ei gyfaill, 'Ynglŷn â'r annwyl, annwyl Rowland, O! Rhyddha ef o bob cadwyn, ofn slafaidd, hunan, tywyllwch, rhyfyg ac annoethineb – rhag popeth a'i rhwystra i dy anrhydeddu di.'

Cyhuddodd Rowland o ysgafnder fwy nag unwaith, ac y mae'n amlwg fod difrifoldeb Harris ynglŷn â'r gwaith yn ei amddifadu o bob synnwyr digrifwch. Un tro, pan oedd yn Llundain, ymddiheura am iddo achosi i dwr o blant chwerthin, trwy rywbeth a ddywedodd, a gweddïodd am gael ei arbed rhag y fath gamwri eto. Ar y llaw arall, gallai Rowland fod yn ddiddan ac weithiau'n ddi-chwaeth, a sylwodd mwy nag un ar yr elfen hon yn ei gymeriad. Mewn llythyr at gyfaill, dywed am Harris, 'Cofia am H.H. druan. Yr oedd yn ewyllysio bod yn ben, ond gwnaeth Duw ef yn gynffon!'

Trannoeth y cyfarfod yn Llwyn-y-berllan bu golygfeydd rhyfedd gan i Harris glywed rhai o'r brodyr yn cynllwynio i fynd ymlaen hebddo, a thorrodd i wylo'n hidl. Pan gyfarfu â Rowland, syrthiodd ar ei wddf, ac wrth weld y ddau yn wylo torrodd y brodyr, hefyd, allan i wylo. Mewn ysbryd toredig yr aeth pawb tua thre. Ond nid oedd y clwyfau am gael eu hiacháu mor rhwydd â hynny, a chyn bo hir fe gododd cynnen arall ei phen a chreu dadlau chwerwach fyth. Daliai Rowland i gredu fod Harris yn treulio gormod o'i amser yn Llundain tra bod ei ddirfawr angen yn ei wlad ei hun. Ysgrifennodd ato:

> Onid ydych yn clywed y bobl yng Nghymru yn gweiddi'n uchel, 'Help! Help! Help! Help!' Y brawd Harris, ti bencampwr dewr, ble rwyt ti? Beth! Yn Llundain yn nydd y frwydr! Onid oes gan Lundain ddigon o bencampwyr ei hun? Ymhle y mae'r mawrion – Cennick a'r Wesleys? A ddylai Cymru dlawd gynnig help i Loegr? O! druan o Gymru!

Ond yn sasiwn Watford, ger Caerffili, dan gadeiryddiaeth Whitefield, apwyntiwyd Harris yn Arolygwr Cyffredinol ar Fethodistiaeth Cymru. Rhyngddo ef a Rowland oedd y dewis. Er bod gan Rowland amheuon, roedd yn barod i dderbyn y penderfyniad – a hynny am ei fod yn barod i gydnabod dawn Harris fel trefnydd galluog a hefyd am ei fod yn rhydd i dramwy'r wlad yn ddilyffethair gan mai lleygwr ydoedd. Edmygai hefyd ei allu i wynebu gelyniaeth ac i sefyll yn gadarn. Ymfalchïai Harris yntau fwyfwy yn yr anrhydedd a osodwyd arno i fod yn brif ddyn yng Nghymru ac, yn absenoldeb Whitefield yn Georgia, yn arweinydd yn Lloegr, hefyd. Am bum mlynedd a mwy ymhyfrydai Harris yn ei statws aruchel, a defnyddiai hyn i wrthwynebu unrhyw farn oedd yn groes i'w farn ef. Datblygodd i fod yn unben, a ffromai yn aml pan gâi ei wrthwynebu.

Yn y cyfnod hwn y bu'r ddadl ffyrnig ynglŷn â diwinyddiaeth Harris. Cawn ef yn pregethu yn Llanfair Caereinion ac yn y Tyddyn, Llandinam – lle y gwyddai y câi gynulleidfa a chroeso – a'i neges oedd Gwaed Crist. Ni fedrai ar ei bregeth ond gweiddi drosodd a thro, 'Gwaed Crist! Gwaed Crist! Gwaed Crist!' nes i'r gynulleidfa ymuno yn y gweiddi. Dywedodd, 'Mi af cyn belled ag y medraf i gyhoeddi am y ffynnon hon, y Gwaed: gan lefain Gwaed, Gwaed, Gwaed, Gwaed, ac fe ddaw yr Ysbryd i lawr fel cawod anferthol.' Dyma fu'r patrwm o 1745 ymlaen am rai blynyddoedd. Cyhoeddodd yn groyw fod 'Gwaed Crist fel Gwaed Duw'. Meddai, 'Cefais fwy o rym nag erioed i ddangos Gwaed Crist . . . Ni chefais erioed gymaint o ryddid i bregethu'r Gwaed – Archollion – Gwaed Duw – Gwaed! Gwaed! a Gwaed drachefn.' Yn Nhrefeca yn 1748 cyhoeddodd, 'Y Gwaed! Y mae yn Waed hollalluog, yn Waed anfeidrol; pwy a fedr ei blymio? Y Gwaed hwn a unodd fy enaid â Duw. Os oes awydd arnoch am fod yn sanctaidd, ymolchwch yn hwn. Os ydych am goncwera pechod a Satan, dewch at y Gwaed. Os ydych am fynd i'r nefoedd, cymerwch y Gwaed gyda chi.'

Teimlai Harris erbyn hyn fod gwres cychwynnol y diwygiad yn dechrau oeri a bod cysgadrwydd wedi syrthio ar y wlad. Roedd angen ysbrydiaeth newydd, a chytunai rhai ag ef; credai y byddai pwyslais ar y Gwaed ac ar Berson Crist yn dwyn pobl yn ôl at eu coed. Pan gafodd y profiad dwys yn y Cymun ar ddechrau ei yrfa, gweld Crist yn ei Waed a wnaeth ac wrth gwmnïa'n gyson â'r Morafiaid a'u harweinwyr yn Llundain, daeth i edmygu eu pwyslais hwy ar y Gwaed. Canolbwynt addoliad Fetter Lane oedd yr 'Oen a Laddwyd'. Ysgrifennodd, 'Deuthum i weld fod y Gwaed, Archollion ac Ôl yr Hoelion yn oll yn oll, a phopeth arall yn ddim.' Gwelai fod hyn yn crynhoi y cyfan am y berthynas rhwng Duw a dyn yng Nghrist. Rhyfeddod a dirgelwch oedd y Drindod, a'r allwedd i'w hamgyffred oedd y Gwaed. Canfyddai, bellach, fod 'Pob doethineb, athrawiaeth, a gwybodaeth yn y nefoedd ac ar y ddaear yn cwrdd yng Nghrist, yn ei Waed a'i Archollion.' Fodd bynnag, haerai nad oedd yn adnabod unrhyw Dduw ar wahân i Grist – ar wahân i'r Dyn hwnnw – 'a gwelaf (yn ôl mesur fy ffydd) gyflawnder y Duwdod yn y Dyn hwnnw – gan fod y Tad a'r Mab yn un.'

Arweiniodd y dybiaeth hon Harris i ddyfroedd dyfnion ac fe'i cuhuddwyd gan Rowland ac eraill o ddysgu patripasiaeth, sef hen heresi a fynnai fod Duw ei hunan yn dioddef yn gorfforol ar y Groes, ac yn ôl uniongrededd yr eglwys, ni fedrai hyn fod. Hwyrach mai ei ddiffyg addysg ddiwinyddol ffurfiol, neu ddiffyg gofal gyda geiriau, neu efallai mai ei gydymdeimlad â'r Morafiaid a wnaeth iddo bregethu hyn.

Gwyddai Rowland fod y Morafiaid yn cenhadu yng Ngogledd Penfro a De Ceredigion: eisoes roeddynt wedi ymsefydlu'n gadarn yn Hwlffordd a chlywsai fod rhai o'u harweinwyr yn galw yn Nhrefeca ac yn cael croeso yno. Rhaid oedd eu gwrthsefyll. P'run bynnag, roedd cyfaill cynnes i Harris, y Brawd Beaumont o Sir Faesyfed, yn pregethu neges oedd yn sawru o antinominaeth, sef y gred fod y Cristion, yn rhinwedd ei berthynas â Christ, wedi ei ryddhau o ofynion y ddeddf foesol. Er pob ymgais ganddo a nifer o'r cynghorwyr i'w ddiarddel, daliai Harris yn driw iddo ac amheuwyd ei fod yntau yn syrthio i'r un gwendid peryglus. Ffyrnigodd y ddadl nes bod y seiadau benbaladr yn gwybod am yr hyn a welent fel diffyg yn Harris. Ar y llaw arall sbardunwyd ef i daranu yn erbyn y cysgadrwydd a ferwinai'r seiadau. Ymosododd gyda llymder garw ar bechodau'r aelodau, a mynnodd fod disgyblaeth lem yn cael ei gosod arnynt. Achosodd hyn ddrwgdeimlad cynyddol drwy'r siroedd. Enynnwyd llid Rowland fwyfwy ac, o dipyn i beth, datblygodd yr anghydweld yn rhwyg. Cafwyd fod Harris yn amharod i wrando ar bobl oedd yn anghytuno ag ef: nid oedd taw ar ei dafod wrth iddo fynnu ei fod wedi ei arwain gan Dduw i bregethu yr hyn a wnâi, a dilorni pawb arall.

Ar ôl arhosiad hir yn Llundain yn ystod 1747, dychwelodd Harris i Gymru a mynychodd Sasiwn yn Gellidochlaethe pryd y darganfu fod y mwyafrif o'r cynghorwyr wedi troi yn ei erbyn a'u bod wedi ethol Rowland yn arweinydd yn ei le. Cynhyrfwyd ef gan hyn a bygythiodd ymadael â'r Methodistiaid yng Nghymru a gweithio yn Lloegr yn unig. Erbyn bore trannoeth, dan arweiniad Morgan John Lewis, un o'i gefnogwyr selocaf o Went ac un yr ymddiriedodd Harris nifer o seiadau i'w ofal pan fyddai ar ei deithiau, adferwyd ef i safle arweinydd yn eu plith. Codwyd ei ysbryd i'r entrychion ac ailgydiodd yn y dasg o deithio'r wlad i bregethu'n fwy ymosodol nag erioed. Fodd bynnag, yn fuan cododd cwynion o du'r aelodau am ei dymer ddrwg a'i ddisgyblaeth hallt. Bu'n esgymuno aelodau o'r seiadau o Sir Benfro i Sir Fynwy nes gorfodi hyd yn oed Morgan Lewis i godi ei lais yn gryf yn ei erbyn. Pam, gofynnai ef, fod pob un a feiddiai godi ei lais yn erbyn Harris yn cael ei gondemnio? Mynnai Rowland a William Williams mai'r unig fodd y gellid mesur cyflwr ysbrydol unigolion oedd trwy eu hymarweddiad, ond daliai Harris fod yna ddawn gan rai aelodau i fedru darllen ysbrydoedd, a alwai ef yn 'Llygad y Corff' – pobl fel Madam Griffith, er enghraifft. Ar gefn hyn, gwylltiai pan glywai fod Rowland yn derbyn aelodau yr oedd ef wedi eu diarddel o'r seiadau.

Ar ôl i Whitefield ddychwelyd o America, darganfu Harris fod hwnnw'n llai selog dros frwdfrydedd crefyddol a'i fod yn oeri yn ei gefnogaeth iddo. Sylweddolai fod llawer yn troi yn ei erbyn ac, ar un achlysur, noda, 'Gan fod proffeswyr gwir grefydd mor ddig yn fy erbyn, ac yn ysgrifennu pethau chwerw amdanaf, meddyliais fy mod yn ddi-fudd i Dduw. Ond pan drois at yr Arglwydd mewn ffydd daeth i'm henaid a'm sicrhau i'r gwrthwyneb: fy mod yn y fan lle gosodwyd fi ganddo ef.' Hefyd, bu Rowland ac ef yn ymosod ar ei gilydd eto, a diflannodd pob cymedroldeb o'u siarad. Nid oedd bellach awydd i bontio'r gwahaniaethau rhwng brwdfrydedd Harris a'i brofiad uniongyrchol o Dduw, a Chalfiniaeth Rowland a bwysai fwy ar y datguddiad o Dduw yn yr Ysgrythurau. Erbyn Sasiwn Llanidloes fis Mai, 1750, a'r ddau ddyn yn gwybod fod ymraniad yn anochel, dechreuodd dwy blaid ymffurfio, sef Pobl Rowland a Phobl Harris. Yn y sasiwn nesaf yn Nhrefeca, ym mis Hydref, rhwygwyd undeb Methodistiaeth Cymru, ac er i'r ddwy blaid hybu eu cefnogwyr i barhau yn eu hymdrechion, ni fu llewyrch ar y gwaith am rai blynyddoedd.

Yn y cyfnod hwn, ysgrifennodd Richard Tibbott lythyr chwyrn at Harris. (Roedd Tibbott yn gynghorwr mawr ei barch a'i ddylanwad trwy Gymru. Bu'n gefnogwr i Harris ar y dechrau, ond trodd yn ddiweddarach i gefnogi Rowland.) Yn ei lythyr at Harris dywedodd ei fod yn gofidio am y ffraeo a'r rhaniadau:

Yr ydwyf yn cael lle i gredu fod mesur o fai ar bob plaid, ond eich beiau chwi yw: 1. Ymosod ar bersonau heb wahaniaethu digon rhwng pobl a'u barn. 2. Ymosod ar bawb yn rhy gyffredinol. 3. Rhoi golwg rhy dywyll ar ddynion a'u gweithrediadau, a gorliwio eu pechodau. 4. Delio yn rhy llym â'ch gelynion a'u caledu yn eu beiau. 5. Esgeuluso esbonio yn glir ystyron rhai geiriau. 6. Eich bod yn rhoi coel ar sibrydion heb eu profi'n ddigonol.

Gorffennir y llythyr trwy fynnu mai ei amcan yw:

dweud y pethau sydd o Ddaioni Cyffredin. Wrth eich gweld mor ddefnyddiol yn llaw Duw, fy nymuniad yw ar i'r pethau yr wyf i'n debygu sydd yn feius ynoch gael eu symud, fel y gallwch chi fod yn fwy defnyddiol i bawb, ac er dyrchafiad mwy i Deyrnas Crist yng Nghymru.

Yn nhwymyn y dadlau, prin fod neb yn mynd i wrando ar apêl gymodlon Tibbott, ond pan fo dynion cryf, penstiff yn mynnu mai nhw sy'n iawn, dyn dewr a fentra sefyll rhyngddynt. Yr eironi amlycaf yn yr holl helynt yw mai Harris, oedd wedi bod yn ymlafnio am flynyddoedd i greu undeb rhwng y carfanau efengylaidd yn Lloegr, oedd yn awr yn bennaf cyfrifol am y rhaniad trist yng Nghymru.

Trwy gydol rhan olaf 1750 a 1751, dygnodd Harris arni i grynhoi y rhai a ochrai gydag ef ac i'r perwyl hwn bu'n ymweld â thair sir ar ddeg Cymru, yn ymosod ar y clerigwyr, ac yn arbennig Rowland, am eu dirmyg o Waed Crist ac am iddynt sathru ar ei awdurdod fel arweinydd. Ar ei deithiau daeth copi o lyfryn a ysgrifennwyd gan Rowland i'w ddwylo, a chafodd ei siomi'n fawr gan ei gynnwys. *Ymddiddan rhwng Methodist Uniawn-gred ac un*

Camsyniol oedd ei deitl, ac ynddo condemniwyd y Camsyniol, sef Harris, am ei frwdaniaeth crefyddol a'i honiad fod Duw yn ei arwain, ac am fethu dwyn ei brofiadau at fainc yr Ysgrythurau i'w cadarnhau. Cyhuddir ef o 'gredu anwirwedd a'i gyhoeddi yn ddigywilydd . . . ac o ddweud fod y Tad wedi cael ei wneud yn gnawd yn ogystal â'r Mab . . . Patripasiaeth ydyw hynny . . . Y GAIR a wnaethpwyd yn gnawd . . . Y natur ddynol yn y Mab a ddioddefodd ac a farwodd . . .' Yn y ddeialog unochrog hon fe osodir yng ngenau Harris frawddegau fel hyn, 'Tri Pherson? Rwy'n dweud wrthych mai gair cnawdol yw person; nid allaf ei arferyd . . . Fe gafodd y Tad, yn ogystal â'r Mab, ei wneud yn gnawd, dioddef a marw . . . Credaf fod y fath undeb rhwng y ddwy natur fel y darfu i Dduw, yn gystal â dyn farw . . . Rydych chi yn crynhoi eich gwybodaeth wrth ddarllen llyfrau. Mi ddymunwn i pe bai'r holl lyfrau wedi eu llosgi . . .'

Amlwg ddigon i wŷr fel Tibbott oedd fod yr ysgyrnygu dannedd parhaus yn peryglu'r diwygiad. Ysgrifenasai mor gynnar â 1744 am

agwedd gnawdol ac ysbryd arwynebol, y geiriau ofer, diffrwyth a'r siarad gwag, a roddai fod i ddadlau ac anghydfod, ac a arweiniai at esgeulustod o'r gwaith oedd yn galw am sylw, ac oedd yn llawer pwysicach ac angenrheidiol. Felly, gwastraffu ein hamser a wnaethom, ac yn hytrach na chryfhau breichiau ein gilydd bu inni wanhau a digalonni ein gilydd mewn dadleuon, yn arbennig pan fu anghytundeb rhwng y ddau brif biler yn ein plith, sef Mr Rowland a Mr Harris.

Wrth agor Sasiwn yn 1746, cynhyrfodd Rowland y dyfroedd, braidd, wrth bregethu ar y testun, 'Dos yn fy ôl i

Satan'. Taranodd yn erbyn ymfalchïo mewn doniau a'r perygl iddynt arwain i demtasiynau. Haerai fod Duw yn erbyn balchder.

Bu'n hynod o stormus yn y Sasiwn honno. Ysgrifennodd Harris am 'Rowland yn fy ngalw yn oriog, yn chwit-chwat, yn gelwyddgi ac yn Antinomian . . . dywedais innau na wyddwn am unrhyw beth y byddwn yn ei geryddu amdano oni bai am ei drachwant wrth fwyta, yfed, chwerthin, cweryla etc.' Amddiffynnodd ei ddiwinyddiaeth am y Gwaed drwy haeru 'fod Duw wedi gwaedu a marw, gan mai Duw oedd y dyn a ddioddefodd.'

Lledu a wnaeth y bwlch rhyngddynt, ac erbyn 1751 teimlai Harris ei fod wedi ei ynysu. Daliai i weddïo dros Rowland ac ym mis Mawrth 1752 fe bregethodd am ddwy awr i rai miloedd o bobl Rowland yn Llanddewibrefi.

Ond llacio a wnaeth ei afael ar rediad y mudiad drwy'r wlad. Tanseiliwyd ei awdurdod, ac ymhlith ei wrthwyn-ebwyr ceid amrywiaeth eang o feirniaid: rhai gwŷr, dan berswâd eu gwragedd, yn anfodlon ar ei ymlyniad parhaus wrth Sidney Griffith a'r dilorni ar ei wraig, Anne; diffyg cefnogaeth Buellt a Maesyfed am yr un rheswm; colli cefnogaeth hen gyfeillion fel teulu Llwyn-y-berllan, Llanymddyfri; Whitefield yn dod am bythefnos i Gymru i ochri gyda Rowland ac i rybuddio pobl rhag cyfeiliornadau Harris; 'Beelsebwl' oedd yr enw cyffredin arno yn Sir Fôn; pregethwyr Rowland yn dod i'w ardaloedd ef i'w gondemnio, ac yn y blaen.

Cafodd ei frifo gan y beirniadaethau hyn ond nid oedd yn ei natur i gilio o'r frwydr: yn wir, brwydrai yn fwy tanbaid nag erioed. Teithiai a phregethu yn ddiarbed; heidiai'r tyrfaoedd i wrando arno a byddai ei elynion yn gorfod cyfaddef ei fod yn bregethwr ardderchog. Daliai Sir

Drefaldwyn yn ffyddlon iddo a pharhâi i gael croeso y Boweniaid ar aelwyd y Bedw – y teulu a fu'n gefnogol iddo, maes o law, yn ei fenter fawr yn Nhrefeca. Cynigiodd Mrs Bowen £10 iddo ar fenthyg, ac ni fedrai yn hawdd ei wrthod oherwydd cyfyngder ei amgylchiadau. Ond ymhen pythefnos, benthyciodd yntau £5 i deulu yn Sir Fynwy i'w arbed rhag cael ei chwalu. Bu yn Llundain wedyn, am dair wythnos, ac erbyn iddo ddychwelyd i Drefeca, roedd yn ŵr claf.

Erbyn mis Gorffennaf 1752 credai fod ei waith ar ben. Ar y diwrnod cyntaf o Ragfyr cafodd wared o'i geffyl: arwydd fod ei deithio bellach drosodd. Enciliodd yn doredig ei ysbryd ac yn wanllyd ei gorff i heddwch Trefeca, ond wedi iddo adfer peth o'i iechyd cydiodd ynddo'r syniad a gawsai flynyddoedd ynghynt am droi ei gartref yn hafan ac yn lloches i eraill ar batrwm Fulneck yn Sir Gaerefrog a Herrnhut – dau sefydliad a berthynai i'r Morafiaid. Yn raddol daeth awydd ac egni yn ôl nes iddo fedru ailgydio mewn gwaith newydd y credai fod Duw yn ei osod ar ei ysgwyddau. Am saith mlynedd, y cartref ysbrydol a'r gymuned ymarferol yn Nhrefeca fu ei arbrawf a'i weledigaeth, lle ceisiodd wireddu rhai o hanfodion y ffydd fel maent i'w cael yn y Testament Newydd ac yn yr Eglwys Fore.

Er i beth o'r llewyrch fynd allan o'r diwygiad, ac er i anghydfod rhwng nifer o'r seiadau barhau, daliodd Rowland a William Williams ac eraill at y nod o ehangu terfynau'r Deyrnas trwy efengylu. Cynhaliai eu Calfiniaeth eu hysbryd ynghanol pob siom. Fel y dywedodd Rowland ar bregeth un tro:

Mae yna sawl olwyn mewn cloc, sy'n rhedeg yn groes i'w gilydd; treigla rhai yn araf ac eraill yn chwyrlïo gyda chyflymder mawr, eto i gyd fe unant i gadw'r cloc i fynd, a chyfrannu i'w wneud yn fynegiant cywir o rediad amser. Felly ym mhob digwyddiad, pa mor wrthwyneb bynnag y bo, a drefnir gan ddirgelaidd, ddiwrthdro law Duw i annog ei ogoniant ac i hyrwyddo iachawdwriaeth ei etholedigion.

Rhediad y cloc oedd yn bwysig, felly, nid yr olwynion. Siom iddo oedd colli brwdfrydedd heintus a dawn trefnu Harris, ond rhaid oedd bwrw 'mlaen â'r gwaith o bregethu a chreu seiadau. Siomwyd Pantycelyn, hefyd, ond datganodd yntau fod

> Rhyw arfaeth faith uwchben
> Ag sy'n trefnu pob materion
> A ddych'mygo dyn is nen.

Ond gwelai Harris ei sefyllfa'n wahanol, ac fel y dechreuodd yr adeiladu dramatig yn Nhrefeca, fe'i cymharai â'r gwesty a ddisgrifir yn Nameg y Samariad Trugarog. 'Gwesty fydd hwn, a hyd nes i'r Deffroad ddod yn fwy cyffredinol, fe all yr Arglwydd ddanfon rhai o'r clwyfedigion yma, a rhaid fydd inni eu derbyn a gofyn iddo Ef fy nghyfarwyddo i roi gwaith iddynt fel yr ordeinia Ef, er mwyn eu cynhaliaeth.' Wedi cyfnod o ddadluddedu a chael ohono beth o'i hen ynni yn ôl – a hynny trwy ofal dibris a chariadus Anne, ei wraig ffyddlon – ymrôdd gydag asbri newydd i godi'r gwesty i gynnal y clwyfedigion. Nid oedd ganddo noddwyr cefnog nac arian wrth gefn ond nid oedd hyn yn menu dim arno. Gwyddai y byddai Duw yn ei gynnal.

GWESTY I'R ARGLWYDD
Byw trwy ffydd

Nid oedd iechyd Harris yn dda yn ystod 1752: cafodd boenau mawr yn ei ên a chwynai ei fod yn cael pylau o orffwylltra a'i cadwai ar lawr gydol y nos yn ochneidio ac wylofain. Er hynny aeth ei wraig ac yntau yng nghwmni Sidney Griffith i Lundain ym mis Ebrill.

Dychwelodd Harris i Gymru ond arhosodd ei wraig yn y ddinas gyda Madam Griffith. Bu i'r ddwy glosio cryn dipyn at ei gilydd – hwyrach gan eu bod ill dwy yn gweld dirywiad amlwg yng nghyflwr corfforol a meddyliol Howel. Danfonodd Sidney ei llythyr olaf ato ganol Mai ac ynddo dywed ei bod mewn gwendid mawr ond yn gobeithio y câi well iechyd gan ei bod wedi symud o ganol Llundain i'r wlad a'r awel iach. Dychwelodd Harris i Lundain erbyn y nawfed o Fehefin ond cafodd fod ei gymar ysbrydol a'i broffwydes wedi marw ers deng niwrnod. Ergyd arw iddo oedd hyn. Nid anghofiodd mohoni byth. Hyd ddiwedd ei oes bu'n ddiolchgar amdani. Wedi iddo ddychwelyd i Drefeca gorfu i'r diwygiwr diflino droi i'w wely, ac yn ystod y ddwy flynedd nesaf bu yno'n aml, yn ddi-ynni a di-wefr. Ond cydiodd yr awydd ynddo i drawsnewid Trefeca yn unol â'i weledigaeth. Er mawr syndod i'w gyfeillion ac er siom i'w ganlynwyr niferus, dewisodd ymatal rhag y teithio blinderus a bwrw ati i godi cymuned i Dduw yn ei gartref. Roedd y broffwydes un tro wedi datgelu y byddai amser yn dod pan 'fyddai Rowland yn ymwadu â Harris ac y byddai Trefeca'n dod yn hafan i bechaduriaid toredig'. Proffwydodd hefyd y byddai Anne yn cael ei symud gan Ragluniaeth, ond fel arall y bu.

Roedd yn argyfwng difrifol ar Harris ond daliai ei ben uwch y dŵr gan yr hyder diysgog fod Duw yn ei arwain, a hynny yn y manylion lleiaf. Gofynnodd i Dduw ynglŷn â ffurf tair simdde newydd, a pha un ai dau neu dri phanel oedd ei angen o gwmpas ystafell y baddon a ddygodd i Drefeca ar ôl ymgynghori hir, ac a fyddai glas yn dderbyniol fel lliw allanol ar gefndir gwyn. Pan gâi ei fodloni fod Duw yn cytuno, gweithredai ar hynny ar ei union. Nid oedd ganddo geiniog wrth gefn pan gydiodd yn y fenter ar y cychwyn ond ei ffydd a'i cynhaliodd, ynghyd â'i benderfyniad ystyfnig. Wynebodd ddilorni a bychanu oddi wrth drigolion Talgarth a gredai fod y fenter i hybu busnesau yn Nhrefeca yn mynd i godi prisiau bwyd yn y cylch, a chan amheuwyr ledled y wlad a gredai ei fod wedi colli ei ffordd yn lân. Fe ganodd ei gyfaill William Williams amdano ei fod wedi treulio ei ddyddiau i wneud rhyw fynachlog fawr 'pan y tynnodd Harri Frenin fwy na mil o'r rhain i lawr'. Cyhuddodd ef o lechu mewn ogof o'i ddyfais ei hun gan anghofio y diadelloedd ar draws Cymru oedd yn dyheu am glywed ei lais.

Dal at ei weledigaeth fodd bynnag, a wnaeth Harris, ac er ei siomiant o wybod na fyddai Sidney Griffith, bellach, yn medru bod yn Fam yn Nhrefeca, fel y breuddwydiodd, bu'n fwy na bodlon i aelodau'r Teulu ei gydnabod ef fel Tad. Yn wir, gellid dweud amdano ei fod fel tad yn ei ddisgyblaeth lem ac fel tad hefyd yn ei ofal tyner, ac er iddo gadw i'w wely am ysbaid cadwai lygad barcud ar bob cam o'r adeiladu gan roi gorchmynion lu i'r adeiladwyr. Ond, ar adegau, tybiai ei fod ar fin marw. Ysgrifennodd ei ewyllys ac apwyntiodd Dad a Mam yn ei le. Canodd ceiliog drymder nos, un tro, ac argyhoeddwyd ef fod ei fywyd ymron ar ben, a llawenychodd. Llawenychodd hefyd ryw dro arall pan glywodd gloc mawr Trefeca'n taro berfedd nos a chael ei argyhoeddi, eto, ei fod yn agosáu at ei hir gartref ac na fyddai angen dillad newydd arno, namyn amdo. Dyheadau gŵr mewn gwendid oedd y rhain ond, wrth ymgryfhau unwaith eto, daeth iddo fwy o hyder.

Pwysai'n drwm ar rai pobl a ddaethai ato i Drefeca ac, yn raddol, cafodd grefftwyr a lafuriai yn unol â'i amcanion ac a weithiai gyda dygnwch i'w ryfeddu i godi adeilad fyddai'n addurn i'r wlad ac i Dduw. Ffansïodd Harris ffenestri pigfain *ogee* a welsai yn Strawberry Hill yn Llundain, a gweithiodd seiri medrus Trefeca y patrwm yno i berffeithrwydd ffasiynol. Nid oedd atal ar y llafur o grynhoi adnoddau fel pren, cerrig, brics, calch a phaent. Mae'n siŵr fod Trefeca a'i sgaffaldiau a'i seiri coed a maen, a chrefftwyr amrywiol eraill – y rhan fwyaf yn rhoi o'u doniau o'u gwirfodd heb unrhyw warant o dâl, dim ond eu cynhaliaeth – yn ymddangos fel nyth cacwn o weithgarwch, a'r ceffylau a'r asynnod yn dadlwytho eu pynnau yn ychwanegu at y mwstwr. Does ryfedd fod rhai o bobl Trefeca'n crechwenu ac yn awgrymu fod Howel yn codi Jerwsalem Newydd iddo'i hun a'i bobl. Ond mynnai ef mai codi cartref er gogoniant i Dduw a wnâi, a gofynnai hynny am waith gonest a thrylwyr ar ran y gweithwyr i gyd. Yn fuan, ymledodd y newydd am ragoriaeth y gwaith i glustiau boneddigion y cylch nes i weithwyr Trefeca ddod yn ddihareb dros diriogaeth eang am eu dygnwch a'u cywirdeb. Wrth gwrs, trefnasai Harris o'r cychwyn fod gweddi, pregeth a chyngor yn nodweddu patrwm y dydd, ac ymroddai'r gweithwyr o ddifrif i'r dyletswyddau hynny yn ogystal â'r llafur. Pan na fedrai Harris godi o'i wely, roedd yn rhaid iddynt grynhoi mor agos i'w ystafell ag a fedrent i wrando arno. Yr hyn a drawai'r ymwelwyr a ddeuai i gyffiniau Trefeca oedd y difrifoldeb a berthynai i'r lle.

Credai Harris yn ddiysgog fod bendith Duw ar ei fenter newydd oherwydd er nad oedd ganddo yr un ddimai goch ar y cychwyn, daeth arian i law yn rhyfeddol i'w alluogi i gynllunio ac adeiladu. Cyn i'r gaeaf ddod yn 1752, roedd adeilad newydd ar ei draed yn cynnwys saith o ystafelloedd ar y llawr isaf a saith ystafell ar y llawr nesaf a chroglofft eang wedi ei rhannu'n dair gyda grisiau yn ymestyn i bob un o'r tu allan. Cynlluniwyd ac adeiladwyd y cyfan mewn saith mis ac yn ystod y flwyddyn ganlynol addurnwyd a dodrefnwyd y cyfan. Diwrnod i'w gofio yn Nhrefeca oedd hwnnw pan osodwyd y baddon yn ei briod ystafell yn arwyddo fod Harris am bwysleisio glanweithdra – o leiaf iddo ef a'i deulu ac un neu ddau arall! Baddon ar ffurf esgid fawr oedd hwn gyda thap amrwd yn ei sawdl, a rhaid oedd cludo'r dŵr oer o'r nant gerllaw.

Bu adeiladu dyfal hyd 1759 ac eto o 1763 tan 1771. Yn 1754 fe ychwanegwyd balconi a chiwpola, a gosod cloc mawr yn ei le yn y neuadd. Codwyd camlas i ddirwyn dŵr o'r nant gerllaw at y tŷ a phlannwyd gardd flodau a ddaeth yn enwog am ei phersawr. Trefnodd Harris fod bylbiau o'r blodyn cyfareddol – y tiwlip prin – yn cael eu gyrru o Lundain i Drefeca a mawr oedd yr edmygu arnynt pan fu iddynt flodeuo. Yn 1756 plannwyd perllan, yn cynnwys coed afalau gan mwyaf, er mwyn cael seidr i'r Teulu – a gwlad dda oedd hi i dyfu coed felly – ynghyd ag eirin a

174

gellyg. Dyma'r flwyddyn, hefyd, yr adeiladwyd odyn galch ac estyn y gweithdai. Yn 1758 adeiladwyd capel a chlafdy gan wireddu breuddwyd gynnar Harris. Yn yr un flwyddyn gorffennwyd y popty a'r gwahanol weithdai, a'r flwyddyn ddilynol agorwyd y siop a chwblhau'r swyddfa argraffu.

Yn 1770 ailgodwyd canol y tŷ i uchder o ddeugain troedfedd gyda thri thyred bach bob ochr a bellach, meddai Harris, 'Fe fydd 50 o welyau (20 o blu, 20 o fflocs gwlân a deg o fanus) a bydd 50 o bobl yn cysgu a dros 50 o ystafelloedd.' Noda Harris fod angen cynneu 30 o danau yn ddyddiol: ugain o lo a deg o goed. Bu rhagor o ychwanegiadau i'r tŷ o dro i dro, ond erbyn 1772 gorffennwyd yr adeiladau i gyd gan gynnwys ystafelloedd teilwng i groesawu Arglwyddes Huntingdon ar ei hymweliadau â Threfeca. Neilltuwyd un ystafell ar hugain ar gyfer y fonesig a'i gosgordd. Ar ei hymweliad â'r lle yn 1763 ysgrifennodd John Wesley amdano, 'Un o'r tai mwyaf ceinwych a welais yng Nghymru yw tŷ Howel Harris. Cwblhawyd popeth o amgylch y capel bychan yn chwaethus ryfeddol; ac mae'r gerddi, y perllannau, y llynnoedd pysgod, a'r bryncyn cyfagos, yn gwneud y lle yn baradwysaidd . . . Erbyn hyn triga tua chwe ugain o bobl yn y Teulu; i gyd yn ddiwyd, i gyd wrth eu gwaith yn ddyfal, i gyd yn ofni Duw ac yn gweithredu cyfiawnder.'

Erbyn ei farwolaeth yn 1773, felly, roedd cyfanswm o ddeg ystafell a thrigain yn Nhrefeca a does ryfedd i Bantycelyn ddilorni'r sefydliad fel 'castell'. Boddhad i Harris, serch hynny, oedd gweld ei weledigaeth wedi ei saernïo mewn coed, brics a morter gyda gwesty hardd yn y canol i roi croeso teilwng i'w gyfeilles, Arglwyddes Huntington, ac i lawer o ymwelwyr achlysurol eraill fel ei gyfeillion, y Morafiaid – gwyddai ef mai er gogoniant i Dduw y codwyd y cyfan.

Bid siŵr bu i Dduw ddylanwadu ar ysbryd nifer o'r Teulu i gyfrannu at y draul, ac fe dderbyniasai Harris £900 oddi wrth ei gyfeilles hael, Madam Griffith, cyn cychwyn ar y fenter. Yna cafodd fenthyg canpunt ar log gan ryw Morgan Williams, Llanfair-ar-bryn, a rhodd gan Sarah a Hannah Bowen, y Tyddyn, Llanidloes. Bellach ymunasai'r ddwy chwaer â'r Teulu a rhoddasant werth y cyfan o'u heiddo, sef dau gant pedwar deg o bunnoedd. Disgwylid i bob un a fentrai ymsefydlu yn Nhrefeca roi, yn ddiwarafun, o'i holl eiddo at gynhaliaeth y gymuned, a gwnaent hynny'n llawen.

Cymeriad hynaws a nwyfus a ddaeth i Drefeca yn 1753, yn bedair ar hugain oed, oedd Barbara Parry. Brodor ydoedd o Lansannan ger Dinbych a ddechreuodd wrando ar rai o'r cynghorwyr yn y cylch pan oedd yn 19 oed. Cynhesodd ei chalon pan glywodd Harris yn pregethu gyda'i rym arferol ar ei ymweliad â Llanllugan, ond trowyd hi allan o'r seiat gan gynghorwr yn ei chartref am ei bod yn 'rhy iach yn ei hysbryd'. Dychwelodd i flasu ei hen arferion am gyfnod – dawnsio a mwynhau chwaraeon y Sul. Ond blinid ei chydwybod, ac un prynhawn aeth i dref Dinbych i wrando ar gynghorwr arall. Roedd y dref honno'n enwog am ei gelyniaeth ffyrnig tuag at y mudiad newydd ac fe ymosodwyd yn filain ar y cynghorwr a'i fwrw i Bwll y Grawys. Ceisiodd Barbara achub ei gam, ac fe geisiwyd ei thaflu hithau i'r pwll hefyd. Cafodd ei tharo yn ei hwyneb yn gas ond ni lesteiriwyd ei phenderfyniad i sefyll gyda'r diwygwyr oherwydd, ymhen yr wythnos, aeth eto i'r dref. Y tro hwn bu ymosodiad y dorf mor arw fel i bawb o'r crefyddwyr ffoi – ond daliwyd Barbara ac fe'i llusgwyd drwy un o strydoedd y dref a'i baeddu'n ddifrifol. Taflwyd dŵr drosti ac wedyn ei llusgo eto ar hyd y ffordd â'i choesau ynghlwm. Cydiodd un o'r dihirod ynddi a'i thaflu dros ei ysgwydd nes i'r dyrfa grechwenu a gwawdio wrth weld ei dillad isaf a'i choesau noeth. Ond trawodd ei phen ar y llawr droeon, a chafodd ei chleisio'n ddifrifol a cholli llawer o waed. Ymhen amser wedi i'r haid flino ar eu sbri, daeth gŵr caredig a'i chludo i'w chartref yn Llansannan, lle bu'n gwella o'i chlwyfau am ddyddiau.

Digon oedd digon i Fethodistiaid y cylch a phenderfynwyd dwyn achos llys yn erbyn yr erlidwyr, ond ni fedrent gael na chyfreithiwr nac ustus i weithredu ar eu rhan. Pan lwyddwyd i gynnal prawf yn Rhuthun, taflwyd yr achos allan gan achosi gorfoledd mawr yn nhref Dinbych. Clywsai Harris am y cythrwfl a bu'n gweddïo'n daer ar ran y dioddefwyr ac ar ei dro yn Llundain ymwelodd â chyfreithwyr yno i ddeisyf eu cymorth. Symudwyd i ddwyn achos yn erbyn y dihirod yn nhymor Mihangel 1752 ond, o ddeall mor wan oedd eu hachos, ceisiodd eu cyfeillion ddenu Barbara Parry i dynnu'r cais yn ôl trwy gynnig arian iddi. Ond ni fynnai hi hynny ac, yn 1753, daeth yr achos gerbron y llys yn Llundain. Pan welodd y gwŷr rhyfygus fod y gyfraith yn debyg o fynd yn eu herbyn, ffoesant o'r wlad. Barbara a enillodd y dydd, gan dderbyn iawndal sylweddol, a phan ddaeth i Drefeca ymhen blwyddyn, rhoddodd yr arian i gyd i'r Teulu. Defnyddiwyd yr arian hwn i brynu'r wasg gyntaf a godwyd yno.

Wrth gwrs, gyda'r blynyddoedd deuai elw o'r gwahanol fusnesau yn Nhrefeca ond, tan y diwedd, tystiai Harris mai ymddiried yn Nuw a wnaeth drwy gydol yr amser. 'Ni fu imi ymdrechu i gael cymaint â swllt gan neb,' meddai, 'ond yn unig pwyso ar yr Arglwydd yn ostyngedig. Pwyswn ar yr Addewid am bob peth mewn perthynas â phethau materol yn ogystal â phethau ysbrydol.' Dygai ei holl ddeisyfiadau at yr Arglwydd ac ni fyddai'n symud nes iddo gael ateb mewn rhyw ffordd neu'i gilydd. Prynodd ddeial i amseru'r diwrnod a'i osod yn yr ardd ond bu'n gofyn i Dduw am arweiniad ynglŷn â'r arwyddair i'w osod arno, sef 'Yr ydym yn byw trwy ffydd'. Teimlai fod y gwaith yn gyflawn pan lwyddodd i dalu am angel wedi ei oreuro i'w osod yn derfynol ar do Trefeca yn chwythu utgorn i rybuddio pawb o Ddydd y Farn. Gweithredai hefyd fel ceiliog-y-gwynt.

Er fod Harris yn derbyn arweiniad Duw ym mhob agwedd o fywyd Trefeca, nid oedd hyn yn ei atal rhag cadw cyfrif manwl o bob derbyniad a chost ac, ar ddiwedd blwyddyn, byddai'n paratoi mantolen lawn. Pan ddygid yn ei erbyn ensyniadau o fod yn ariangar ac yn dwyllwr – a gwneid hynny'n aml – roedd ganddo ddigon o dystiolaeth i'w amddiffyn ei hun. Ond ni flinid ef gan y fath gyhuddiadau oherwydd gwyddai ei fod bob amser yn cyflawni ewyllys Duw. Hwyrach ei fod yn ei dwyllo'i hunan, ond roedd yn unplyg gyda materion busnes ac arian.

Cryn gamp i Harris oedd rhoi ei stamp ar y gymuned yn Nhrefeca ond gwyddai fod Duw o'i du ac felly teimlai y gallai ymddwyn fel unben. Roedd hyn yn arbennig o wir am y blynyddoedd cyntaf pan fyddai dynion, gwragedd a phlant yn cyrraedd yn aml o amryfal ardaloedd o Gymru. Collai ei dymer yn llwyr gydag ambell un ond pan welai arwyddion o edifeirwch yna byddai gan amlaf yn faddeugar – nid un i ddal dig ydoedd. Roedd ei dymer wyllt yn ormod i rai, a chilient o Drefeca yn ôl i'w cartrefi, ond derbyniai eraill ei gernodau a'i weld fel Tad y byddai'n ddoeth a phriodol ufuddhau iddo. I rai, teyrn ydoedd; i eraill disgyblwr o Gristion ydoedd a wnâi bopeth er gogoniant i Dduw.

Erbyn 1755, yr oedd dros gant o bobl yn Nhrefeca ei hun a thua hanner cant ar ffermydd o gwmpas. Syrthiai ambell bâr ifanc mewn cariad ond mynnai Harris fod yn rhaid cael caniatâd y Teulu cyn priodi, a sicrwydd fod yr Arglwydd yn bendithio'r briodas. Rhaid oedd i rai parau aros am fisoedd lawer am ganiatâd, ac roedd hyn yn anodd ei oddef. Ceir tystiolaeth gan Harris ei hun ei fod yn ymarfer cosb gorfforol. Ysgrifennodd yn ei ddyddlyfr un tro, 'Bu imi ffrewyllu bachgen drwg, prentis y töwr, gyda fy melt am ddweud celwydd heddiw.' Ambell dro synhwyrai ei fod yn rhy drwm ei ddysgyblaeth, a chyffesodd yn ei ddyddlyfr, 'Mae yn anodd iawn rheoli, dofi, trefnu a llywodraethu'r fath bobl, a hynny yn yr Arglwydd, heb dra-arglwyddiaethu, a heb wneud cam â neb.' Plygai'r mwyafrif yn dawel i'w reolaeth, er gwaethaf ambell gŵyn am ddiffyg bwyd priodol; a mesmereiddid pawb gan ei bersonoliaeth gref a'i ddawn i gynghori ac i bregethu ddydd ar ôl dydd.

Yr allwedd i'w lwyddiant fel Tad Trefeca oedd ei afael ar fanylion gwaith, addoliad a bywyd yn gyffredinol. Nid oedd bywyd preifat yn bosibl i neb, ac nid oedd lle i ddirgelion a chyfrinachau. Ar un ystyr, un seiat barhaol, fawr oedd y gymuned lle byddai calon pob un yn agored i'w darllen gan bawb arall. Byddai Harris yn llwyddo yn ei weinidogaeth iddynt am ei fod nid yn unig yn arweinydd mor glir ei welediad, ond oherwydd ei fod yn wrandawr mor dda. Bob dydd, yn y boreau, âi o gwmpas y gweithdai i siarad â'r gweithwyr a holi eu hynt ysbrydol yn eu tro. Ceisiai gyfarch pob un unwaith mewn pythefnos.

Amlhaodd y gweithdai yn gyflym: ceid gwneuthurwyr basgedi a llwyau; clocsiau a phinnau; bragwyr; seiri

179

dodrefn; seiri coed a maen; priddlechwyr a thurnwyr; paentwyr a saer troliau; plastrwyr; golchwyr, cribwyr, nyddwyr a dirwynwyr; torwyr cerrig a llechwyr; cryddion a gwehyddion gwlân a brethyn. Gofalai gael gair yn ei bryd gyda'r gweithwyr allanol fel yr hwsmon, y gwagenwyr a'r ddau fyddai'n cario glo a chalch; hefyd hefo'r dyrnwyr, yr aradrwyr a'r heuwyr, yn eu tymor, yn ogystal â'r gwrychwyr a'r gyrwyr. Diwydiannau di-ruthr oedd yma, a phlethai ei synau i'w gilydd fel symffoni cwch gwenyn.

Mor gynnar â 1753 yr oedd wyth o seiri a phedwar crydd, dau deiliwr a phedwar gwehydd ac un bachgen yn dirwyn edafedd, yn gweithio yn Nhrefeca. Yn ogystal, roedd dwy forwyn yn y llaethdy ac un yn chwynnu'r ardd tra llafuriai saith ar hugain o wragedd gyda'r gwlân a'r llin: wyth yn nyddu llin, wyth yn nyddu gwlân, un yn nyddu cywarch, pedair yn cribo, un yn pigo'r gwlân, dwy yn troi'r pinnau i'r gwehyddion, un yn golchi'r llin, un yn gwau ac yn trwsio hosanau ac un yn dirwyn edafedd. Daliai dwy ferch arall swyddi pwysig fel ysgolfeistres a theuluyddes; profai'r rhain yn fwy annibynnol eu barn na'r gweddill ac fe fentrent wrthsefyll rhai o syniadau Harris. Gweithiai pawb yn ddyfal a chydwybodol gan deimlo eu bod yn rhan o arbrawf newydd, trawiadol, fyddai'n ennill clod i Drefeca a chlod mwy i Dduw. Bu llwyddiant cynnar ar y mân ddiwydiannau hyn, ac erbyn 1758 ceir hanes fod gwlanen Trefeca'n cael ei werthu yng Nghaer, Manceinion, Bryste, Caerloyw, Llundain, Coventry a Kidderminster – a nifer o farchnadoedd lleol hefyd, yn ddiau. Caed archebion am ddillad parod yn ogystal gan drigolion yr ardal. Erbyn 1758, hefyd, roedd y wasg wedi ei chodi ac yn dechrau argraffu o ddifrif.

Gwelir diddordeb llygatgraff Harris mewn materion

busnes a diwydiannol yn ei lythyr at George Roberts o Lyston ger Henffordd. Roedd Harris wedi danfon ato am gyngor ynglŷn â chynhyrchu brethyn, ac wedi gofyn ei farn am y gwlân gorau. Mae yntau'n ateb trwy ddweud mai gwell fyddai canolbwyntio ar gynhyrchu brethyn cul yn hytrach na brethyn deuled gan fod gwlân Brycheiniog yn rhy fras. Byddai'n rhaid iddo deithio ymhell i brynu gwlân ffeinach, ac ni fyddai hynny'n talu. Lliwio'r brethyn cul fyddai orau ac yna gellid gwerthu'r cynnyrch yn lleol: lliwio'n goch neu ysgarlad a chael y gwŷr bonheddig i'w wisgo yn eu gwasgodau a'r gwragedd mewn clogynnau neu o dan eu peisiau. Ymhen pythefnos atebodd Harris yn ddiolchgar, gan gytuno mai cynhyrchu gwlanen fyddai fwyaf priodol yn Nhrefeca. Ei ofid oedd nad oedd ganddo bandy i drin y brethyn eto – er ei fod am godi un. Roedd am ddanfon John Prichard i gael cyngor pellach ynglŷn â'r lliwio.

Deuai ymwelwyr yn gyson heibio i Drefeca – rhai i gwrdd â Harris, rhai i gyfrannu o'r bywyd defosiynol yno, ac eraill i weld y trawsnewidiad ar fywydau Cymry cyffredin a'r gweithgarwch anhygoel. Nid oedd neb yn llaesu dwylo nac yn diogi; bwrient i'w tasgau gyda dygnwch digyffelyb. A phan nodir eu patrwm o fywyd beunyddiol, rhyfeddwn at eu dyfalbarhad: y gloch godi yn canu am 4.00 o'r gloch; galwad i frecwast a phregeth awr gan un o'r cynghorwyr cyn mynd at eu gwaith am 6.00. Golygfa i'w thrysori oedd gweld y Teulu yn ymrannu o'r neuadd neu'r capel am eu mannau gwaith – cerddent yn dawel a myfyrgar yn dwyn gyda nhw neges y cynghorwr am y dydd. Am chwech byddai'r plant yn cael eu galw i frecwast ac wedi bwyta eu dogn o uwd o fowlen bren gyda llwy bren, a chael llaeth ffres i'w yfed ynghyd â thafell o fara, byddent hwythau, hefyd, yn mynd i weithio os oeddynt dros ddeg oed neu ynteu i'r ysgol i ddysgu darllen a rhifo. Hyd y gwyddom, un tro – ac un tro yn unig – y bu i'r Teulu fethu codi am bedwar. Arweiniodd hyn at olygfa gofiadwy yn ei hanes. Yn ôl Harris dyma ddigwyddodd: 'Diwrnod o storm hunllefus oedd heddiw a digwyddodd trwy iddynt beidio codi i frecwast . . . Fe'u trois ymaith i gyd a'u gwahardd rhag gweithio. Ymadawodd dau. Ataliwyd pob gwaith fel y medrai'r gweddill ymprydio a gweddïo a chyffesu eu pechod i'r Arglwydd.'

Am hanner dydd byddai'r gloch gyntaf yn galw'r gweithwyr o'r caeau at eu cinio – cawl a chig a chaws, gan amlaf; dilynid hwy gan weddill y gweithwyr o'r gwahanol weithdai. Byddai pregeth yn dilyn, weithiau am awr, a dychwelent gydag asbri newydd at eu llafur. Ymunai unrhyw ddieithriaid yn yr oedfa hon a gofelid bod rhan helaeth o'r gwasanaeth yn Gymraeg, gan mai dyma oedd iaith gyntaf ac unig iaith nifer o'r Teulu. Byddai gwaith y dydd yn dirwyn i ben tua phump o'r gloch yn y gaeaf ac wyth o'r gloch yn yr haf gyda chyfle i ddefosiwn preifat a darllen y Beibl i'r aelodau. Yna, am wyth byddai'r plant yn cael swper ac yn mynd i'r gwely. Arhosai'r feistres gyda'r plant lleiaf nes iddynt adrodd eu pader a mynd i gysgu. Am hanner awr wedi wyth byddai'r gloch yn canu i bregeth neu ddarlith hwyrol a deuai'r cymdogion i ymuno â'r Teulu ac yna am naw byddai Harris yn swpera gyda'r aelodau ac yn eu holi un ac un am gyflwr eu heneidiau. Am ddeg byddai pawb yn troi i'w gwely. Cyn noswylio byddai dau ddyn ar y tro yn cylchu adeiladau Trefeca a'r beudai i ofalu nad oedd perygl o dân, ac i wneud yn siŵr fod y gwyddau a'r ieir yn saff, bod gweddill yr anifeiliaid yn ddiddos a'r cŵn wedi eu clymu. Gofalai'r drefn a'r ddisgyblaeth hon, gyda'r lleiaf o amrywiaeth ar y Sul i fynd i Eglwys Talgarth i'r Cymun, fod yna rythm a phatrwm clir i'r aelodau i'w canlyn. Derbynid y drefn hon gan y mwyafrif, ond deuai rhai i'r casgliad fod y math yma o fywyd yn rhy gaeth iddynt ac ar y cyfan byddai Harris yn fodlon iddynt ymadael. Fel y dywedodd ei hen gyfaill, Edmund Jones o'r Transh ger Pont-y-pŵl, 'Llwyddodd Harris trwy weddi a gwaith, rhybuddion ac anogaethau, i gadw'r Teulu gyda'i gilydd gyda grym ysbrydol gwladaidd, a hynny er gwaetha'r anawsterau o'r tu allan, a phechod, rhaniadau a gwrthryfel o'r tu mewn.'

Unwaith yr wythnos byddai Harris yn cynnal seiat i'r aelodau hynny y credai ef oedd wedi tyfu mewn gras. Gwrandawai ar eu profiadau a'u holi am dyfiant a gafwyd ar sail hynny. Câi hefyd eu barn am dwf aelodau eraill o'r Teulu a'r ffordd orau i'w helpu. Gallai'r seiadau hyn a'r oedfaon cyffesïol cyhoeddus fod yn ailadroddus ond mynnai Harris eu harwain i orwelion newydd, yn bennaf ar sail yr Ysgrythurau. Perygl y diwygiad yn ei olwg oedd i bobl bwyso ar eu profiadau'n ormodol (a hynny er ei fod ef yn aml yn ailadrodd ei dröedigaeth a'i fywyd er esiampl i eraill) ac iddynt fynd yn fewnblyg a hunanfoddhaus. Roedd gwaith beunyddiol cyson a phatrwm disgybledig y dydd yn gymorth i bawb gadw echel y meddwl a'r ysbryd yn wastad. Trwy'r cyfan rhoddid pwyslais ar y Groes a Gwaed Crist fel y gallu achubol, a dyfynnid pennill Williams Pantycelyn yn aml ganddo:

> Y Groes, y Groes, ein Helw yw.
> Cans yno y bu farw ein Duw.
> Croeshoeliwyd yno ein hannwyl Grist
> Na fyddwn mwyach, neb, yn drist.

Bid siŵr, rhaid oedd cael ymwybyddiaeth ddofn o bechod a dyheu yn angerddol am gael rhyddhad o'i afael, a sylweddoli fod Satan beunydd yn llechu'n gyfrwys i ddallu'r cydwybod, a rhaid oedd edifarhau mewn dagrau amdano, yn enwedig am y parodrwydd i roi'r hunan yn y canol. Ond pwysig hefyd oedd gweld fod pob bod dynol yn analluog i'w achub ei hun. Dim ond Duw, trwy Waed Crist, a fedrai gyflawni'r wyrth honno. Unwaith y byddai gŵr neu wraig wedi canfod – neu yn hytrach wedi cael eu dal – gan y gwirionedd yma, yn feddyliol ac yn emosiynol, yna byddai galarnadu ac wylofain yn troi'n foliant a llawenydd.

Gwyddai Harris yn iawn fod yna amheuon ac anghrediniaeth yn codi yng nghalonnau pobl o dro i dro, a gofalai roi cyfle i wrando ar anobaith a digalondid yr aelodau hynny yn eu mysg. Byddai eraill am gael arweiniad allan o'r balchder a'r hunanoldeb a wasgai arnynt. Clinig eneidiau a gynhaliai Harris yn Nhrefeca fel, yn wir, a geid mewn seiadau ledled Cymru. Arweiniai'r hunan holi dwys nid at iselder ysbryd ond at ddygnwch i dyfu mewn ffydd: y wers fawr i'w dysgu oedd na fedrent mewn unrhyw fodd eu hachub eu hunain – Duw fyddai'n gwneud hynny, ac felly rhaid oedd cydnabod eu bod yn fregus ger ei fron. A phan gofiwn mor anhydrin ac ystyfnig oedd rhai o'r cymeriadau, a chymaint y straen arnynt oedd byw gyda'i gilydd mewn cymdeithas mor glòs, rhyfeddwn at eu dyfalbarhad. O dro i dro deuai cymeriadau brith i Drefeca ond diflannent yn weddol ffrwt gan fod y ddisgyblaeth yno'n rhy galed a'r holi yn rhy dreiddgar. Arhosai eraill yn fawr eu ffyddlondeb i wasanaethu'r gymuned.

Enghraifft o hyn oedd Evan Moses. Bu yn un o gefnogwyr selocaf Harris, yn arweinydd yn Nhrefeca, ac ef fu'n llywio'r gymuned ar ôl marwolaeth Harris. Gŵr o Aberdâr ydoedd, teiliwr wrth ei alwedigaeth, a glywodd Harris yn pregethu gyntaf yn 1750. Fel hyn yr ysgrifennodd am y digwyddiad, 'Myfi a deimlais fy ysbryd yn ymglymu wrth y gwir ac own i yn glywed gyda Mr Harris.' Derbyniwyd ef i'r gymdeithas Fethodistaidd yng Nghastell-nedd a phenderfynodd symud i Drefeca yn 1752. Meddai, 'Myfi a ffeindws fod yr Arglwydd yn fy ngalw inna i ddod i wneuthur fy nghardre yn y teyly hyn.' Cadwodd Moses gofnod gofalus o aelodau'r gymuned: eu dyfodiad a'u marwolaeth, a hanes ei deithiau mynych yntau ar hyd y wlad. Pan na fedrai Harris fynd oddi amgylch, dirprwyid Evan Moses i ymgymryd â'r gwaith a bu'n ddygn ryfeddol yn pregethu ac yn ennill aelodau newydd i Drefeca. Ar un achlysur daeth â deg ar hugain yn ôl gydag ef ar ôl bod yng Ngwynedd ym mis Mai 1753. Yn eu plith roedd merch ifanc o Gaergybi o'r enw Eva Hughes. Denwyd hi gan ei bregethu i'w ganlyn ar hyd Sir Fôn ac yna trwy Sir Gaernarfon a'r holl ffordd i Drefeca. Pan adawodd ei chartref ar y cychwyn dododd yr allwedd dan y drws gan hyderu y byddai'n dychwelyd, ond fel arall y bu ac, ymhen amser, fe werthodd y tŷ ac aeth yr elw i gyd i goffrau Trefeca. Gwraig arall ryfeddol oedd un o Eglwysbach ger Glan Conwy a gerddodd yr holl ffordd i Drefeca er ei bod dros ei phedwar ugain oed.

Rhaid fod gan Evan Moses ddawn i ddenu ac argyhoeddi pobl. Yn ei bregethau pwysleisiai, fel y Morafiaid, werth 'Y Gwaed' ond taranai hefyd yn bur effeithiol yn erbyn pechodau'r oes a'r bywydau masweddus ac anystyriol a ddilynid gan gynifer o bobl. Yn 1755 bu eto yng Ngwynedd ac yng Nghlynnog: 'Fyfi cefais torri fy mhen â chwip gan stiward Glynllifon ond Efe drawodd yr

Arglwydd ei gydwybod ef cyn mynd o'r lle, fel y ceson ni ddywedyd chydig wrtho am ei enaid ac ynta yn gwrando yn llonydd'. Gŵr di-ddysg oedd Evan ac ysgrifenna yn unol â'i dafodiaith gynhenid ond roedd yn medru bod yn braff ei sylwadaeth. Ymwelai â ffeiriau a gwyliau mabsant i herio'r tyrfaoedd yno.

Ceir yn nyddiadur Harris ddisgrifiad o Moses (peth anghyffredin yn ei holl ddyddlyfrau) fel hyn: 'Ef yn unig a fedrai gymryd fy lle ac fe'i hanrhydeddir gan yr Arglwydd. Ef oedd y mwyaf dinod a dirmygedig o'r lleill i gyd, heb ddim ymddangosiad, heb enw, heb ddoniau, heb ysbryd ac o natur ddinod, yn marchogaeth ceffyl bach tlawd, ac eto'n mynd i bob lle peryglus, yn cydio yn y gwaith lle bu imi ei ollwng ac yn teithio i drefi yng ngogledd Cymru lle na fentrais i erioed, gan sefyll dros ei Arglwydd ar ei ben ei hunan, ac ni achosodd ofid i mi erioed.'

Nid dyn llwfr ydoedd, a phan fu i bump o ddynion ifanc Trefeca ddewis ymuno â'r fyddin yn 1757, 'wrth weld y wlad mewn perig o golli Beibl a'r efengyl os ga y Ffrensh ddyfod i mewn', fe aeth i ymweld â nhw yn Plymouth, a'r flwyddyn ganlynol aeth drosodd i'w gweld yn Iwerddon. Clywsai ganddynt eu bod ar fin hwylio am yr Amerig a mynnodd deithio i Cork i ffarwelio â nhw. Taith flinderus oedd honno iddo ar draws y môr a'r siwrnai hirfaith ar gefn ceffyl o Ddulyn i'r gorllewin – siwrnai o dros gant a hanner o filltiroedd. Nid oedd ei iechyd yn rhy dda ar y ffordd ac un noson cafodd hyd i lety, er bod ei arian bron â darfod a'i geffyl ymron â syrthio gan ludded. Ni chysgodd y noson honno a bu'n gweddïo gydol y nos. Erbyn y bore teimlai lawer yn well a chafodd fod ei geffyl yn heini ac, er cysur iddo, roedd y taliad am y llety lawer yn llai nag y disgwyliai. Ar ôl cyrraedd Cork, cafodd groeso dilyffethair gan y pum milwr ifanc a synhwyrent fod cariad teulu Trefeca a chefnogaeth gynnes Evan Moses o'u tu. Nid pob un fyddai'n teithio dros dri chant o filltiroedd i ymweld â nhw. Meddai Evan, 'Ac heb weled hwy mwy nes caffwy fi eu gweled hwy o flaen Gorseddfainc yr Oen'. Collwyd pedwar ohonynt yng Nghanada neu yn Havana – un yn unig a ddychwelodd i Drefeca wedi bod mewn carchar yn Ffrainc am rai blynyddoedd, ac yno yr arhosodd weddill ei ddyddiau yn gwasanaethu'r Teulu.

Un a gefnogai Harris trwy bob storm a hindda oedd Evan, ac ni fu'n ôl o amddiffyn ei wron yn ei berthynas â Sidney Griffith. Gwelai hi 'fel gwyntyll yn llaw yr Arglwydd i nithio ar hyd Cymru, ac yn help i ysbryd Mr Harris i ddod i fwy o ffydd ac i ddodi sylfaen y gwaith sydd yn Nhrefeca i lawr'. Bu'n teithio gyda nhw'n fynych ac ni welodd achos i'w beirniadu. Nid yn ysgafn y bu iddo adael ei dylwyth yn Aberdâr a chyffesa iddo wynebu argyfwng wrth ddod i'r penderfyniad i symud i fyw gyda'r Teulu. Dywed, 'Myfi es trwy lawer o dreialon yn fy ysbryd y pryd hyn . . . Mi a deimlais lawer o wrthryfel ynoi wrth feddwl am ymadael â'm gwlad a'm teulu, a rhoi yr ychydig oedd gennyf o fy llaw fy hun, a'r llywodraeth arnoi fy hun a fy llaw i'r Arglwydd Iesu. Cefais fy rhoi fy hun iddo Ef fel ffrynd mewn modd na cheisiwn erioed o'r blaen.' Ond nid oedd ei berthynas â Harris yn esmwyth bob amser; cefnodd ar y Teulu fwy nag unwaith ac ni allai oddef ymosodiadau ei Dad arno. Un tro cafodd ei feirniadu mor llym â phe bai cyllell yn ei dorri, ac ymadawodd gan daflu yn ôl at Harris yr ensyniad mai dim ond 'y gyfraith' a 'dyletswyddau' a geid yn Nhrefeca.

Ergyd galed i Evan Moses oedd marwolaeth Rhoda Evans o Lanwynno ym Morgannwg – merch ifanc y bu'n ffrindiau â hi cyn iddo ddod i Drefeca, ac mae'n amlwg ei fod yn hoff ohoni. Yn 1759, wrth fynd o gwmpas Morgannwg ar ei daith bregethu, daeth hi ar ei draws unwaith eto a chafodd ei denu i fynd gydag ef i Drefeca er ei bod ar fin priodi dyn o deulu da. Yn ei chartref newydd ymserchodd y Teulu ynddi, a daeth yn ffefryn gyda'r plant. Hi hefyd a arweiniai'r canu gyda'i llais persain. Roedd yn wraig ifanc, brydferth a wisgai'i duwioldeb yn naturiol. Hawdd deall fod Evan Moses yn ei hoffi. Ond ar ddiwedd Awst, 1767, bu damwain a siglodd y gymuned gyfan. Roedd y crwt Benjamin Roberts, rywfodd, wedi cael gafael ar ddryll a adawyd yng nghongl un o'r adeiladau allanol a phan ddaeth Rhoda heibio iddo cododd ef i'w ysgwydd a'i anelu ati a bygwth yn chwareus ei saethu os na safai i siarad gydag ef. Gwenodd Rhoda arno ond parhaodd i gerdded. Tynnodd yntau'r gliced a ffrwydrodd y gwn yn ei hwyneb a'i lladd yn y man. Ni wyddai'r crwt fod aelod arall o'r Teulu wedi rhoi'r gwn – wedi'i lwytho – o'r neilltu am eiliad cyn mynd allan i'r caeau i hela. Ni fedrid cysuro'r bachgen na'i rieni a thaflwyd yr holl Deulu i alar dwfn. Digwyddai Harris fod oddi cartref a syrthiodd y gorchwyl o geisio rhoi balm ar friwiau'r gymdeithas ar Evan Moses. Cafwyd cwest am y tro cyntaf yn Nhrefeca ond cynhaliwyd breichiau'r gwron o Aberdâr drwy'r cyfan. Meddai, 'Ond fe ddaeth yr Iesu atoi ac a'm cynhaliodd yn rhyfedd . . . Yr oedd yn dangos ei freichiau tragwyddol danoi, ac yn dangos ei waed ei hunan . . . Pan oedden ni yn gweiddi gan ofid yr oedd Rhoda yn canu mewn gorfoledd. Fe wnaeth yr Arglwydd Iesu ei hymadawiad hi yn un o'r bendithion mwyaf a gawsom ar dechreuad y gwaith hyn, i'r rhan fwyaf o'r Teulu. Er mor groes i natur ydoedd yr ergyd, fe anrhydeddodd Duw ni yn ei hymadawiad trwy roi bendith fawr i eneidiau.'

Flynyddoedd yn ddiweddarach, ar ôl marwolaeth Harris, priododd Evan y wraig a gafodd ei cham-drin yn Ninbych, Barbara Parry, a chawsant fendith lawn y Teulu, ond anodd credu nad oedd gan y cynghorwr syml le parhaol yn ei galon lle cadwai atgof cynnes o Rhoda Evans, y ferch o Lanwynno.

Yn 1752, daeth Sarah a Hannah Bowen i Drefeca ac apwyntiwyd Sarah i arolygu'r Teulu a chadw trefn – gofalu fod pawb wrth eu gwaith, fod prydau bwyd yn barod yn eu hamser, a bod yr ystafelloedd a'r llofftydd yn lân a chymen. Disodli Beti Rowland a wnaeth hi. Buasai honno'n tra-awdurdodi ar y Teulu, a chan ei bod yn rhy chwannog i wrthsefyll Harris, fe gymerwyd yr allweddi oddi arni. Ei hymateb oedd gadael Trefeca, a'i gŵr yn ei chanlyn, am byth. Ond bu helynt ynghylch Sarah, hefyd, gan fod aelod o'r enw Thomas Brown o Faldwyn yn cael ei ddenu ati, gan geisio ei pherswadio i ymadael gydag ef, ond fe'i trowyd allan gan Harris. Colli ei lle a wnaeth Sarah, hithau, yn y pen draw; ei gwendid hi oedd bod yn rhy barod i amau rhai o opiniynau Harris. Roedd hi'n rhy onest i atal ei barn ac ni fedrai broffesu profiad uwch nag a feddai. Derbyniodd holl rym llach geiriol Harris, ac fe'i dirmygwyd trwy ei chymharu â Julian y Gwrthgiliwr, a'i gosod i nyddu gyda'r droell – gwaith israddol a gyflawnid gan y plant. Cafodd ei diarddel o'r gwasanaethau cyhoeddus a gorchmynnwyd y Teulu i droi cefn arni.

Yn 1755 galwodd Simon Lloyd o'r Bala yn Nhrefeca ac agorwyd y drws iddo gan Sarah. Syrthiodd mewn cariad ag ef yn y fan a'r lle, ac yn fuan priodwyd y ddau yn Eglwys Talgarth. Dihangodd o Drefeca gan symud gyda Simon i'r Bala. Mynnodd hefyd fod Harris yn talu'n ôl iddi y can punt a deugain a fuddsoddasai yn y gymuned, ond ymharous oedd ef i'w thalu a gorfu i'r cymeriad ffraeth a doeth, a'r Methodus enwog, John Evans, farchogaeth yr holl ffordd i Drefeca o'r Bala i ennill ei cham. Ysgrifennodd Simon lythyr at Harris, ar ôl dychwelyd i'r Bala, yn ei hysbysu fod yna nifer o resymau pam na fedrent aros yn ei Deulu. Ar eu diwrnod olaf yno cafodd ei siomi, meddai, wrth weld Evan Moses yn curo hen ŵr am wybod mor ychydig am ei iachawdwriaeth.

Anwadal a thymhestlog oedd tymer Harris yn ystod y blynyddoedd cyntaf ac ni fu i Hannah, ychwaith, ddianc rhag ei ddicter. Yn ystod ei blwyddyn gyntaf yn Nhrefeca – a godwyd gyda chymorth yr arian a waddolwyd ganddi hi a'i chwaer – cafodd Harris wybod ei bod yn dechrau caru yn y dirgel ag Edward Oliver, brodor o Lanbryn-mair a wasanaethai fel pennaeth y seiri coed yn Nhrefeca. Bwriodd ei lid arni trwy fwrw ei chistiau a'i gwely allan i'r ffordd ar noson wlawog. Trodd hithau i lechu yn yr ysgubor, ond bwriwyd hi o'r fan honno hefyd gan y Tad calongaled. Yn 1754 awgryma Harris i Hannah y byddai Evan Moses yn gwneud gŵr delfrydol 'yn yr Arglwydd' iddi, ond roedd bryd y ferch ifanc bellach ar James Prichard a hanai o Lansbyddid ger Aberhonddu ac a fu'n gyfrifol am yr adeiladau dros gyfnod ac a apwyntiwyd gan Harris yn un o'r tri ymddiriedolwr i Drefeca. Ond ni fodlonai Harris i'r garwriaeth honno chwaith. Merch chwim ei meddwl a pharod ei thafod oedd Hannah, na fynnai blygu'n ddibrotest yn wyneb rhai o reolau caethiwus Trefeca, ac roedd gwrthdaro tanllyd yn rhan o'i pherthynas â Harris. Dihangodd o Drefeca i Fryste ddwywaith yn ystod 1759 a'r tro cyntaf danfonwyd Evan Moses i'w chyrchu ond methodd gael perswâd arni er iddo grefu arni i ddychwelyd a'i chyhuddo o dwyllo'i hunan, a'i bod dan gondemniad.

Fodd bynnag, dychwelodd adref ohoni ei hun ymhen y mis, ond, o fewn ychydig, roedd yn ôl ym Mryste. Tybiai Harris ei fod wedi ei cholli am byth ac roedd yn ddigon call i sylweddoli y byddai hynny yn ergyd i Drefeca gan ei bod mor effeithiol yn ei gwaith, a hi hefyd a fynychai'r marchnadoedd i brynu'r nwyddau yr oedd eu hangen ar y Teulu.

Bu Hannah'n aros am gyfnod gyda theulu Morafaidd ym Mryste oedd yn gyfeillion i Harris, sef y Nybergs, a chyfaddefodd wrth Mrs Nyberg na fu'n hapus yn Nhrefeca ar ei hymweliad diwethaf. Trowyd at Evan Moses unwaith eto a gofyn iddo fod yn lladmerydd taer dros Harris – ac mae mwy nag awgrym fod y gwas ffyddlon yn uchel yn ffafr rhai o wragedd ifanc Trefeca. Sonir gan Harris yn ei ddyddlyfr am ryw ferched 'yn llesmeirio wrth ei weld', a hwyrach hefyd fod y Tad yn dal i gofleidio gobaith y byddai i'r ddau briodi. Ond ei wrthod a wnaeth Hannah a doniol, fel y sylwodd Mrs Nyberg, fu'r dadlau rhyngddynt: ef yn pledio ac yn bygwth; hithau yn ystyfnigo fwyfwy. Ym mis Awst aeth Harris ei hun i Fryste i dŷ Aaron Jones, lle lletyai Hannah, a bu dadlau ffyrnig. Yn ddigalon ac yn friw ei ysbryd aeth i oedfa Forafaidd ac wylo'n hidl, ond wedi dychwelyd i dŷ Aaron dechreuodd y taranu a'r bytheirio unwaith yn rhagor. Bygythiodd Harris Hannah gan ddeisyf melltith arni os na ddychwelai gydag ef. Bore trannoeth cafwyd rhyw fath o gytundeb, sef y byddai Hannah yn dychwelyd i Drefeca ond y byddai croeso iddi fynd i fyw gyda'r Morafiaid pe byddai rhagor o ymrafael. Yn esmwythach ei feddwl marchogodd Harris a Hannah yn ôl trwy Sir Gaerloyw a Gwent – ar gefn yr un march!

Tyfodd parch y naill at y llall dros y blynyddoedd a dysgodd hi ei alw 'Yr Annwyl Dad Harris', tra cyferchid hi ganddo yntau fel 'Fy Annwyl Chwaer Hannah'. Ond parhâi gwrthdaro o bryd i'w gilydd fel yr adeg honno pan ymosododd Harris yn hallt arni am roi twrci yn rhodd i ryw foneddiges. Fodd bynnag, bu'n gofalu am y tŷ, y merched a dysgu'r plant am bymtheg mlynedd cyn iddi symud i Drefeca Isaf i fod yn arolygydd y coleg a sefydlwyd yno gan Arglwyddes Huntingdon. Hi fyddai'n glust ac yn gyngor i Harris – pan fyddai aildrefnu dyletswyddau'r morynion, er enghraifft. Nododd ef mai eu gwaith oedd rhoi a chadw pob peth yn ei le priodol, gofalu am bopeth ar gyfer bwyta a chysgu, cadw'r tŷ a'r llwybrau'n lân, glanhau'r piwtar, y cadeiriau a'r byrddau, golchi'r dillad gwely a chwynnu'r ardd pan fyddai raid, ac roedd y gwaith yma i'w wneud yn llawen fel byddai wyneb pob morwyn yn disgleirio mewn sirioldeb a llawenydd. Cydnabyddai Harris fod cyfraniad difwstwr Hannah a'i dull deniadol yn ychwanegu at y gloywder a nodweddai Trefeca ar ei orau, a chyfaddefa fod ei phrotest hi yn troi'n fendith iddo'n aml ac, er gwaetha'r stormydd rhyngddynt, daethant yn raddol i ddeall ei gilydd. Rhoddodd o'i gorau i adeiladu Trefeca ac ychwanegodd at felyster y lle.

*   *   *

Trefnydd heb ei ail oedd Harris. Ef, gyda chymorth yr arweinwyr eraill, a sianelodd ferw'r diwygiad i'r seiadau – cannoedd ohonynt ar draws Cymru, ac a fynnodd apwyntio cynghorwyr i'w harolygu gan eu galw ynghyd yn rheolaidd i dderbyn eu hadroddiadau. Harris hefyd a bwysodd am ffurfio corff ehangach yn y de a'i alw'n Sasiwn; ef oedd yn gyfrifol am reolau manwl y seiadau a'r sasiynau cynnar ac am eu diwygio a'u hehangu fel y cynyddai ac yr ymganghennai'r mudiad Methodistaidd ledled y wlad. Rhoddai sylw i fanylder, a chadwai lygad barcud ar ddatblygiadau a gwendidau, ac ni fyddai'n ôl o ddatgan barn nac o gondemnio pan fyddai galw. 'Dyn o natur lidiog ydoedd', yn ôl un a'i hadnabu. 'Ni cheisiau gelu ei eiriau na'i weithredoedd. Roedd yn fyrbwyll a thanbaid yn ei ymwneud ag eraill, ac ni fynnai seboni neb . . . na gollwng gafael ar un gronyn o'r hyn a gredai oedd yn wirionedd i blesio ei gyfaill anwylaf ac agosaf.' A dyna a'i gwnâi yn drefnydd mor effeithiol. Amharod oedd i newid ei feddwl i blesio neb. Mynnai ddwyn pob maen i'r wal a daeth ei ystyfnigrwydd yn ddihareb.

Bu'r ddawn hon yn gaffaeliad nid bychan i drefnyddiaeth a llwyddiant Trefeca fel cymuned o bobl amrywiol eu cefndir a'u cyraeddiadau. Gosodai ef y rheolau – a gawsai yn ddiamheuol oddi wrth Dduw – a gadwai bawb a phopeth yn eu priod le. Nid oedd lle yn Nhrefeca i bobl ddilyn eu mympwy eu hunain. Canlyn Duw trwy ei arweiniad ef, Harris, oedd y ffordd esmwythaf o gyd-fyw.

Roedd trefnusrwydd yn hanfodol i'r diwydiannau yn Nhrefeca ac er bod yr hin a'r tymor o'r flwyddyn yn effeithio ar ffermio yno, mynnai fod yr un egwyddorion yn dal: prydlondeb, diwydrwydd a gofal. Ac fel gyda'r diwydiannau, cymerai ddiddordeb manwl yn rhediad y ffermydd, ac ehangodd y rheini i gyfanswm o 800 cyfer, rhai ar rent a rhai wedi eu prynu – ond aelodau'r Teulu a drigai ynddynt. Cadwai restri manwl o wariant pob fferm ynghyd â'u henillion. Erbyn mis Tachwedd 1755 tyfasai Trefeca yn gymdeithas gymhleth. Yn ei ddyddlyfr dywed Harris fod deg o deuluoedd yn trigo yn Nhrefeca a deg yn byw ar y ffermydd, ynghyd â deg ar hugain o blant, ac ugain o blant gyda'u rhieni ar y ffermydd. Rhannodd hwy yn wyth dosbarth fel hyn: yn gweithio ar y tir, 12; adeiladwyr, 12; gweithio gwlân a chotwm a gofalu am y warws, 12; gwaith crydd a gwehydd, 12; plant yn nyddu, 12; nyrsus a'r plant lleiaf, 12; gwragedd yn nyddu gwlân, 12; cribwyr a chyweirwyr dillad, 12; ac yn cynorthwyo drwyddi draw, 6 – yn gwneud cyfanswm o gant a dau. Ymhob un o'r dosbarthiadau hyn ceid nifer o grefftau – tua chwe deg i gyd. Er enghraifft, dan 'adeiladwyr' ceir saer coed, saer dodrefn, llifiwr, seiri maen, llafurwyr, towyr, turnwyr, paentwyr, saer eirch, saer olwynion, plastrwr, adeiladydd poptai, gwneuthurwyr clociau, palmantwr, hongwyr etc. etc. Gofynnai'r dosbarthu hwn am drefnu gofalus yn Nhrefeca ac mae dylanwad Harris yn amlwg ar y cyfan.

Ar ei fynych ymweliadau â Llundain ac wrth deithio yn ôl ac ymlaen yno ni allai lai na sylwi ar y ffermydd di-rif a'u cynnyrch, ac mae'n siŵr ei fod yn meddwl am botensial Trefeca. Yn fwy na dim, roedd yn ymwybodol fod dulliau ac offer ffarmio'n newid yn gyflym yn ystod ail hanner ei ganrif ac wedi iddo ymddeol o'i deithio penderfynodd roi sylw gofalus i amaethu ar y ffermydd dan ei ofal. Manteisiodd ar ei gyfeillgarwch â rhai o foneddigion Brycheiniog a Maesyfed i ddwyn perswâd arnynt i ffurfio cymdeithas er mwyn gwella amaethyddiaeth a diwydiant, ac er mwyn hyrwyddo llwyddiant y Sir. Roedd clwb sirol i hybu buddiannau'r gwŷr bonheddig yn bod eisoes, ond nid oedd yn ddim ond esgus i ddifyrrwch a llymeitian a rhannu straeon cwrs; yn ôl Harris, di-werth oedd hynny.

Yna mewn cystadleuaeth preimin yng Nglan-caeth, Talgarth, ym mis Tachwedd 1754, cyfarfu Harris â Syr Edward Williams, Castell Llangoed, un o'i gefnogwyr, erbyn hynny, ac apeliodd yn daer arno i ystyried o ddifrif sefydlu cymdeithas i hyrwyddo amaethyddiaeth ac i gynorthwyo'r tlodion yn y sir. Cynhesodd yntau at y syniad ac addawodd godi'r mater yn y clwb. Cytunai fod y cyfarfodydd yn ddigyfeiriad a phwdr a bod angen diwygio arnynt. Un arall a deimlai fod angen newid pwyslais oedd y bonheddwr Charles Powell, Castell Madog. Ysgrifennodd ef at gydnabod yn Llundain yn union ar ôl ffurfio'r gymdeithas newydd: 'Tyfodd allan o gyfarfod a gynhaliwyd i sefydlu clwb hela misol; ond gwelodd y prif ddynion na fyddai hynny o unrhyw ddiben ond i arwain at ragor o rialtwch a sŵn . . . ac fe gafwyd trawsnewidiad llawen yn y fan a'r lle, gan ddwyn y Gymdeithas i fod'. Dau arall o gefnogwyr selog Harris oedd Marmaduke Gwynne o'r Garth a Penry Williams, Pen-pont.

Ym mis Mawrth 1756 bu'n gweld Syr Edward yn ei gartref yn Llangoed gan ddwyn perswâd arno fod angen difrifoli'r gymdeithas ac y dylai fod bob amser dan law Duw ac yn unol ag ysbryd Crist a'i Waed. Ym mis Mai yr un flwyddyn – wedi i Syr Edward sylwi ar gynlluniau a llwyddiannau Harris yn Nhrefeca i sefydlu diwydiannau yn cynhyrchu gwlân a lliain, a'i ymdrechion glew i hybu gweithgaredd amaethyddol newydd – gwahoddwyd ef i fod yn aelod o'r Gymdeithas.

Man cyfarfod y Gymdeithas oedd Long Room y Golden Lion yn Heol y Llew, Aberhonddu – gwesty a stablai dros hanner cant o geffylau ac a ddaeth yn bwysig yn natblygiad gwasanaeth y goets fawr rhwng y dref a Llundain ddwywaith yr wythnos yn ystod 1756. Mewn tŷ yn perthyn i'r gwesty byddai barnwyr y Sesiwn Fawr yn lletya ac yma hefyd y cynhelid dawnsfeydd crand i bwysigion yr ardal. Ni fu Harris yng nghyfarfodydd cyntaf y Gymdeithas ond, ymhen y flwyddyn, roedd wedi ymuno â'r cwmni dethol. Ni wastraffodd amser cyn dwyn yr aelodau at eu coed a'u herio i gofio eu dyletswyddau fel Cristnogion ac i dorri i lawr ar y diota a'r cleber. Sobrwyd hwy gan ei eiriau a phenderfynwyd na fyddai neb yn yfed cyn y cyfarfod busnes, ac y byddai'r siarad bob amser yn weddus. Yn nes ymlaen mynnai bregethu iddynt, ac un tro taranodd yn erbyn rhyw Mr Vaughan am fod hwnnw'n feddw ac yn rhegi'n gas. Galwodd Vaughan ef yn Bab ac yn Iesuwr am ei fod yn busnesu. Ond y bore wedyn cawn Harris yn cael brecwast gyda'r dyn ac eraill o'r cwmni. Eisoes roedd yr aelodau wedi cytuno, dan gadeiryddiaeth Charles Powell, ar reolau pendant, a gofalu bod y Gymdeithas yn cael ei chodi ar seiliau cadarn. Ar y dechrau crechwenu dan eu dwylo a wnâi rhai o'r aelodau mwyaf cyfyng eu deall, ond buan y trowyd hwy i wrando ar gynlluniau a gobeithion Harris ac i roi iddo wrandawiad, o leiaf. Mynnai fod y Gymdeithas yn rhoi blaenoriaeth i gynnal y tlodion yn y sir. Braidd yn araf y bu'r symud i'r cyfeiriad hwnnw ond fe gynigid gwobrau i weision a morynion am waith da mewn hofio a thorri grawn a magu ŵyn. Rhoddid gwobrau hefyd i weision ffermydd a fagai y tyaid mwyaf o blant heb fynd ar alwad y plwyf.

Sylweddolwyd yn gyflym nad oedd yn bosibl cael gwelliannau mawr mewn amaethu heb ofalu fod gwell ffyrdd yn cael eu codi. Ychen a ddefnyddid i dynnu llwythi ar hyd y ffyrdd gwael a fyddai'n gwmwl o lwch yn yr haf ac yn lleidiog a chleiog yn y gaeaf, ac fe gynigiwyd premiwm i bob plwyf a fedrai godi rhywfaint o arian uwchben yr alwad statudol i'w wario ar y ffyrdd. Bu'r ymateb yn dda, yn enwedig ymhlith y plwyfi hynny a obeithiai weld y gwasanaeth coets o Lundain yn ymestyn i Aberhonddu.

Hefyd rhoddwyd cryn sylw i'r ffordd o Langynidr dros y Bwlch gan fod calch a glo yn cael eu cludo o'r cyfeiriad hwnnw. Yn wir, cynigiodd y Gymdeithas gyflog o £20 y flwyddyn i dalu arolygwr ffyrdd yn y sir.

Rhoesant gryn bwysau ar gnydau newydd fel maip, swêds a mangold, ac ar ffacbys, rhyg a meillion coch. Rhaid oedd hyfforddi dynion i hau a thrin y rhain yn briodol a rhoi yn eu dwylo offer cymwys fel hofiau ac erydr ysgafnach, ac nid anghofiwyd y galw am well draenio ar y tiroedd gwlyb ac felly adennill llawer erw i gnydio'n ffrwythlon. Yn y man arweiniodd hyn at well hwsmonaeth, gyda defaid mwy o faint a phraffach, a gwell ceffylau, ac yn arbennig well gwartheg. Bu'r cnydau rhagorach, gan gynnwys y gwair a'r swêds, yn foddion i gadw'r gwartheg yn fyw dros y gaeaf a golygai hynny yn ei dro fwy o dail i roi rhagor o wrtaith i'r tir ac felly i gynhyrchu mwy o gnwd y flwyddyn ddilynol.

Cyfraniad arall a wnaeth y Gymdeithas oedd rhoi premiwm am geffylau cryfach gan eu bod yn ablach i ddynnu'r aradr ysgafnach oedd yn dod ar y farchnad – a rhai'n cael eu gwneud yn y sir; cyflawnent y gwaith yn rhwyddach a chyflymach na'r ychen. Erbyn 1756 fe ddarllenwn yn nyddiadur Harris fod yna dros ugain o geffylau yn Nhrefeca. Cymerai ei frawd, Joseph, ddiddordeb anghyffredin yn yr ochr ymarferol o weithgarwch y gymuned ac nid oedd yn ôl o gynghori ei frawd ynglŷn â'r peiriannau diweddaraf a fyddai o gymorth i fyd amaeth. Yn wir, bu yntau yn aelod anrhydeddus a gweithgar o Gymdeithas Amaethyddol Brycheiniog – y cyntaf o'i bath i gael ei sefydlu trwy'r wlad.

Teimlad pawb a fu'n effro i'r datblygiadau hyn oedd fod yna gynnwrf dramatig ym myd diwydiant a ffermio ym

Mrycheiniog a bod Harris wedi cyfrannu'n ymarferol at hynny; yn wir, gellir dweud mai ei arweiniad a'i ysbrydiaeth ef oedd wrth wraidd nifer o'r arbrofion. Bu ef yn plannu coed yn Nhrefeca, er enghraifft, coed pin, i lanw'r bwlch a achoswyd gan ormod rhysedd yn torri coed. Hysbysodd Joseph ef am arbrofion Jethro Tull yn Berkshire, a Townsend gyda maip ac ŷd yn Norwich. Ystoriwyd gwair yn helaeth a gofalus am y tro cyntaf gyda Harris yn cadw llygad barcud ar y sychu a'r cywain. Cynyddwyd y cnwd tatws yn flynyddol a datblygwyd y gerddi, ac yn 1765 dechreuwyd gwneud caws o laeth mamogiaid.

Bu cwyno digon cryf ynglŷn ag annigonedd y bwyd yn Nhrefeca yn ystod y flwyddyn gyntaf ond bu gwellhad amlwg dros y blynyddoedd a chanmolid y lle am ei amrywiaeth o fwydydd iachus gan ymwelwyr ac eraill. Ond tristwch a effeithiodd yn ddwfn ar yr aelodau oedd y marwolaethau – wyth deg a chwech i gyd, yn cynnwys ugeiniau o blant – rhwng 1756 a 1762, y mwyafrif o'r frech wen. Croniclai Evan Moses bob marwolaeth gan sylwi ar dranc pob un yn fanwl i weld sut y bu eu hymadawiad – ai mewn llawn hyder ffydd ai peidio. Cysur yr aelodau oedd eu gobaith o gyrraedd nefoedd lle câi eu hanwyliaid le o lawenydd di-boen a dibechod a bod ym mhresenoldeb Iesu am byth, a dianc o hualau cnawd a byd.

Er hynny, llwyddo a wnaeth y fenter nodedig hon. Aeth y sôn am Drefeca ar led a gofynnid am gymorth y gweithwyr i adeiladu ac atgyweirio ymhell ac agos, a chafwyd cais i godi ffordd-dyrpeg ym Mhont-y-pŵl. Datblygodd James Prichard yn beiriannydd a fedrai droi ei law at dasgau cymhleth. Danfonodd Penry Williams, Pen-pont, gais at Harris yn gofyn ei gyngor am ryw beiriant oedd yn amlwg yn ddiffygiol. Wrth ateb, ac addo ei orau, fe soniodd Harris am gynnig a wnaed ar ran y Gymdeithas i godi dynion i'r milisia oherwydd y bygythiad amlwg o du Ffrainc. Ac fel brenhinwr da datganodd ei fod yn ystyried gwahodd rhai o ddynion ifanc Trefeca i ymuno mewn rhyw fenter filwrol, gan wybod y derbynient y gwahoddiad fel braint. Ei ffydd Brotestannaidd a roddai ysbardun i'r ysbryd milwrol hwn i amddiffyn traethau Prydain. Gwyddai Harris, maen'n siŵr, fod llawer o feirniadu ar y Methodistiaid ac y caent eu galw'n Garadogiaid (ar ôl y Piwritan, Walter Cradoc) ac yn Gromweliaid – gwŷr nad oeddynt bob amser yn deyrngar i gyfraith gwlad nac i'r Eglwys Wladol, a gwyddai ei bod yn bwysig iddo ef a'i ddilynwyr ddangos eu teyrngarwch llwyr i'r brenin, ac felly cefnogai'r cynnig.

O ddydd i ddydd ac o flwyddyn i flwyddyn, tyfodd Trefeca i fod yn gymuned a fawrygid gan bobl ar draws y wlad. Ond, am bedair blynedd, bu Harris ei hunan yn gwisgo lifrai milwr, gan adael y Teulu yn nwylo gwerinol Evan Moses.

Pennod 12

CYFNOD HARRIS YN Y FYDDIN
Diwygiad Llangeitho

Erbyn mis Mawrth 1756, roedd y wlad wedi cynhyrfu drwyddi gan fygythiad milwrol o du'r Ffrancod a dihunwyd deiliaid ffyddlon brenin Lloegr i ymateb i'r bygythiad trwy ymfyddino gynted ag oedd bosibl. Gan ragweld hyn, i raddau, pasiwyd deddf yn 1752, Deddf y Milisia, yn newid y dull o recriwtio dynion i'r rhengoedd. Daeth yn rhan o gyfrifoldeb y siroedd a'r plwyfi, a chadarnhawyd mai gwŷr traed fyddai ei angen yn bennaf. Gosodwyd cwota ar bob sir a galwyd ar y boneddigion i drefnu'r cyfan. Pan ddaeth cais gan y brenin Sior II o flaen aelodau'r Gymdeithas yn Aberhonddu ar y degfed o Fawrth, cytunwyd i ymateb ar unwaith i'r alwad ond datganwyd hefyd eu bod 'yn barod i ffurfio'u hunain yn farchoglu ysgafn, yn atebol i chi, ein brenin, ac yn barod i orymdeithio ar ein traul ein hunain i unrhyw barth o Brydain Fawr.' Felly, gwŷr meirch oedd y mwyafrif o'r fintai a godwyd ym Mrycheiniog. Anelwyd at gael 160 o ddynion ifanc i ymateb ac er fod peth anhawster a bod rhai gwŷr cefnog yn dewis dirprwyon yn eu lle, a'r rheini'n ymuno yn anfoddog, daeth y bwriad i ben. Y tri a ddewiswyd yn brif swyddogion oedd Cyrnol Syr Edward Williams, Lefftenant-cyrnol Charles Powell, Castell Madog, a Howel Harris. Dewiswyd Harris yn rhannol am ei frwdfrydedd dros y brenin a dros amddiffyn y ffydd Brotestannaidd dan fygythiad y Pabyddion Ffrengig, ond hefyd am ei gefnogaeth eisoes yn danfon milwyr i Ganada. Roedd ei frwdfrydedd yn heintus a dychwelodd i Drefeca i sôn yn dawel wrth y gwŷr ifanc yno am y bygythiad ac am yr alwad a deimlai i ymateb. Fe garai yn fawr, meddai, pe baent hwythau yn ystyried yr alwad. Nid oedd ef mewn iechyd rhy dda ar y pryd ond addawodd iddynt y gwnâi bob ymdrech i fod gyda nhw, a gadael Trefeca yn nwylo Hannah Bowen ac Evan Moses.

Erbyn 1760 casglwyd y mwyafrif o'r milwyr a'r swyddogion i fod yn barod i wasanaethu, ac ar ddiwedd y flwyddyn honno daeth llythyr yn enw'r brenin yn gorchymyn i'r fintai oedd wedi ymgrynhoi yng Nghastell Aberhonddu symud i'r barics yn Abergafenni. Dewisodd Harris ddeuddeg o wŷr ifanc Trefeca i ymuno gydag ef yn y gatrawd. Roedd y Teulu yn fawr eu gofid wrth weld y dynion yn mynd a buont yn cynorthwyo gyda'u dillad a'u hesgidiau. Ofnai Harris yn fawr wrth iddo feddwl am gyfarfod gelynion arfog ac nid oedd yn hoff o feddwl y câi ei ddarnio ac, efallai, ei ladd. Credai, serch hynny, mai dyma oedd ei ddyletswydd yn unol ag ewyllys Duw. Bu ei frawd, Thomas, y dilledydd, yn ddigon hael yn paratoi ei wisg gatrodol ac ymfalchïai yntau yn yr urddas a roddid arno, yn enwedig ar ôl i Syr Edward Williams ei wneud yn Swyddog y Lluman. Ond fe wnaeth yn gwbl glir i'r uwch-swyddogion mai amod ei ymroddiad i'r milisia oedd ei fod yn cael rhyddid i bregethu, ac y câi ei wŷr ifanc o Drefeca aros yng nghwmni ei gilydd drwy gyfnod eu hyfforddiant ac ar ôl hynny. Nid oedd pob un yn cynhesu at ei gais anarferol i bregethu, ond o barch at ddidwylledd Harris derbyniwyd ei amodau.

Cyn cychwyn am y Fenni cyfarfu Harris â'i gyd-swyddogion yn y Castell yn Aberhonddu wedi ei wisgo yng nghrandrwydd ei safle a chael ei gyfarch, er mawr foddhad iddo, fel 'yswain' am y tro cyntaf. Tyngodd lw o deyrngarwch i'r brenin ac aeth i addoli yn yr eglwys cyn dychwelyd i Drefeca lle roedd y Teulu wedi ymgynnull. Manteisiodd ar y cyfle i ad-drefnu peth ar arolygaeth Trefeca yn ei absenoldeb. Yn ddiweddarach, ar Chwefror 13, ysgrifennodd, 'Dyma'r tro olaf y byddaf byth yn y lle annwyl hwn ac ymhlith y bobl mwyaf ffyddlon a adnabûm erioed.' Y noson honno cynhaliwyd cariad-wledd a barhaodd drwy'r nos. Bu'r cogyddion yn brysur drwy'r dydd yn paratoi teisennau carw a phastai afalau fawr – digon i bawb o aelodau'r gymuned – a dygwyd piseri o seidir o'r seler i bob un yfed o gwpan biwtar ddwy-glust. Roedd awyrgylch y wledd yn rhydd a llawen ac roedd sgwrsio naturiol yn digwydd rhwng yr aelodau. Rhoddwyd cyfle hefyd i bawb oedd dan deimlad rannu eu gofidiau, ac fel y treiglai'r noson daeth mwy a mwy, hen ac ifanc, i gyffesu eu pechodau ac i ddiolch am y Gwaed, neu i daro emyn cyfarwydd neu i ddarllen o'r Ysgrythurau. Y tu ôl i'r cyfan curai calon Trefeca dros y dynion ifanc a'r Tad Harris oedd ar fin eu gadael – byth, hwyrach, i ddychwelyd. Roedd pawb dan deimlad dwys ac nid oedd yn hawdd atal y dagrau: yn unig gweddïent ar i Dduw fod gyda nhw ym mhob man ar eu teithiau.

Drannoeth bu Harris yn brecwasta gyda Syr Edward Williams a'i wraig. Roedd wedi ei wisgo yn ei holl ogoniant a chleddyf hir wrth ei wregys – yn ei atgoffa o Bedr yn yr Ardd. Casglwyd digon o geffylau pwn ac asynnod i gludo llawer o'r offer angenrheidiol i gynnal catrawd ar ei hymdaith. Dewisodd Harris gist a roddwyd iddo gan Sidney Griffith i gadw'i ddillad ac mae'n rhoi rhestr o'i chynnwys yn ei ddyddlyfr: '2 gôt, 2 bâr o lodrau, a dwy wasgod werdd; cleddyf, sash a chorsied; pâr o esgidiau trymion a 2 bâr o rai ysgafn; 12 crys (h.y. 4 plaen, dau grys nos, a chwech gyda ryffiau); 1 wig newydd ac un bobwig farchogaeth; siwt ddu i bregethu ynddi; 6 pâr o sanau gwyn (h.y. 3 newydd a 3 hen); 2 bâr o fenyg; 2 bâr o sanau llwyd a dau bâr o sanau cochion; dwy het (un lasiog ac un blaen); crafatau; bwclau lliw aur i'r esgidiau a'r pengliniau; cyfrwy a chelfi; pistol, ffrwyn a gŵn i'r bore a chap felfed, du; pentwn, 2 gap cotwm a 2 gap nos o wlân; 6 cap brethyn; dwy got – a llyfrau, papurau a phamffledi mewn bocs arall.' Derbyniodd bistol aur gan Marmaduke Gwynne; yn ogystal, cyfrannodd y Teulu'n hael at wisgoedd y milisia dan ei ofal. Ymfalchïai Harris yn ei statws ac ymhyfrydai yn ei dderbyniad i gylch dethol y tir-feddianwyr a'r uchel-swyddogion.

Yn blygeiniol fore dydd Mawrth, y pedwerydd ar bymtheg o Chwefror, cychwynnodd y fintai filwrol o Aberhonddu â bonllefau'r trigolion yn eu clustiau. Mae'n wir fod y mis wedi bod yn stormus a glawog a nododd Harris yn ei ddyddlyfr fod yr hin gyda'r gwaethaf o fewn cof, a chawsant brawf o hynny wrth fartsio heibio i Sgethrog a gweld bod afon Wysg wedi llifo ymhell dros ei glannau a dwy alarch yn mwynhau y llifeiriant lle bu dolydd. Ubai'r gwynt ac ochneidiai'r coed dan ei hyrddiadau a syrthiai'r glaw yn ddi-dor ar y fintai. Roeddynt yn ddiolchgar fod wyneb yr heol yn weddol solet ac wedi ei lledu gan fod plwyfolion Llansanffraed wedi dygnu arni i ofalu am eu cyfran hwy o'r ffordd ar gyfer dyfodiad y goets o Lundain, oedd bellach wedi dechrau trafaelu ar hyd-ddi.

Ond dirywiodd pethau'n enbyd i'r gwŷr traed wrth agosáu at y Bwlch; gludiai'r llaid cleiog wrth eu hesgidiau ac roeddynt yn wlyb at eu crwyn ac wedi rhynnu drwyddynt. Er eu bod wedi cael peth hyfforddiant tra oeddynt yn aros yn y Castell yn Aberhonddu, nid oedd llawer o drefn ar eu martsio; cawdel o lanciau yn symud yn flêr heb brofiad o gytgord; yn anesmwyth yn eu dillad milwrol, â'u gynnau hirion yn anodd eu cynnal. Penderfynwyd cael saib ac enllyn yn y Bwlch cyn disgyn i ddyffryn Rhiangoll a cherdded trwy Grug Hywel lle disgwyliai torf i'w croesawu a'u calonogi. Erbyn diwedd y prynhawn daethant i Abergafenni lle cafwyd lle yn y barics i nifer o'r gwŷr ac i'r ceffylau a'r asynnod, a lletty mewn cartrefi yn y dref i'r gweddill. Daeth Harris wyneb yn wyneb â hen forwyn Madam Griffith; gosodwyd ef i letya gyda hi a chafodd bryd o dafod ganddi am ei berthynas â Sidney a'i gyhuddo o gam-ymddwyn. Y noson gyntaf yno ysgrifennodd nifer o lythyrau yn Gymraeg at aelodau'r Teulu a chofiodd am un llythyr cas a dderbyniodd ryw chwe mis ynghynt gan bregethwr o'r enw Harper. Ymosodwyd arno am iddo ymuno â'r milisia, gan ei gyhuddo o greulondeb ac anghyfiawnder tuag at bobl Trefeca. Danodwyd iddo hefyd ei fod yn cymuno gyda'r gwŷr bonheddig ac felly'n euog o wag-ogoniant wrth gredu y medrai ef gyflawni mwy yn y fyddin nag a fedrai eraill. Cofiodd fod y llythyr hwn wedi ei drywanu ond, pan soniodd am ei gynnwys wrth Syr Edward, pwysleisiodd mai ei brif waith yn y milisia oedd pregethu'r Efengyl. Ynghanol ei regalia yn ei ystafell yn y Fenni gweddïodd am nerth i gyflawni'r gwaith mawr hwnnw.

Treuliodd y gatrawd un wythnos ar hugain yn y Fenni yn cael eu drilio ac yn ymarfer saethu ac ymosod gyda'r bidogau a'r cleddyfau. Edrychent yn drawiadol yn eu lifrai: siacedi llaes, coch gyda'u godre isel wedi eu clymu'n ôl a llodrau a gwasgodau gwyn, esgidiau du a sanau gwyn dros y pen-glin, hetiau walciog a beltiau melyn a'u gwalltiau i gyd wedi eu clymu o'r tu cefn. Cludai pob milwr ysgrepan, gwn a ffon wthio a fflintiau, ac mewn blwch ar wahân, eu powdwr a'u pelenni. Yn hytrach na bod yn garfan flêr, afrosgo o ddynion anfodlon, trawsffurfiwyd hwy yn fintai broffesiynol a fyddai'n barod i wasanaethu'r brenin mewn unrhyw le yn ôl y galw. Ymunodd Harris yn yr ymarferion – o leiaf am rai dyddiau bob wythnos – ond digon di-glem ydoedd er hynny; gymaint felly fel y bu'n rhaid i'r cyrnol ei alw o'r neilltu a'i hysbysu, fwy nag unwaith, ei fod 'yn stiwpid, gan mor amherffaith ei ymarferion'. Gwyddai yntau ei fod yn lletchwith ar y maes ymarfer ac fe'i câi yn anodd ufuddhau i'r gorchmynion yn ddigon cyflym. Hwyrach ei fod yn dal mewn gwendid ond codwyd cywilydd arno gan fygythiadau'r cyrnol. Dadleuai, fodd bynnag, nad ei Gristnogaeth oedd ar fai. Yn wir, cafodd nerth rhyfedd i bregethu yn y Fenni, nid yn unig yn Gymraeg yn gyson i fechgyn Trefeca (oedd wedi cynyddu bellach i bedwar ar hugain), ond hefyd yn Saesneg i niferoedd yn y gatrawd, i'r uwch-swyddogion, ac yn y dref. Trodd y gwrthwynebiad a brofasai ar bob llaw yn barodrwydd i wrando arno. Enillasai barch dros y cyfnod y bu yn y Fenni a chafodd ei gysuro'n fawr pan ddaeth 80 o aelodau'r Teulu i ymweld ag ef a'i ddynion i'w calonogi.

Wrth gwrs, ni châi fywyd esmwyth beunydd: canmolai rai o'r swyddogion am eu parodrwydd i wrando ac i ymgynghori ag ef am eu cyflwr; ar adegau eraill condemniai hwy am fod yn 'gnawdol gyda'r gorau'; condemniai'r milwyr am fod 'yn ffiaidd, hwrllyd a meddw', ac eto roedd dyhead am Dduw yng nghalonnau'r mwyafrif. Blinid rhai o'r swyddogion gan y rhegfeydd parhaus ar wefusau'r milwyr a cheisient gymorth Harris i'w dileu. Ar adegau byddai'n rhaid i Harris eistedd ar lys milwrol ac mae'n amlwg nad oedd yn hapus gyda'r ddedfryd bob amser. Teimlai'n anghyfforddus gyda'r gosb o fflangellu ond ni fentrodd ddatgan ei farn am hyn – peth anghyffredin iddo ef! Cafodd ei siomi'n fawr gan fuchedd dau o'i ddynion, George Blackwell a Richard Bowen, am iddynt 'roi'r gorau i'r ysbryd a'u dygodd gyntaf i Drefeca'. Ymfalchïai yn y fraint o fod yn swyddog a mwynhâi'r cwmni a'r manteision, ond nid oedd yn ôl o anghytuno â nhw; ar adegau felly teimlai nad oedd ganddo ran yn eu bucheddau. Derbyniodd rybudd gan y cyrnol unwaith i osgoi geiriogrwydd ac i dorri rhai o'r oedfaon yn fyrrach – sylwasai ef ei hunan fod rhai o'r milwyr yn syrthio i gysgu pan fyddai'n traddodi. Awgrymodd yn garedig i Harris ei bod yn hawdd codi syrffed ar y llanciau ifanc ac na ddylai ei sgwrs gyda nhw fod bob amser am faterion crefyddol, ond gofynnai hyn ormod ganddo gan mai i achub eneidiau y galwyd ef, ac nid i wag-siarad. Yn unol â hyn mynnodd ddefnyddio geiriau parôl fel *Christian Faith*, *Gethsemane*, *Temperance*, *Mercy* ac *Eternity* gyda'i ddynion, a buan y daethant yn enwau cyffredin yn eu plith.

Ddiwedd Gorffennaf clywodd fod y gatrawd i symud i Great Yarmouth yn Norfolk, taith o ryw 300 milltir. Dychwelodd unwaith yn rhagor i Drefeca i sicrhau fod y Teulu'n dal i lewyrchu, a chafodd gyfle i deithio'n ôl i'r Fenni gyda Syr Edward yn ei gerbyd ysgafn. Cychwyn yn dalog y bore wedyn yn gwmni o ddau gant gan ymdeithio trwy Drefynwy a Michael Dean i Gaerloyw ac yno yn cael y pleser o gwmni ei wraig a Hannah. Anerchodd ddwy gynulleidfa fawr ar ddwy noson wahanol, cyn ffarwelio'n llawen â'r gwragedd gan deimlo na fyddai, hwyrach, yn eu gweld eto. Cynhaliodd gyfarfod gweddi ryw bedair milltir o'r dref a chyrraedd Cheltenham am chwech.

Ar y ffordd i Stow teimlai ei fod wedi bod yn ymladd yr un bwystfilod â Paul yn Effesus. 'Roedd y dynion,' meddai, 'fel cythreuliaid ar eu hymdaith, wedi eu llyncu gan ysbryd aflendid, yn yngan pob ffieidd-dra . . . Gelwais ein bechgyn ni oddi wrthynt a hysbysais y swyddogion, ond i ddim pwrpas.' Teithiwyd trwy Doddington, Buckingham (lle cafodd Harris gyfle i edmygu gerddi a llwybrau a themlau'r Arglwydd Temple – dros 170 erw), Newport Pagnell, Bedford a Chaergrawnt. Hysbyswyd y milwyr gan y Capten Meredith mewn oedfa y byddai rhegwyr yn cael eu cosbi o hynny 'mlaen. Clywodd Harris fod y Cownt Zinzendorf wedi marw a chofiodd fel y bu iddo ei ganmol fel y pregethwr-maes cyntaf ym Mhrydain. Yng Nghaergrawnt pregethodd Harris i nifer o ddarlithwyr a'u gwragedd a chafodd wrandawiad da. Cafodd wahoddiad i giniawa yng nghwmni'r swyddogion yn Chippenham.

Cyrhaeddodd Great Yarmouth fin nos Awst 20 ac aeth i letya yn nhafarn yr Half Moon. Yn fuan ar ôl cyrraedd clywodd fod pregethwyr Wesleaidd wedi bod yn y dref ond eu bod wedi eu herlid oddi yno a bod Thomas Oliver o Drecynon, Maldwyn, wedi ei gam-drin. Penderfynodd Harris ddanfon crïwr cyhoeddus i ddatgan fod pregethwr Methodus arall yn y dref ac y byddai'n pregethu yn y farchnad ar amser penodol. Daeth mintai ynghyd yn benderfynol na châi adael eu tref yn ddianaf. Ar y pryd roedd Harris yn ymarfer ei filwyr ryw stryd neu ddwy o'r farchnad, felly pan drawodd y cloc aeth Harris i gyfarch y dorf yn ei lifrai milwrol, gan fynd â rhai o'i filwyr gydag e.

Gofynnodd iddynt pam y daethant ynghyd a chafodd wybod eu bod yn aros am bregethwr Methodus ond nad oedd eto wedi ymddangos. 'Peidiwch â gofidio,' meddai Harris, 'fe wna i eich annerch.' Ar hynny cafwyd hyd i ford a dringodd arni tra safai gosgordd o'i filwyr yn gylch o'i gwmpas. Trawyd yr haid yn fud pan welsant y dyn bach mewn lifrai brenhinol yn sefyll o'u blaen. Pregethodd gyda'r fath rym nes eu cywilyddio a'u hennill, a bu ei weinidogaeth yn Great Yarmouth yn hynod ddylanwadol ar ôl hynny.

Trannoeth, ar yr ail ar hugain, gofynnodd am ganiatâd i fynd i Fryste i gynhadledd y Wesleaid gan ei fod yn siŵr fod Duw yn ei alw yno i hybu undeb rhwng y carfanau. Ar yr un diwrnod bu ar ddyletswydd yn gwarchod y milwyr Ffrengig yn eu dwnjwn: gwyddai erbyn hyn mai ei waith yn y dref oedd gwarchod y carcharorion. Yn blygeiniol ar y trydydd ar hugain cychwynnodd am Fryste ac wedi taith flinedig o ddau gant o filltiroedd cyrhaeddodd yno lle bu'n cynadledda'n ddifrifol ac yn rhesymu'n ddwys â'r arweinyddion ac yn pledio arnynt, unwaith yn rhagor, i beidio ymwahanu oddi wrth Eglwys Loegr. Mynnai mai cariad tuag atynt a'i gyrrodd i geisio cymod rhyngddynt, a thynnodd sylw at y ffaith ei fod wedi teithio ffordd bell i fod yn eu cwmni – a hynny ar gefn un ceffyl blinedig. Bu rhywfaint o gytundeb, ond buan y diflannodd yr ysbryd unedig wedi iddynt ddychwelyd i'w meysydd. Perchid safbwynt Harris i'w wyneb, ond nis argyhoeddwyd ganddo.

Manteisiodd Harris ar y cyfle i fynd adref i Drefeca gan ei fod yn gymharol agos. Gorfu iddo oedi ger yr Hen Groesiad gan fod y tywydd yn rhy arw i groesi afon Hafren, a manteisiodd ar y cyfle i bregethu mewn tafarn gerllaw. Yn ddiweddarach, ar ôl mynd ar fwrdd y bad, ceisiodd annerch y teithwyr ond ymosodwyd yn chwyrn arno a'i ddifrïo. Daliodd ati am beth amser ond gwaeddent gymaint fel y bu'n rhaid iddo ddistewi. Pan ddaeth y cyfle ceisiodd ei amddiffyn ei hun trwy ofyn sut y bu i Gyrnol y Milisia ei wahodd i dderbyn comisiwn os oedd mor warthus ag y tybient. Ar hyn bygythiodd rhai ohonynt ei fwrw dros ymyl y cwch i'r dŵr!

Bu'n addoli mewn eglwys yng Nghas-gwent am bedwar y prynhawn a chyrhaeddodd Raglan am wyth cyn dod i Drefeca am bedwar y bore. Bu'n gwrando ar Hannah'n adrodd helynt y Teulu cyn annerch am bump. Ni chysgodd o gwbl y noson honno, ond bu'n gorffwys ychydig ar ôl y gwasanaeth. Yna, am ddau fore'n olynol bu mewn trafodaeth fanwl â'r gwŷr a'r gwragedd ar wahân ynglŷn â chais dau i briodi heb ymgynghori â'r Teulu. Nid oedd neb yn fodlon iddynt briodi ond er ei fod e'n barod i roi caniatâd ar y dechrau, daeth i gredu mai agor y drws i arferion drwg fyddai iddo gytuno. Gwrthodwyd yr hawl, felly. Ar Fedi'r trydydd nid oedd yn teimlo'n dda ac mae'n cyffesu na wnaeth ddim byd – cyffes dra anghyffredin ar ei ran – er iddo bregethu amser cinio! Ar y pedwerydd ffarwelia eto â'r Teulu a chychwyn ar ei daith yn ôl i Great Yarmouth.

Roedd hi'n arfer gan Harris, fel Wesley, ar y teithiau hir ar gefn ceffyl, pan fyddai'r hin yn deg, i ddarllen llyfrau, a rhwng Ross a Burford darllenodd lyfr ar *Our Union With Christ*. Cafodd bryd o fwyd yn Rhydychen a gweddïodd yn daer dros y ddinas – unwaith eto. Ymwelodd â Chapel Audley yn Llundain, lle claddwyd Madam Griffith, a chofiodd yn dyner amdani. Cyrhaeddodd Great Yarmouth ar Fedi 10, a buan y dechreuodd bregethu yn y dref gyda'r gwrandawyr yn cynyddu bob nos nes gwneud i Harris deimlo fod ei lafur dros Grist yn llwyddo. Ar Hydref 6 cafodd newydd da, sef fod y Cyrnol Edward Williams wedi gwneud cais am iddo gael dyrchafiad i fod yn Gaptenllefftenant. Yn fuan wedyn cafodd gadarnhad gan ei ddynion y byddent yn aros yn y fataliwn ac nid yn rhuthro adre, ac y byddent yn ymroi i ddysgu Saesneg a chrydda. Y noson ganlynol, wedi bod ar ei rownd am un o'r gloch a throi i'w ystafell, daeth galwad brys iddo fod y carcharorion Ffrengig wedi dianc. Bu'r cyrnol a'r swyddogion yn eu hymlid ac wedi iddynt eu dal bu Harris yn eu cyfrif a'u gosod yn ôl yn y dwnjwn. Diolchodd mai ychydig ar ôl ei wyliadwriaeth ef yr oedd y Ffrancwyr wedi dianc neu fe fyddai wedi bod yn ddrwg arno. Trannoeth cafodd fodd i fyw wrth iddo dderbyn deuddeg llythyr o Drefeca – chwech gan y dynion a chwech gan y gwragedd.

Yr oedd bywyd y fyddin yn llesol i Harris: yr ymarfer a'r martsio a'r bwyd cyson, iachus. Mwynhâi y fraint o fod yn bregethwr yn Great Yarmouth. Llawenhâi am mai trwy ei bregethu ef y daeth y seiat gyntaf yno i fod. Calonogwyd ef hefyd gan lythyr a gawsai oddi wrth y cyrnol yn canmol milwyr Trefeca am eu bod yn rhagori cymaint ar y milwyr eraill yn eu buchedd a'u hymroddiad. Ar Hydref 26 derbyniodd ei gomisiwn fel Capten-Lefftenant. Ar yr un diwrnod ysgrifennodd hyn yn ei ddyddlyfr:

Clywais am farwolaeth y brenin hoffus Sior. Effeithiodd hyn yn fawr arnaf fel na fedrwn ei guddio – fel pe bai fy nhad fy hun wedi marw. Dymunais y byddai'r brenin newydd, Sior III, yn cael ei goroni a'i eneinio gydag olew yr Ysbryd, wedi i mi glywed am ei ddifrifoldeb a'i dymer braf a'i gariad at y gwir. Cyferchais fy mhobl yn Gymraeg neithiwr ond cefais hwy yn cysgu heddiw a throais hwy i ffwrdd. Ymgiliais i ddeisyf yr

Arglwydd. Pan oeddwn mewn gweddi daeth neges oddi wrth y Cyrnol i mi fynd ato ar unwaith, a phan gyrhaeddais rhoddodd imi fy nghomisiwn. Pan ddychwelais i fy llety cefais fod fy lletywraig yn credu fod yr Arglwydd wedi ei chyfarch bod yn rhaid iddi roi heibio ei gwisgoedd ffein, ruffiau a byw ar fara dŵr, a symud i Drefeca. Gwrando ar bregeth Dr Bothe am y brenin. Pregethais yn hwyr i gynulleidfa anferth. Roedd fy ysbryd yn uchel. Effeithiwyd ar lawer.

Ar Dachwedd 15, fodd bynnag, daeth yr alwad i ddychwelyd i Gymru, a theimlai'n hynod o falch fel milwr a Christion wrth i bobl y dref droi allan i ffarwelio'n gynnes ag ef. Ymfalchïai hefyd yn fawr yn ei fechgyn. Dychwelodd trwy Lundain a Rhydychen ac wrth weld y Brifysgol yno torrodd i wylo drosti, ond cafodd fodd i fyw yng nghwmni myfyrwyr o ogledd Cymru. Yn Cirencester ebychodd 'fod y bataliwn fel ysgol lle dysgir aflendid'. Yng Nghaerloyw mae'n casglu ei fechgyn ynghyd i'w paratoi at y dychweliad i Aberhonddu.

Pregethodd yn Gymraeg yn y Fenni i dyrfaoedd niferus a chyrhaeddodd Aberhonddu ar y nawfed o Ragfyr lle cafwyd, ar unwaith, wahoddiad i ginio gan y beili. Siomwyd ef yn arw pan glywodd fod Hannah am adael Trefeca ond, er hynny, llwyddodd i annerch ei ddynion yn hwyrach y noson honno. Ymdeithiwyd i Drefeca y bore wedyn – a mawr oedd y croeso iddynt. O'r degfed o Ragfyr hyd Fai 27, 1761, bu'n ddiwyd yn y gymuned a gyda materion milwrol yn Aberhonddu. Pregethai a chynghorai'n gyson yn y ddau le. Bu'n rhaid iddo ddisgyblu a diarddel rhai o'r Teulu. Bu'n siarad â'r gwragedd un tro gan eu hannog i ofalu bod eu cyrff yn lân ac iddynt ymddangos yn siriol ac nid fel rhai mewn caethiwed. Cafodd ambell

211

ddiwrnod da gyda'i wraig a Hannah a chofio'n weddol aml am Sidney Griffith. Weithiau gofidiai am y ffaeleddau yn Nhrefeca a'r colledion trwy ymadawiadau a marwolaethau. Ni fyddai'r gwaith wedi llwyddo oni bai fod yr Arglwydd ynddo. Dymunodd ar i'r Teulu wahodd pregethwyr yn ei absenoldeb – ac ni flinai o ba enwad, dim ond eu bod yn pregethu Crist wedi ei Groeshoelio. Deuai llif cyson o ymwelwyr i Drefeca a gofalai roddi peth o'i amser iddynt. Daeth ei nith o Lundain, Anna Maria, i aros yno, a'i rhieni gyda hi.

Yna daeth yr alwad iddo fynd gyda'i ddynion unwaith yn rhagor – y tro hwn i Wlad yr Haf a Dyfnaint. Ar ôl ffarwelio'n dyner â'r Teulu, cychwynnodd eto i gyfeiriad y Fenni ar Fai 27. Ni chafodd y ceffylau fynd ar fwrdd y bad i groesi afon Hafren a bu i Harris flino'n arw wrth orfod cerdded cryn bellter cyn iddo gael cludiant mewn *chaise*. Ym Mryste cafodd gwmni Charles Wesley a Nyberg ac arweinwyr eraill. Yn Bridgwater, ar ben-blwydd y brenin, arhosodd y cwmni ar eu taith a chafodd pob un o'r milwyr wydraid o win i ddathlu. Yna teithio trwy Wells, Taunton a Tiverton. Aros wedyn am tua dau fis yn Bideford cyn dychwelyd eto i Drefeca. Bu'n pregethu bron bob nos yn Gymraeg i'r milwyr yn y fataliwn ac yn cynghori ei fechgyn yn ogystal â chynnal oedfaon Saesneg. Fodd bynnag, nid oedd croeso iddo yn y dref a rhybuddiwyd ef gan y cyrnol y dylai roi heibio bregethu yng nghyfarfodydd y swyddogion. Roeddynt wedi syrffedu arno a byddai'n eu blino.

Nid oedd ei iechyd yn rhy dda yn y cyfnod hwn ac efallai mai dyma'r rheswm yr aeth tua thref. Mwynhaodd yn fawr gwmni ei wraig a Hannah yn Nhrefeca gan hamddena yn y gerddi yn eu cwmni. Wedi bod gartref am dair wythnos penderfynodd ddychwelyd i Bideford a darganfu yno fod yr haid yn udo am ei waed. Diraddiwyd George Blackwell o fod yn sarsiant am ei fod yn camymddwyn yn barhaus. Condemniodd Harris ef o fod yn llawn o ysbryd Cain, Esau ac Ishmael. Bu hefyd gryn gythrwfl rhyngddo a'r cyrnol ynglŷn â rhoi cyfle i'w gwmni ddychwelyd adref. Arhosodd yn Bideford o Fedi 20 am chwe wythnos cyn dychwelyd i Gymru – y tro hwn clywsai fod ei wraig yn ddifrifol wael. Croesodd mewn llong i'r Mwmbwls a chyrhaeddodd Drefeca erbyn wyth y nos, a chafodd ei wraig mewn cyflwr gwan. Bu gartref am dair wythnos cyn cychwyn unwaith yn rhagor am Bideford gydag Evan Moses yn gwmni iddo. Cafwyd bod y fataliwn wedi ei symud i Torrington – ac yno cafodd lawer mwy o groeso. Ymunodd ei wraig a'i ferch a Hannah ag ef ar Ragfyr 31 a llawenychodd yn fawr, er eu bod wedi cael taith ddychrynllyd dros y dŵr mewn stormydd garw.

Fel hyn y treuliodd y rhan fwyaf o 1762, hefyd – teithio mynych rhwng Trefeca a Llundain, a llawer tro ar y ffordd, gan bregethu ar bob cyfle, wrth gwrs. Gartref yn Nhrefeca yr oedd e ar Ragfyr 7, 1762, pan gafodd alwad i Aberhonddu a chael ei hysbysu yno fod yr heddwch wedi dod o'r diwedd a bod y milisia i gael ei datgorffori.

Yn Nhrefeca blinid y Teulu gan rai a fynnai garu a chyd-berthnasu yn groes i'w dymuniad, a gorfu i Harris roi sylw i'r mater. Pregethodd iddynt ar y testun, 'Bydded y gwely yn ddihalog'. Ar y pedwerydd ar ddeg o'r mis llawenychodd o gael y rhannau cyntaf o lyfr diweddaraf William Williams, *Pantheologia, neu Hanes Holl Grefyddau'r Byd*: bendithiodd Dduw am ddanfon cymaint o wybodaeth i'r deillion tlawd yng Nghymru. Ar yr unfed ar bymtheg deliodd â chynifer â phedwar ar hugain o faterion gan gynnwys creu gardd newydd yng ngweirglodd y siop, gorffen rhyw wal, unioni hen goeden afalau a gwneud pwll newydd. Ymosododd ar y menywod am glebran.

Bu 1763 yn flwyddyn o brysurdeb anarferol i Harris. Teimlai'n llawer cryfach ar ôl ei egwyl yn y fyddin ac roedd ei iechyd yn well – er iddo fod yn bur wael yn ystod Gorffennaf. Bu ar dri ymweliad â Llundain, ac yn amlach yng Nghaerfaddon a Bryste. Bu hefyd mor bell â Swydd Efrog gan alw yn Birmingham, Derby, Huddersfield ac Efrog. Nid aeth i Fulneck, canolfan y Morafiaid, y tro hwn, ond pan alwod yno yn 1766 synnodd at eu cariad a'u croeso. Bu hefyd yn teithio yng Ngheredigion, Penfro, Caerfyrddin a Morgannwg. Maentumiai ei fod wedi teithio dros dair mil o filltiroedd yn ystod y flwyddyn. Mae'n amlwg fod yr awydd cryf i genhadu wedi dychwelyd.

Ar ôl bod yn y fyddin am dair blynedd, a defnyddio'r amser i holi ei hunan yn fanylach nag arfer, daeth i werthfawrogi safbwyntiau eraill ychydig yn well. Yn yr ysbryd yma teimlodd awydd i ddychwelyd at ei hen gyfeillion. Clywsai nad oedd bri na threfn ar y diwygiad fel o'r blaen: bod llawer o'r seiadau wedi merwino a bod y tân wedi diffodd mewn sawl man, ond calonogwyd ef yn fawr pan glywodd fod diwygiad newydd wedi torri allan dan weinidogaeth Daniel Rowland yn Llangeitho. Bu i William Williams gyhoeddi llyfr o emynau a alwodd yn *Y Môr o Wydr*, a bu hyn yn fodd i hybu'r hyn oedd yn digwydd yng Ngheredigion. Tyrrai'r tyrfaoedd i Langeitho o bob parth o Gymru a chaent eu porthi a'u digoni ac aent tua'u cartrefi yn ymddangos yn feddw o lawenydd. Fel y sylwodd un, 'Yr oedd y diwygiad hwn yn wahanol iawn i'r un a ddigwyddodd gynt trwy weinidogaeth Howel Harris. Yr oedd hwnnw o ran dull ei weithrediadau yn llym ac yn

214

daranllyd iawn, ond yn hwn, roedd tyrfaoedd lluosog yn mawrygu Duw heb allu ymatal, ond weithiau yn llamu o orfoledd, fel Dafydd gynt o flaen yr Arch. Treulid nosweithiau cyfan mewn sain cân a moliant . . . Torrodd y diwygiad allan ar ôl hir aeaf fuasai'n gorchuddio'r eglwysi. Pregethid athrawiaethau "Rhad Ras" yn olau ac yn ogoneddus, a "Chyfiawnhad trwy Ffydd" yn unig heb weithredoedd y Ddeddf.' Ysgrifennodd William Williams amdano ei fod 'fel hafddydd yn gwawrio ar y wlad; mae'r Ysbryd ar yr eglwysi fel tân yn llosgi. A fu cymaint o awdurdod Duw ers oesoedd yn ei eglwys fendigedig ag sydd yn y dyddiau hyn?' Cyfeddyf fod 'rhywfaint o anhrefn, nwydau natur yn ymgymysg â nwydau gras' yn y deffroad. Câi'r saint eu diddanu ond byddai'r rhagrithwyr yn rhoi cyfle i'w nwydau. 'Mae'r rhain fel llong o flaen y gwynt, heb un balast, ond tan gyflawn hwyliau ac mewn perygl o gael ei briwio gan y creigiau, neu ei gyrru i mewn i aberoedd amherthnasol.'

Clywsai Harris am y digwyddiadau grymus hyn tra oedd yn y fyddin a llamodd ei galon a gweddïodd dros Daniel Rowland, ond ni fedrai ymateb nes iddo gael ei ryddhau o'i ddyletswyddau ar ddiwedd 1762. Ar ddechrau 1763 tyfodd yr awydd i ailymuno â'r brodyr a, chwarae teg iddynt, buont hwy fwy nag unwaith yn ystod blynyddoedd y rhwyg yn lled-agor y drws iddo, ond nid oedd dim yn tycio. Erbyn dechrau Chwefror bu Evan Moses yn Llangeitho yn siarad, yn ei ffordd blaen ei hun, â Daniel Rowland a chanlyniad hynny oedd bod y ddau arweinydd yn cyfarfod yn Llywel ar Chwefror 14. Cyfarfod i'w gofio oedd hwn ac ni ellir ond dychmygu'r teimladau a gorddai'r ddau wron wrth iddynt gofleidio ac wylo ar yddfau ei gilydd. Ymledodd y newyddion fel tân trwy rengoedd y seiadau, a daeth hyder a gobaith newydd i'w plith. Bu siarad agored rhyngddynt ynglŷn â disgyblaeth yn y seiadau, ynghyd â phynciau eraill a achosodd yr ymraniad. Pwyswyd ar Harris i fynd i Lansawel i bregethu y noson honno a derbyniodd yr alwad, a bu'n siarad yn frawdol â William Williams hyd ganol nos. Yn raddol teimlai ei fod yn ôl yn y tresi a dechreuodd gyfrannu'n helaeth, fel o'r blaen. Pwysleisiodd, fodd bynnag, ei fod yn ymwrthod â'r enw 'Methodus' gan mai cynghorwyr o fewn Eglwys Loegr oeddynt i gyd o hyd.

Cafwyd sasiwn unedig yn Nhrefeca ar Fai 17 ac yno tanlinellwyd rhai o'r safbwyntiau oedd yn dal i fod yn bwysig i Harris: na ddylid eu hystyried fel sect, ac na ddylent ymwahanu oddi wrth yr Eglwys. Cyhoeddodd Harris mai peth anghyffredin oedd gweld rhaniad yn nhŷ Dduw yn cael ei gyfannu; ni fu i Israel a Jwda fyth uno, meddai, ond, diolch i Dduw, adferwyd brawdgarwch yng Nghymru. Nid un i ddal dig oedd Harris a gorfoleddai fod Rowland yn ei bregethu a Williams yn ei emynau bellach yn moli'r Gwaed. Sylwodd hefyd fod addoli yn cynnwys llawer mwy o ganu nag ar ddechrau'r diwygiad, gyda llawer o emynau a thonau newydd yn datgan profiadau'r saint i'r dim.

Cafodd ei herio gan un gwrandawr am y Gwaed: ai dylanwad y Morafiaid oedd y safbwynt hwn ynteu ai rhywbeth a ffynnai yn ei galon ei hun.

Onid oes yna rywbeth afiach yn yr holl siarad gwaedlyd yma? Wedi'r cyfan ni phwysleisir yr elfen hon yn yr Efengylau. Syndod yn wir yw cynildeb yr adroddiadau am y croeshoelio yn y pedair Efengyl. Hwyrach eich bod yn pori yn rhy aml yn y Llythyr at yr Hebreaid. Hwyrach mai ffasiwn ddiwinyddol ydyw; wedi'r cwbl ysgrifennodd Isaac Watts emyn sy'n cychwyn gyda'r geiriau ofnadwy: 'O! am gael ffynnon llawn o waed a dynnwyd o wythiennau Immanuel'. Nid yw hyn yn llesol. Ym mhob pregeth ac yn llawer o'r emynau, y mae boddfa o waed.

Trodd Harris yn ffyrnig ar y dyn a dywedodd wrtho:

Ddyn bach! Y galon yw man canol pob person a'i chynnwys yw gwaed sy'n rhedeg trwy'r holl gorff ac heb galon dda nid oes gan ddyn deimladau da tuag at Dduw na dyn. I'r galon y treiddia'r Efengyl. Os erys yn y pen yna nid yw ond yn rhan o ddeall annigonol dyn. Pan fydd dyn yn byw yng Nghrist, yn ei Galon ef, a'i Waed, y mae ganddo fywyd arall, gwahanol, sy'n uwch na'i ddeall na'i reswm. Ond yn y gwaed y mae bywyd a gobaith a chariad a llawenydd: ac onid yw Calon Fawr Crist yn cynnig hyn i gyd inni? Crefydd oer, ddideimlad yw crefydd y pen ond crefydd gynnes, deimladwy, gariadus yw crefydd y galon. Ac mae pobl y diwygiad yn gorfoleddu yn y gwirionedd hwn. Crist yn y galon a'r galon yng Nghrist. Gwyddant, fel y canodd Williams, mai:

> Gwaed dy Groes sy'n codi i fyny
> 'reiddil yn goncwerwr mawr,
> Gwaed dy Groes sydd yn darostwng
> cewri cedyrn fyrdd i lawr:
> gad im deimlo
> awel o Galfaria fryn.

Cofia, ddyn, mai ni ydy'r rhai 'eiddil', a Satan a'i dylwyth ydy'r 'cewri cedyrn'. Os na ddealli di hyn, fedri di ddim cyfrannu o'n gorfoledd ni. A chofia di, trywanwyd ein Harglwydd ni yn ei Galon Fawr ar y Groes, a hynny drosom

217

ni. Ond yn bennaf, gwaed sy'n rhoi bywyd, a dyna y mae gwaed Duw yn ei gynnig inni: Bywyd.

*　　*　　*

Teithiodd Harris yng nghwmni ei wraig a'i ferch i Abergwesyn ar ddiwedd 1763 ac aros yno dros nos cyn tramwyo'r ffordd unig a mynyddig i Langeitho, lle roedd sasiwn arall i'w chynnal. Cafodd gyfle i annerch cynghorwyr o dair sir y de-orllewin a manteisiodd ar y cyfle i daro gartref yr angen sylfaenol am ddisgyblaeth yn holl waith y diwygiad. Heb hynny fe syrthiai'r gwaith yn chwilfriw. Heb drefn fe ddilynai pawb ei lwybr ei hun. Cytunwyd â hyn ond sibrydodd Williams yn ei glust yn ddiweddarach 'fod Mr Rowland yn bregethwr heb ei ail ond nad oedd yn ffit ar gyfer unrhyw waith arall; ac ni fu ymdrech i osod materion gerbron Duw na llawer o ysbrydolrwydd ond bod ynddo duedd i ruthro trwy bopeth.' Ychwanegodd: 'Ac mae'r diwygiad nerthol sydd wedi cydio yn y wlad yn gofyn am fwy o drefnu gofalus gan fod cymaint o'r tröedigion yn bobl ifanc a'u nwydau yn gryfion a bod angen sianelu'r nwydau hynny i lwybrau Cristnogol buddiol. A rhaid wrth drefn i gyflawni hynny.'

Ymunodd Harris gydag egni rhyfeddol i deithio i Fryste, Caerfaddon a Llundain yn ogystal ag Efrog a Nottingham, a bu sawl gwaith ar draws de Cymru. Ond bu'n ddiwyd yn pregethu ac yn cynghori yn Nhrefeca – ac yn disgyblu pan oedd galw. Deuai llif o ymwelwyr i'r ganolfan ac yn eu plith daeth John Wesley a fu'n pregethu'n dra effeithiol ar y stryd yn Aberhonddu. Ym Mryste gweddïodd dros 'yr annwyl Rowland'. Serch hynny, teimlai'n anhwylus iawn ac arhosodd yn y gwesty hyd bedwar o'r gloch. Daeth i'w feddwl y carai gael *chaise* pedair olwyn fel na fyddai'n gorfod gyrru ei hunan ac y gallai ddarllen yn gyfforddus wrth deithio. Ond yn erbyn hynny byddai rhagor o dreth i'w thalu, ac fe fyddai'n gostus i'w phrynu ac fe fyddai'n ymddangos yn fawreddog. P'run bynnag, roedd y ffyrdd yng Nghymru mor gul fel na fedrai dau geffyl ochr yn ochr eu rhodio, a bod y rhychau wedi eu gwneud gan geffylau sengl a chertiau o'u hôl. 'Ond gwnaeth yr Arglwydd y cyfan yn glir imi. Fe roddodd *chaise* ddwy olwyn gyda dyn a cheffyl i fy ngyrru a cheffyl arall wedi ei harneisio i fod o gymorth ar achlysuron arbennig ac i'm cludo pan na fedrai'r *chaise* fynd ymhellach.' Pwrcaswyd y *chaise* ym Mryste a dygwyd hi yn ôl i Drefeca gan Evan Moses: cludodd gydag ef hefyd beiriant trydan a fyddai'n rhyfeddu pobl Trefeca.

Blwyddyn lawn i'r ymylon oedd 1763 a mentrodd Harris gyda'i fanylder arferol restru 50 o dasgau a orffennwyd yn Nhrefeca ar ei ben-blwydd yntau yn 50 oed. Plannodd 29 o goed ffynidwydd ar y Bryncyn a 21 arall ger y rhodfa ordeddog – yn gwneud cyfanswm o 50 – a gosodwyd pibau o dan yr heol i'r gamlas ac i'r ffynnon – oedd bellach yn byrlymu. Gwnaed dwy gronfa ddŵr newydd ger y Bryncyn. Dychwelodd Hugh Davies o'r carchar yn Ffrainc. Dechreuwyd calchio'r meysydd. Ychwanegwyd y siop at y tai. Plannwyd hadau a dderbyniasai gan foneddiges yn Llundain. Prynwyd Penyrwrlodd a Threfeca Isaf. Hyn, a llawer mwy, yn adlewyrchu ei egni diflino, ei sgiliau fel cynllunydd, a'i ymroddiad a'i sêl dros unrhyw beth yr ymgymerai ag ef. Dros Dduw, wrth gwrs.

Pennod 13

Rhai o Droeon yr Yrfa
Gŵyl Fabsant a Llys Barn
Y dyddlyfr a barn y beirdd
Sefydlu'r Coleg yn Nhrefeca Isaf

Cymysgedd o brofiadau helbulus a llawen fu hanes
Harris ar hyd y daith. O ystyried cyflwr ei iechyd a'r
straen a roddai arno'i hun, mae'n syndod, yn wir, ei fod
wedi llwyddo i barhau i lafurio mor ddiarbed cyhyd.
Mynnai ef, wrth gwrs, mai ei ffydd ddiysgog a'i cynhaliai,
a cheir tystiolaeth o hyn yn yr hanesion sy'n dilyn.

Beth amser ar ôl iddo ei sefydlu ei hun fel pregethwr
crwydrol cyffrous, ar ddechrau ei ymgyrch, ymwelodd ag
eglwys Diserth ar y ffordd rhwng Llanfair-ym-Muallt a
Llandrindod.

Digwyddai fod yn Ŵyl Cewydd y Glaw, nawddsant
eglwys Diserth. Wrth agosáu clywai sŵn rhialtwch, a
addawai dyrfa fawr. Daethai llu o bobl ynghyd i'r fangre
hudolus yma ar lan afon Ithon ac wrth iddo ddisgyn y rhiw
serth at y llecyn, gwelodd gannoedd o bobl, hen ac ifanc,
yn troi a throelli, yn chwarae ac yn annog y chwaraewyr,
yn canu ac yn dawnsio i fiwsig y ffidlwyr niferus. Sylwodd
hefyd ar ŵr o'i flaen yn arwain ceffyl a dynnai gar llusg ac
arno faril o gwrw, ar ei ffordd i ailgyflenwi anghenion y
dyrfa sychedig. Pan gyrhaeddodd y fynwent eang, gron a
sylwi ar gymaint oedd yn digwydd yno, ni wyddai'n iawn

beth i'w wneud, ond bu i nifer ei adnabod fel y gŵr bach tanllyd o Drefeca. Dechreuasant wneud hwyl am ei ben a'i bryfocio. Roedd cymaint yn digwydd o'i gwmpas fel na fedrai deimlo'n ddiogel a phenderfynodd fynd i mewn i'r eglwys hynafol. Roedd nifer o seddi bocs yno ac enwau eu perchnogion, teuluoedd lleol cefnog, wedi eu cerfio ar y drysau, ond digon tila oedd gweddill yr adeilad gyda'i lawr pridd, llychlyd, heb le i'r addolwyr eistedd. Aeth Harris at yr allor a phenlinio yno a gweddïo am arweiniad Duw ac am ddewrder i sefyll i herio'r dyrfa swnllyd.

Chwaraeai rhai dennis llaw yn erbyn wal y tŵr gan weiddi'n fuddugoliaethus pan syrthiai pêl y gwrthwynebydd i'r llawr; ym mhen arall y fynwent roedd anterliwt yn cael ei chwarae a thyrfa yn bloeddio chwerthin wrth wylio giamocs yr actorion amrwd. Y tu allan i'r fynwent roedd eraill yn pitsio pedolau am y pella neu'n ymaflyd maen a throsol, ac mewn cae cyfagos roedd yna dalwrn ymladd ceiliogod gyda thyrfa, yn bennaf o fechgyn a dynion, yn annog eu ffefrynnau pluog nes bod eu lleisiau'n gryg; ac, yn fwy tawel, trefnasai eraill rasys malwod. Ond dawnsio i sŵn ffidil a wnâi cylchoedd eraill – sawl tiwn a sawl dawns yr un pryd. A byddai nifer helaeth o'r gwragedd yn cerddeta fraich ym mraich gan rannu'r cleber diweddaraf tra rhedai'r plant driphlith-draphlith o gwmpas y lle. Ciliasai nifer o'r ieuenctid i garu'n breifat mewn cilfachau o'r neilltu. Yn ystod y bore cychwynnodd gêm ffwtbol rhwng dau dîm – un o'r Diserth ac un o blwyf cyfagos. Yr arfer – fel gyda'r cnapan yn y gorllewin – oedd i fechgyn a dynion ifanc ymuno yn y gêm yn ôl y galw a chludent hefyd bastynau i ymosod ar y tîm arall. Nid oedd terfynau i'r gêm a symudai o un cwr i'r llall yn gwbl ddi-reol. Cawsai rhai o'r chwaraewyr eu cleisio'n ddrwg a byddai ambell un yn cael ei fraich neu ei glun wedi ei thorri. Cefnogid y naill ochr a'r llall am oriau gan sgrechian eu canlynwyr. Yr un pryd, roedd llawer o'r plant yn neidio i'r afon neu'n lluchio cerrig llyfn hyd wyneb y dŵr.

Ysgafn ac ysgafala oedd bryd pob un, a'r hetiau, y sgarffiau a'r gwisgoedd amryliw yn adlewyrchu hynny; diwrnod i'w fwynhau mewn miri ydoedd. Roedd difyrrwch lond y lle tra eisteddai Harris yn ofni mentro allan o'r eglwys ac eto'n teimlo yn ei galon fod galw arno i sefyll yn eu canol a'u rhybuddio o'r Farn oedd yn eu haros os na fyddent yn troi at Grist a'i Waed. Ymhen amser, distawodd y dadwrdd ychydig a theimlai'r efengylydd mai dyma ei gyfle i fentro allan i'w hannerch. Aeth allan a sefyll ar garreg fedd gerllaw a chodi ei lais treiddgar i gyfarch y dyrfa. Ymateb llawer oedd troi i hwtian a hisian a galw ar i'r ffidlwyr gynyddu eu sŵn. Nid oeddynt am gael y pregethwr bach yn dod i'w plwyf i fygwth barn a chelanedd arnynt – roeddynt yn fodlon ar eu bywydau syml, di-ddrwg di-dda. Nid oeddynt yn gwneud drwg i neb ac nid oedd gan neb ohonynt ddiléit mewn darllen – heb sôn am ddarllen y Beibl, fel y mynnai ef y dylent. Hwtient ef pan draethai am y Mab Afradlon yn byw mewn oferedd yn y wlad bell heb obaith nes dychwelyd i dŷ ei dad. Ond, yn raddol, enillodd glustiau'r mwyafrif oedd yno gan mor ffres ei neges a chan mor agos at eu calonnau y traethai. Llithrai llawer, gam wrth gam, yn agosach ato – y dyn unig, dewr a'r wyneb magnetaidd a'r llygaid tanbaid, ac yn enwedig y llais trydanol a drywanai at fêr eu hesgyrn.

Wedi traethu am dros awr a'r nos a'i hoerfel yn cau amdanynt, daeth ei bregeth i ben mewn distawrwydd llethol ar wahân i dôn wylofus y colomennod o'r coed gerllaw. Diferai ei wyneb o chwys ac roedd ei ddillad yn wlyb o'i

222

ymdrechion. Daeth nifer ato i siarad – rhai yn eu dagrau – gan ofyn iddo a fyddai'n barod i'w hannerch eto yn y dyfodol agos, ac addawodd yntau y byddai. Ciliasai sŵn y rhialtwch ymron yn gyfan gwbl gyda llawer wedi sobri gan ei neges a'r rhybuddion difrifol ac yn dweud wrth ei gilydd, 'Pa fath grefydd yw hon lle symudir ein calonnau? Nid yw hyn yn digwydd yn yr oedfaon prin yn yr eglwys ac yn siŵr nid yw pregeth fer y ciwrad a ddarllenir ganddo a'i drwyn yn y papur, i'w chymharu â'r gwres a'r tân a ddaeth o enaid Harris. Ie, dyna'i enw. Rhaid inni beidio'i anghofio – Howel Harris.'

Taer fu'r siarad am y bregeth wrth i'r bobl droi eu hwynebau tua thref. Yn flinedig, chwiliodd Harris am ei geffyl amyneddgar a'i farchogaeth i gyfeiriad Llandrindod lle gwyddai y câi groeso gan un o aelodau'r Cae-bach a drigai yn Nhrefonnen. Cyn bwyta, gofalodd am wair i'w geffyl a sychodd ei gorff yn lân o lwch y dydd.

Helbul o fath arall a gafodd yn 1740 yn Llanandras pan ddygwyd ef o flaen y llys wedi ei gyhuddo o greu terfysg yn Llandeglau. Cyhuddiad difrifol oedd hwn ac felly gohiriwyd yr achos o fis Hydref 1740 tan Ionawr 14 y flwyddyn ganlynol, i Lys Chwarter Trefyclo. Ysgrifennodd yn ei ddyddlyfr, 'Maent wedi gosod nifer o gyhuddiadau yn fy erbyn: creu mwstwr a reiat, tynnu pobl oddi wrth eu gwaith a fy meio i am ddrygioni'r dyrfa.' Llonnodd drwyddo pan ddaeth ei gyfaill, Marmaduke Gwynne o'r Garth, i'r dref i'w gefnogi, ond nid oedd mor hapus pan geisiodd hwnnw a Syr Humphrey Howarth, yr Aelod Seneddol dros y Sir, ei berswadio i bledio'n euog. Ni fynnai Harris hyn am y rheswm syml nad oedd wedi cyflawni unrhyw drosedd. Dadleuai Marmaduke y byddai'n ddieuog yng ngolwg Duw beth bynnag fyddai dedfryd y llys. Gyda'i styfnigrwydd arferol penderfynu amddiffyn ei achos a wnaeth Harris.

Parhaodd y llys yn Nhrefyclo am ddeuddydd a'r cyhuddiad yn ei erbyn oedd ei fod ef a'i gwmni o naw, trwy nerth arfau, wedi curo a chlwyfo a cham-drin rhyw William John. Gwadodd y cyhuddiad gan haeru mai gŵr arall, nid o'i gwmni ef, a wnaeth y difrod, sef rhyw Thomas Jones. Cyhuddwyd ef hefyd o fod yn euog o ddenu pobl oddi wrth y Fam Eglwys ond fe'i hamddiffynnodd ei hun yn egr trwy honni, fel y gwnaeth ganwaith wrth ffrind a gelyn, ei fod yn aelod ffyddlon o Eglwys Loegr, ei fod yn cymuno'n gyson ynddi a'i fod wedi gofyn am gael ei ordeinio ar bedwar achlysur. Ni fedrent ei gyhuddo, felly, o fradychu'r eglwys a garai ac a barchai. Collodd y cyhuddwyr yn y llys eu tymer a'i gondemnio ymhellach o ymosod ar William John, ond galwyd Thomas Jones i ymddangos a thystiodd ei fod wedi dod i ddealltwriaeth gyda John ynghynt. Roedd ganddo dystion i gadarnhau hyn. Nid oedd John, fodd bynnag, ar gael ac felly, mewn rhywfaint o ddryswch, gohiriwyd y llys tan fore trannoeth. Ar y ffordd allan cafodd Harris ei gam-drin gan yr haid a cheisiwyd ei fwrw i lawr grisiau'r llys ond daeth brawd Marmaduke, Ron, darpar ymgeisydd seneddol, i'w amddiffyn. Ta waeth, yn y stryd, ac yntau eto ar ei ben ei hun, ymosodwyd arno eilwaith. Cyflymodd ei gam ond yn nes ac yn nes y deuent. Trodd arnynt a gweiddi 'Heddwch' yn eu hwynebau. Ond wrth iddo gerdded ymaith prysurent hwythau ar ei ôl. Cydiodd un yn ei gôt ond dihangodd eto fel aderyn o rwyd y ffowler nes iddo gyrraedd drws ei lety ac yna ymgasglasant o'i gwmpas fel cacwn gan gydio mewn rhannau o'i gorff. Tybiai eu bod am ei larpio ond diolchodd i Dduw fod y drws yn gilagored a sleifiodd i mewn. Ymddiheurodd i Dduw yn union wedyn am ei lwfrdra. Yn ddiweddarach cafodd gwmni melys Marmaduke i swpera, a'r noson honno cysgodd yn esmwyth.

Bore trannoeth, daeth i'w feddwl mai'r peth gorau iddo fyddai pledio'n euog o flaen y llys. Gwyddai nad oedd yn euog o unrhyw drosedd ond daliai ei gyfeillion, ynghyd â thwrnai a alwyd i'w ochr, pe mynnai wadu pob cyhuddiad yna byddai'n rhaid iddo ymddangos o flaen llys uwch – Uchel Lys, hwyrach – a'r cwbl a ofynnid oddi arno oedd cyfaddef ei fod wedi tramgwyddo a'i fod yn erfyn maddeuant y llys. Daeth i'w feddwl fod Paul wedi apelio at Gaesar ac efallai mai apelio at lys uwch y dylai ef ei wneud. Anfodlon oedd hefyd y byddai ei enw da yn cael ei sarnu, ac y cofid am hynny ar ôl ei farw. Nid oedd awyrgylch y llys yn ei blesio o gwbl: ni châi Duw ei anrhydeddu yno ac fe halogid ei enw. Wrth gymryd y llwon byddai chwerthin ac ysgafnder drwy'r lle ac fe gredai ef fod llw yn gysegredig. Yn hwyrach y dydd, wedi oriau o drafod, clywodd sibrydion ei fod yn mynd i gael ei chwipio, a bodlon oedd i hynny. Wedi rhai oriau o ymdderu, gyda Harris yn ei amddiffyn ei hun drwy'r amser, dywedodd wrth ei wrthwynebwyr, 'Os ydych am roi'r bai arna i am niweidio'r gŵr yn Llandeglau yna rwy'n fodlon, ond cam â mi yw hynny, a byddaf yn cerdded oddi yma yn ddieuog, ond ni fyddaf yn ymgyfreithio mwyach. Gwnewch fel y mynnoch â fy nghorff.' Derbyniwyd ei apêl a rhoddwyd dirwy o un swllt ar ddeg a chwe cheiniog arno. Wrth ymadael â'r llys teimlodd gymaint o ryddhad a llawenydd fel iddo gael ei demtio i ganu ar hyd y strydoedd. Teithiodd y noson honno mor bell â Nantmel. Nododd fel yr oedd trugareddau Duw yn ei ganlyn ym mhob man – tân pan fyddai'n oerllyd, bwyd pan fyddai'n newynog a gwely pan fyddai'n flinedig.

*   *   *

Ni fu Harris erioed yn gysgwr da a chredai mai diogi oedd cael mwy na mwy o orffwys. Ceisiai fodloni ar dair neu bedair awr yn ei wely ond manteisiai ar yr oriau ychwanegol i weddïo, i fyfyrio, i gynllunio ac i ysgrifennu a darllen ei ddyddlyfrau – gwelai'r rhain fel drych o'i feddyliau dwysaf ac o'r pellter neu'r agosatrwydd oedd yn bod rhyngddo a Duw. Disgyblaeth mewn gostyngeiddrwydd oedd cadw dyddlyfr; cydnabod ei ffaeleddau a'i bechodau a gweddïo am faddeuant, a phwyso a mesur ei ddatblygiad ysbrydol. Datganodd unwaith mai ei fwriad oedd cofnodi 'pob un o'i bechodau yn ystod y diwrnod a aeth heibio, rhai esgeulus a rhai bwriadol; y rhai yn erbyn Duw, yn erbyn fy hunan, neu yn erbyn fy nghymydog ar feddwl, ar air neu weithred.' Byddai'n nodi pob cweryl a gâi, pob dychymyg drwg, pob gwastraff ar amser, a phob cyfle a gollwyd i gyflawni daioni. Yn fwy na dim llwyddai ei ddyddlyfrau i'w argyhoeddi o arweiniad yr Ysbryd gam wrth gam, mewn pethau cyffredin ac anghyffredin yn ei fywyd. Dygent dystiolaeth o weithgaredd Ysbryd Duw arno. Ar adegau teimlai y carai iddynt gael eu cyhoeddi, a byddai'n rhoi benthyg ambell gyfrol i eraill i'w darllen. Cyfrifai ar ddiwedd ei oes ei fod wedi llenwi dros 284 o gyfrolau yn adrodd ei feddyliau mewnol a'i amcanion allanol.

Byddai'n troi atynt o dro i dro i olrhain llaw Duw ar ei daith ysbrydol a thynnai nerth o'r darllen. Sylwodd fwy nag unwaith fod y rhif saith sydd, wrth reswm, yn rhif Beiblaidd amlwg, yn nodi rhythm ei fywyd. Yn 1769, er enghraifft, nododd, tra oedd yng Nghaerfaddon ar Ebrill 6, ei fod yn cychwyn ar y pymthegfed flwyddyn ar hugain o'r adeg 'pryd y bu i'r Arglwydd ddangos imi fy nghyflwr syrthiedig. Cefais fy ngeni yn 1714 a dysgwyd y catecism imi gan Joseph, fy mrawd, ac adroddais ef am y tro cyntaf yn yr eglwys yn 1721. Yn 1728 bûm yn athrofa Llwynllwyd ac yn 1735 fe gyffyrddodd yr Arglwydd â fy nghalon a'm harwain i fywyd newydd; yn 1742 cefais fy apwyntio yn brif arolygwr dros y cynghorwyr yng Nghymru ac yn 1749 daeth Madam Griffith i mewn i fy mywyd ac arhosodd yn Nhrefeca am y tro cyntaf; yn 1756 galwyd fi i fod yn aelod o Gymdeithas Brycheiniog ac yn 1763 dechreuais deithio eto ar ôl bod yn y milisia.'

Y rhan o'i hanes yr hoffai droi ato a'i ailadrodd oedd hanes ei dröedigaeth syfrdanol. Adroddodd droeon yn ei nodiadau ei fod, ar fore'r Sulgwyn 1735, yn yr eglwys yn Nhalgarth yn derbyn y Cymun. Meddai, 'Wrth y bwrdd, cedwid Crist yn gwaedu ar y Groes yn gyson gerbron fy llygaid; a rhoddwyd nerth i mi gredu fy mod yn derbyn maddeuant ar gyfrif y Gwaed hwnnw. Collais fy maich, ac euthum tuag adref gan lamu o lawenydd; a dywedais wrth gymydog a oedd yn drist, "Pam yr ydych yn drist? Mi a wn fod fy mhechodau wedi eu maddau . . . O! ddiwrnod bendigedig na allwn ei gofio ond yn ddiolchus byth!"'

Y profiad ysgytwol hwn oedd ei garn dros ymroi drwy ei holl fywyd i bregethu, cynghori a sefydlu seiadau a'u trefnu yn sasiynau, ac adlewyrcha ei ddyddlyfrau ei ffyddlondeb, a hefyd ei fethiant, yn y dasg aruthrol a osododd iddo'i hunan. Ingol o unigol oedd ei brofiad cychwynnol ond daeth i weld fod llaweroedd yn medru cyfrannu o'r un profiad â'r un a gafodd e – dan yr amodau iawn.

Nid oedd yn hoff o'r enw 'Methodus' a ddodwyd arno ef a'i gyfeillion ac ni chynhesai at yr enw 'Enthiwsiast' ychwaith, ond ni fedrai wadu nad oedd yn enthiwsiast yn yr ystyr ei fod wedi ei feddiannu gan Ysbryd Duw ac wedi ymateb iddo'n bersonol a mewnol; gwyddai fod hyn yn cynnau tân yn ei galon a brwdfrydedd yn ei waith. Bid siŵr, roedd y ffaith y câi ei alw'n enthiwsiast yn fêl ar fysedd pobl fel Theophilus Evans a ysgrifennodd lyfr yn ymosod yn chwyrn ar Fethodistiaeth – *History of Modern Enthusiasm* (ni soniodd am y diwygiad yng Nghymru, a rhyfedd hynny gan fod William Williams wedi bod yn giwrad iddo). Yn y llyfr hwnnw dyfynnir yn helaeth o awduron cyfoes fel Locke ac Addison, athronwyr a bwysleisiai uchafiaeth rheswm a chymedroldeb ond a ymosodai'n chwyrn ar bob Enthiwsiast. Credai Theophilus, p'run bynnag, mai Pabyddion cudd oedd y Methodistiaid! Yr oedd yr argyhoeddiad ar led ymhlith y deallusion fod Duw wedi gollwng y byd o'i law, fel rhyw belen fawr, ac nad oedd yn ymyrryd ym mywydau dynion, bellach. Ymddiriedwyd i ddynion y dasg o redeg y ddaear. Ond os oedd un syniad a godai wrychyn y diwygwyr i gyd, hwn oedd e. Gwyddent hwy'n wahanol, a hynny o'u profiadau eu hunain, fod Duw yn ymyrryd yn eu bywydau.

Hydreiddiodd rhai o'r syniadau hyn i Gymru a chreu cryn amheuaeth ynglŷn â pha 'wirionedd' y dylid ei fabwysiadu fel y datganodd un bardd yn eglur yn ei farwnad i un John David:

> Wel, weithian hen bererin
> A elli ddweud yn glir,
> Pwy grefydd sydd yng Nghymru
> Y nesa at y gwir?
> Ai Methodist neu Faptist
> Neu ynteu'r Morafian
> Neu ynteu'r Independant
> Neu Eglwys Loegr Lân?

228

Pa un ore yw'r Arminiaid
Sy'n dala gallu dyn,
Neu ynteu'r Mwngltoniaid
Os wyt ti'n gwybod p'un;
Neu ynteu'r Presbyterians
Os gelli ddweud yn dde,
Pa rai o'r rhain sydd orau
Yng ngolwg Brenin Ne?

Cyfansoddodd Lewis, un o Forrisiaid Môn, bregeth ddychanol yn ymosod ar yr arweinwyr Methodistaidd. 'Pam,' gofynnai, 'nad yw'n gyfreithlon i mi yn ogystal â Howel Davies a Whitefield a gweddill y brodyr, arwain chwaer oddi amgylch?' Gwelai hwy fel antinominiaid ac ariangarwyr a merchetwyr. Ymosododd hefyd yn gyson ar addoliad y diwygiad, ar 'y croch-lefain, ac ystumio wynebau, malu ewyn, a chodi breichiau, er dychrynu pob pobl ehud di-wybodaeth. Gwell yw gwrando ar eiriau doethion mewn distawrwydd rhagor bloedd yr hwn sydd yn llywodraethu ymhlith ffyliaid . . . a hynny mewn ysgubor neu feudy neu dai cyffredin, neu ryw le arall o'u tai liwnos, gan adael eu gwŷr a'u plant, a'u teuluoedd, i ganlyn gwŷr a llanciau i ddilyn eu chwantau anifeilaidd, i rannu eiddo eu gwŷr . . .' Ychwanega Lewis, 'Mae ŵyn yr Arglwydd yn barod i chwarae. Maent yn brydferth i'r llygad. Mae iddynt gluniau felfed, mae eu crwyn yn feddal . . . Rhof ganiatâd ichi (medd y cynghorwr) chwarae, fy ŵyn hyfryd. Derbyniwch yr Ysbryd o'ch mewn gydag awch a chariad. Dawnsiwch a scipiwch o gylch gan y byddaf i yn maddau eich pechodau. Ond beth bynnag a wnewch, gwnewch yn y tywyllwch.'

Bu'r anterliwtwyr hwythau yn hogi eu harfau i ddifenwi'r

diwygiwr, neb yn fwy effeithiol na William Roberts, clochydd Llannor yn Llŷn, a gafodd y swm enfawr o £52/10/0 am ei gyfansoddiad 'Ffrewyll y Methodistiaid, neu Butteinglwm Siencyn ac Ynfydog'. Cymeriadau go-iawn oedd y ddau a enwir ond deuai Harris a Whitefield i mewn i'r chwarae hefyd, a miniog yw'r dychan. Gosodir yng ngenau Harris, er enghraifft, y geiriau hyn:

> Mi fedraf grïo ac wylo'n greulon
> Mewn golwg, heb ddim ar fy nghalon,
> A phregethu rhagrith heb ronyn rhith rhaid
> I dwyllo trueiniaid deillion.

Neu mewn golygfa arall, ceir 'Chwitffild' yn holi Harris am ei ffydd:

Chwitffild: Pam y mae'r society cheatio
               A'r nos ddefosiwn wedi'u dyfeisio?

Harris: I gael o bobl ddawnus nwyfus wrth fynd i'r Ne'
               Gyfle i chware llech-hwrio.

Chwitffild: Pam y mae'r rhinwedd honno'n anghenraid?

Harris: I wneud armi styrdi o fastardiaid.

A darlunnir y cynghorydd Siencyn Morgan yn siarad â'r ferch ddiniwed, Ynfydog, a ddenwyd at y Methodistiaid, yn ceisio ei llithio i gysgu gydag ef:

Siencyn: Un peth arall, meinir weddol,
             Sydd yn rhadus angenrheidiol:
             Cael 'honom orwedd heno ynghyd
             Fel dau anwylyd duwiol.

             Ac yno'n wisgi cawn ymwasgu,
             Ymlenwi'n glir o gywir garu;

Pob pleser, mwynder mab a merch,
Cu synnwyr serch, cusanu.

Hwyrach mai'r gân fwyaf deifiol yn yr Anterliwt yw cân y
Ffŵl:

Ffŵl: Ffarwel i Hwlyn Goblyn Gablwr, ar hyd y nos
Sy'n rhagrithio gwaith Pregethwr, &c
F'aeth y Llwynog mewn digllonedd,
I dannu gwenwyn tua Gwynedd,
Fe wneiff yno'r mawr anhunedd, ar hyd y nos &c
Cyrchwch ato'r holl Ferchettas,
Mae gantho Bregeth at eich pwrpas,
Efe yw'r Campiwr gwycha o gwmpas, ar hyd y nos.

Mae cymaint rhinwedd mewn Rhianod, ar hyd y nos
A fo'n cyfeirio i'r Cyfarfod, &c
A geill tarw lleia'i 'Styriaeth
O fewn y Beudy, gael gwybodaeth
Pa'r un yw'r orau mewn Carwriaeth, &c
Y fun a welir, draw dduwiolaf,
Yn griddfan fel y Golomen araf,
Dyna'r Hyswi a eiff yn isaf, ar hyd y nos.

Un hoff ddyfais boblogaidd oedd cynnig rysáit ar sut i
wneud Methodyn, fel hwn:

Cymmerwch Lyssiewyn Rhagrith, gwreiddyn Balchder, dair
wns, wns o chwanogrwydd, wns o wag ogoniant, traeddwch
hwynt mewn morter terfyst ag Anghyttundeb, yna berwch
hwynt mewn chwart o Ledrithiog ddagre ar dân ymryson hyd
oni weloch Ewyn ffalster yn ymddangos yna cymmerwch ef
ymaith, hidlwch ef drwy lian gwrthryfel, gadewch iddo sefyll
a sefydlu, rhowch ym mhottel Cynfigen, atteliwch ef a chorcyn
malais, gwnewch Belennau Cydfradol, o ba rai cymmerwch naw

231

yna ewch ich gwelu, dywedwch hir Weddi a ellir ei chlwed
drwy'r holl ystrydoedd, wedi gellwch fyfyrio drwy eich holl
fywyd pa fodd i ddihenyddio'r Brenin, Llosgi yr Esgobion
anrheithio'r Deyrnas, tori Breintiau pob gonest Ddynion.

Difrïid y Methodistiaid hefyd trwy eu galw 'Y Poethyddion'
a'r 'Neidwyr'. Disgrifiad un clerigwr o Gaergybi ohonynt
oedd hwn, 'Erthyl neu fath ar Anghenfil hyll afluniaidd,
heb na rhol na rheswm a escorwyd arno, ac a faethwyd gan
y Bendro, yw Methodism.'

Gwyddai Harris yn iawn am y llif o ymosodiadau arno
ef a'r Methodistiaid, a'i fod yn cael ei lysenwi fel 'Hwlyn'
yn aml, ond ni flinid ef yn ormodol gan y dilorni parhaus
am ei fod yn gwybod fod Duw o'i du a bod yr achos yn
llwyddo er gwaethaf ei ddirmygwyr. Fodd bynnag, distewi
a wnaeth yr elyniaeth yn raddol gyda threigl y blynyddoedd.

Enynnai ei lafur yn adeiladu Trefeca lawer o
wrthwynebiad. Nid oedd pawb o'i gefnogwyr yn fodlon ar
ei ymdrechion i godi palas castellog i'r etholedig a'r tlawd.
Gwadu ei wir alwedigaeth oedd ymneilltuo yno ac anghofio
gweddill Cymru. Ymhlith ei feirniaid llymaf oedd William
Williams, ac yn ei farwnad iddo fe ddisgrifir Harris fel y
daran a'r cwmwl oedd yn saethu allan fellt ofnadwy,

> At y dorf aneirif dywell
> Yn eu pechod oedd yn byw.

Ymhellach,

> Dilyn ergyd a wnaeth ergyd
> Nes gwneud torf yn foddlon dod
> At yr Iesu mewn cadwynau,
> Fyth i ddilyn ôl ei dro'd.

232

Ac eto,

> Roedd ei eiriau dwys sylweddol
> Heb eu studio 'mlaenllaw'r un,
> Wedi eu ffitio gan yr Ysbryd
> I gyflyrau pob rhyw ddyn.

Canmolir doniau disglair Harris a'i gyfraniad aruthrol i'r diwygiad ond dyma a ddywed Williams am yr encilio i Drefeca:

> Pa'm y llechaist mewn rhyw ogof,
> Castell a ddyfeisiodd dyn,
> Ac anghofiaist y ddiadell
> Argyhoeddaist ti dy hun?
> Y mae plant it' ar hyd Cymru
> Yn bymtheg mlwydd ar hugain oed
> Ag ddymun'sai glywed genyt
> Y pregethau cynta' erioed.

*   *   *

Achos arall cynhennus oedd cyfeillgarwch amlwg Harris â Selina, Arglwyddes Huntingdon. Yn ystod 1765 bu iddi awgrymu y carai godi coleg i hyfforddi dynion oedd â'u bryd ar fod yn weinidogion yn yr eglwysi a noddid ganddi, ac ar fod yn genhadon mewn gwledydd tramor dros ei henwad hi. Bu syniad cyffelyb ar feddwl Harris ers blynyddoedd. Y man y carai i'r coleg gael ei sefydlu oedd Trefeca a hynny o barch at Harris a'i ddiwinyddiaeth. Nid benyw berffaith oedd Selina: wedi'r cwbl (fel y sylwodd un a'i hadnabu) 'pan fydd y lleuad ar ei gloywaf yr adeg hynny y teifl ei chysgodion gliriaf'. Roedd ganddi dymer ffromllyd a mynnai ei ffordd ei hun – gwendidau oedd

233

hefyd yn perthyn yn amlwg i Harris. Deuai i'w chasgliadau yn fyrbwyll ac roedd yn annoeth yn aml wrth ddewis ei gweinidogion. Bid siŵr, yn unol ag arferion ei hoes, roedd yn hoff o snisin ac o win, ac roedd yn berchen caethweision. Ond gweddw fu hi am nifer o flynyddoedd a gyda'r gwaddol a feddiannwyd ganddi ymroddodd i gefnogi achosion crefyddol nes iddi benderfynu sefydlu ei henwad ei hun, ac adeiladwyd un o'i chapeli yn yr Ystrywed yn Aberhonddu mewn cystadleuaeth â chapel Wesley yn Free Street yn y dref. Ymladdai nifer o achosion cymdeithasol yn frwd o'i chartrefi yng Nghaerfaddon a Brighton a Llundain a dwyn perswâd ar rai o'r dosbarth breiniol i'w chynorthwyo. Byddai'n teithio'n barhaus i hybu ysbryd gwell rhwng efengylwyr gwahanol ac i gefnogi Calfiniaid o'r un brethyn â hi ei hun, fel Whitefield a Harris.

Bu'n llythyra'n gyson â Harris ar hyd y blynyddoedd ac fe fu ef yn cwmnïa gyda hi yn ei gwahanol gartrefi. Trwyddi hi cafodd fynedfa at foneddigion Llundain a Chaerfaddon. Menyw gref, ddisgybledig na fynnai blygu i neb oedd hi, a pherson a fedrai ddatgan ei meddwl yn glir a diamwys. Ei dewis o leoliad i'r coleg oedd yr hen ffermdy urddasol, Trefeca Isaf, ryw hanner milltir o Drefeca. Ymfalchïai Harris yn yr anrhydedd a roddai hyn arno. Nid oedd hi'n or-hoff o'i agosrwydd at y Morafiaid, a galwodd hwy unwaith yn 'gau Gristiau'. Cynhesai, fodd bynnag, at ysbryd eangfrydig Harris ac edmygai ei gynghori ffrwythlon a'i ddisgyblaeth, a chredai y gallai'r myfyrwyr gael budd o'i arweiniad.

Ar Awst 1, 1765, credai'r Arglwyddes fod Duw wedi bendithio ei bwriad i agor y coleg yno. Erbyn Rhagfyr 17, 1767, roedd ganddi ddeg o ddynion ifanc a esgymunwyd o Rydychen am eu daliadau yn barod i ymaelodi.

234

Penderfynodd archebu celfi ar gyfer yr adeilad. Mynnodd hefyd fod Hannah Bowen yn dod yn feistres y coleg, a gobeithiai y byddai Harris yn barod i'w rhyddhau. Erbyn diwedd y mis ysgrifennodd Harris ati yn dweud fod y gwaith o ailstrwythuro'r adeilad yn mynd rhagddo ond fod tywydd garw yn atal y seiri maen. Ysgrifennodd Selina at Harris ym mis Chwefror 1768 yn dweud ei bod yn cadw cysylltiad â James Prichard ac Evan Roberts yr adeg yma gan ei bod yn pwyso arnynt ynglŷn â'r darpariaethau terfynol ac ofnent hwy na fyddai popeth yn barod erbyn Mehefin, yn ôl y disgwyl. Y gobaith yn awr oedd medru trefnu yr agoriad swyddogol ddiwedd Awst.

Ddechrau Mehefin bu cyfarfod yng Nghaerfaddon i drafod manylion ariannu'r coleg – yr adeiladau, y gynhaliaeth a'r hyfforddiant. Cafodd yr Arglwyddes ei hargyhoeddi erbyn hyn fod Hannah yn rhy gyfeillgar i fod yn gyfrifol am y dynion ifanc; gallai yn hawdd eu harwain i demtasiwn, felly roedd wedi llogi menyw hŷn, Mrs Bowling, oedd wedi arfer gweini mewn teuluoedd mawr. Hi, a chogyddes o'r un oedran, fyddai'r unig fenywod a gyflogid: fe arbedai hyn i ferched ddod yn rhy agos at y myfyrwyr. Eglurodd ei bod hefyd wedi apwyntio un o'r athrawon, sef Cymro o'r enw John Williams a argyhoeddwyd dan bregethu Harris ac a fu'n athro mewn ysgol breswyl yng nghylch Llundain. Gwyddai reolau gramadeg y Saesneg, y Gymraeg a'r Lladin. Dewisodd ymadael â'r ysgol honno ar sail ei argyhoeddiadau crefyddol. Gofynnodd Selina i Harris a fedrai gynnig llety iddo; holodd hefyd a oedd ei *suite* hi o 21 ystafell yn cael eu cadw iddi. 'Crist a Chrystyn' yn unig a ddeisyfai John Williams. Dylasai Harris fwrw 'mlaen â gorffen cegin y coleg ac fe ofalai hi am weddill y celfi.

Penderfynodd Howel, y cyn-swyddog milwrol, mai enw'r ffordd o Drefeca i'r coleg fyddai 'Rhodfa'r Capten'. Derbyniodd neges oddi wrth ficer Talgarth yn dweud fod Esgob Tyddewi yn ei gondemnio am ei rôl yn adeiladu'r coleg. Ond daeth dydd yr agoriad ac roedd yn ddydd i'w gofio. Yn ôl dyddlyfr Harris am Orffennaf 29 cyrhaeddodd Selina a'i gosgordd Drefeca ar y diwrnod hwnnw 'yng nghwmni pedair boneddiges ac roeddynt yn bwriadu aros am ddau fis a phedwar diwrnod, gyda dwy forwyn a'r athro a deuddeg myfyriwr, a byddent yn cymryd pedair bord bob dydd tan Awst 24 pan agorid y capel a byddai cinio i'r cyhoedd a ddelai.' Mae'n amlwg fod Selina am arolygu'r trefniadau ar gyfer yr agoriad.

Daeth y llwythau ynghyd ar ddydd ei phen-blwydd, sef Awst y pedwerydd ar hugain, pryd y bu i George Whitefield bregethu o flaen y coleg i filoedd o wrandawyr. Ysgrifennodd yn ei ddyddlyfr, 'Y mae'n amhosibl disgrifio'r hyn a welais ac a deimlais heddiw.' Nid oes sôn bod un o'r arweinwyr Cymreig wedi mynychu'r cyfarfodydd ond daethant yn ystod y dathliadau blynyddol a gynhelid ar ôl hynny. Un gŵr yno oedd Augustus Toplady, yr emynydd, ac ysgrifennodd ef at gyfaill fod yna fil tri chant o geffylau yn un o'r meysydd, heb sôn am rai a adawyd gyda'r cerbydau mewn pentrefi cyfagos.

Fe gostiodd atgyweirio'r adeilad tua £500 ac ymhyfrydai Harris yn ymdrechion ei adeiladwyr, pedwar ar hugain ohonynt, i ddwyn y gwaith i ben. Costiodd y dodrefn oddeutu £500 arall. Bwriad yr Arglwyddes oedd paratoi lle cyfforddus i'r ugain myfyriwr ac roedd yr ystafell ddarlithio yn gymen a glân. Codwyd capel deniadol hefyd ac roedd yr ystafell fwyta'n hwylus gyda brawddeg Feiblaidd, 'Portha fy Ŵyn', uwchben y lle tân. Yn wir, addurnid muriau'r coleg gan frawddegau Beiblaidd i atgoffa'r myfyrwyr o'u galwedigaeth aruchel.

Diwrnod llawen oedd hwn i Selina a Harris ond gwyddent fod brwydrau dygn i'w hennill gan fod yr oes yn arddel anffyddiaeth a bod moesau'n isel. Codid lleisiau'n groch yn erbyn Selina i amddiffyn y drefn gymdeithasol oedd ohoni am ei bod yn euog o drafod y werin bobl fel 'plant i Dduw' ac ofnai llawer o'r byddigion fod Methodistiaeth yn ei amrywiol ffyrdd yn tanseilio trefn gynhenid cymdeithas. Gwawdid hi trwy ei galw yn 'Bab Joan Huntingdon' neu yn 'Frenhines y Methodistiaid', ond ofnid hi am ei bod yn medru dal sylw'r brenin. Cafodd saith o blant ond bu farw dau ohonynt tua'r un adeg â'u tad, a chollodd y gweddill trwy angau neu trwy iddynt ymddieithrio. Yn wyneb y colledion hyn – ac er ei bod yn gweld marwolaeth fel dihangfa o fyd o bechod, fe fu colli un ferch annwyl iawn yn ergyd iddi – dewisodd ddefnyddio ei holl egni i'w thaflu ei hun i ganol drama fawr Methodistiaeth. A daliodd ati'n frwdfrydig tan ei marw yn 1791, yn 84 mlwydd oed.

Drama fach arall a agorodd ar yr un diwrnod ag agoriad y coleg oedd i Beti, merch nwyfus Harris, a Nathaniel, mab Daniel Rowland, syrthio mewn cariad. Yn ddiweddarach, wedi i'r garwriaeth flaguro ymhellach, galwodd Nathaniel i weld Harris a gofyn a fyddai'n fodlon iddo briodi Beti, ond gwrthod a wnaeth Harris am ei fod yn siŵr 'nad oedd hynny o'r Arglwydd'. Roedd un arall wedi dechrau llygadu Beti, sef John Williams, yr athro yn y coleg, ond ymyrrodd y tad eto yn y berthynas, a daeth i ben. Erbyn 1769 gorfodwyd i John Williams ymadael â Threfeca Isaf ar orchymyn Selina ond nid oedd Harris yn fodlon o gwbl ar hyn ac fe gafodd groeso a llety yn Nhrefeca Fach am gyfnod. Ond mae'n debyg fod Hannah wedi dod yn fwy o unben yn Nhrefeca ac yn mynnu ei ffordd ei hun, ac ni fu'n hir cyn cweryla gydag Anne, gwraig Howel, a'i ferch, Beti – a'r diwedd fu iddi ymadael am y tro olaf i Fryste. Boddhad oedd hynny i bawb heblaw Harris gan ei fod ef, dros y blynyddoedd, wedi gwerthfawrogi ei doniau a'i hysbrydolrwydd iachus. Er gwaethaf eu cwerylon roeddynt yn hoff o'i gilydd. Teimlodd ei cholli'n arw.

Daliai Harris i fynychu'r coleg yn rheolaidd i bregethu a chynghori ond daw arwyddion blinder i'w ymdrechion ac nid yw ychwaith yn cynhesu at y myfyrwyr oedd yno. Roedd yn weddol dda arnynt gan fod yr Arglwyddes yn talu am eu haddysg a'u cynhaliaeth gan brynu un siwt o ddillad y flwyddyn i bob un a dau bâr o esgidiau ynghyd â legins a chôt fawr. Gofelid bod dau geffyl yn cael eu cadw ar gyfer y myfyrwyr hynny a âi ymhell i bregethu. Synnodd Selina yn ddiweddarach pan glywodd nad oedd y siwtiau wedi para yn hwy na naw mis. (Yn yr un llythyr mae'n cytuno y dylid rhoi papur wal ar y muriau yn Nhrefeca Isaf ond nid oedd yn deall pam fod angen 510 llath ohono!) Erbyn Awst 1772 roedd Harris yn ysgrifennu at John Wesley yn cwyno'n arw am y myfyrwyr. 'Yr ydw i wedi dioddef y gwŷr ifanc hyf ac anwybodus yma a elwir yn gyffredin yn fyfyrwyr, fel na fedraf yn enw cydwybod eu goddef ddim rhagor. Pregethant Wrthodedigaeth mor wyneb galed, ac Antinominiaeth mor llydan fel imi orfod eu gwrthwynebu yn gyhoeddus.'

Yn ôl y disgwyl, cymysgedd o lwyddiant a methiant oedd y coleg, ond daliai Harris at y gred fod y cyfan 'o Dduw', ac felly ni fedrai fethu.

SAIL, DIBENION A RHEOLAU'R SEIADAU

Howel Harris a'r seiadau
Teyrnged i Anne
Terfyn y daith

Chwythwyd y marwydos yn goelcerth – dyna a ddigwyddodd yn Llangeitho yn 1762 ac ymledodd y tân led-led Cymru. Diwygiad oedd hwn a gydiodd yng ngwar y genedl ac nid oedd unrhyw amheuaeth ym marn y rhai a ysgydwyd nad yr Ysbryd Glân oedd ar waith yn achosi'r cynnwrf. Cyffyrddwyd â dynion a gwragedd i waelod eu bod; teimlai pobl mor wahanol o newydd fel pe baent wedi eu geni yr ail waith. Diosgasant 'yr hen ddyn' a gwisgasant 'y dyn newydd'. Ymdyrrai'r tyrfaoedd i'r pentref gwledig dros dir a môr. Wrth gwrs, fe âi'r teimladau dros ben llestri o dro i dro a gwyddai'r arweinyddion yn dda am beryglon gor-deimladrwydd. Ysgrifennodd Williams Pantycelyn am y seiadwyr un tro – ac yntau'n gwybod mai merched oedd mwyafrif aelodau'r seiadau a bod dynion ifanc yn cael eu denu yn eu sgil ac yn ymroi i wylo ac i foli yn eu cwmni – gan eu disgrifio fel 'cwmpeini o lanciau hoenus a gwrol, tyrfa o ferched yn eu grym a'u nwyfiant, dynion y rhan fwyaf ohonynt ag sy gan Satan le cryf i weithio ar eu serchiadau cnawdol, ac i'w denu at bleserau cig a gwaed.'

Er fod yr arweinwyr a'r arolygwyr yn gwybod yn iawn am y peryglon, ceisient ddiogelu'r mudiad trwy osod patrwm o drefn ar y seiadau a oedd bellach yn blaguro mor ffyniannus – 'yn tyfu fel madarch yng ngwres a lleithder y diwygiad', fel y sylwodd un. I gynnal y gwres cychwynnol gofelid bod y dychweledigion yn cyfarfod unwaith neu ddwy yr wythnos ac yno, mewn cwmni dethol, byddent yn canu'n felys-ddwys am demtasiynau a stormydd bywyd ac am y gobaith am nefoedd. Pobl wedi eu trawsnewid o un modd o fyw i fodd arall oedd aelodau'r seiadau, a'r nod oedd eu cadw yn y cyflwr dethol hwn yn nannedd gwrthwynebiad ac enciliad. Roedd cyfarfodydd wythnosol yn hanfodol i hyn ac ynddynt ceisid ailbrofi'r gwres trwy ganu emynau a ddatganai eu profiadau, trwy weddïau dwys, trwy agor eu calonnau y naill i'r llall, trwy gael eu cystwyo a'u canmol am eu datblygiad ysbrydol, a thrwy hyfforddiant yn yr Ysgrythurau. Caed cymysgedd o ddagrau a gwenau, o wasgfeydd ac o ryddhad, o gofleidio ac o gusanu, o wirionedd hallt ac o falm i'r clwyfau. Profiad emosiynol angerddol oedd bod yn aelod o'r seiat. Celloedd bychain oedd y seiadau a magent arwahanrwydd oddi wrth y byd, ac ymwybyddiaeth o ddichellion Satan ac o demtasiynau'r cnawd a'r byd bygythiol, drwg. Rhoddai'r seiat arfogaeth yn nwylo'r aelodau i ymladd yn erbyn y pethau hyn.

Roedd presenoldeb cynifer o ferched a gwragedd yn y seiat yn gwarantu fod teimladau yn cael eu datgan yn rhwydd a dysgodd y gwrywod yn gyflym i fod yn fwy agored wrth drafod eu profiadau mewnol hwythau. Roedd hyn i gyd mor wahanol i addoliad yr Ymneilltuwyr a'r Anglicaniaid fel yr ymddangosai fel pe bai'n ddull newydd danlli o grefydda, yn llawn asbri, yn ddifyr ac yn ddramatig gyda chyffesion a brwdfrydedd carlamus yn gymysg â munudau sobr. Bwrlwm yn hytrach na threfn; profiad personol, iasol yn hytrach nag arweiniad offeiriadol; addoliad lleyg diwahardd yn hytrach na Llyfr Gweddi caethiwus; llawenydd a dagrau dilyffethair yn hytrach nag undonedd di-liw; cynghori a phregethu yn cyrraedd y dirgelion yn y galon yn hytrach na homili yn cael ei darllen o lyfr – dyna'r hyn a nodai'r gwahaniaeth rhwng y seiat glòs, gynnes a'r Tŷ Cwrdd Ymneilltuol neu Eglwys y Plwyf.

Ynghyd â'r caneuon newydd a'r gweddïau o'r frest yn iaith gyffredin yr ardal, hawdd deall yr apêl at yr ieuenctid ac, wrth gwrs, edmygent yr arweinwyr bob un am eu bod mor fentrus yn herio hen arferion. Ar y cyfan mudiad ieuenctid oedd y diwygiad ac, wrth gwrs, yn y blynyddoedd cynnar, chwyldroadol, ifanc oedd yr arweinwyr i gyd. Ond y tu ôl i bob gwahaniaeth a nodweddai Fethodistiaeth, roedd y pwyslais canolog ar brofiad personol – nid ail-law – o Grist, ac mai pwyso arno ef oedd sylfaen ffydd heb roi pris ar unrhyw rinweddau neu weithredoedd neu gyflawniadau. 'Bratiau bryntion' oedd y rhain i gyd. Nid cyflawni gofynion y ddeddf trwy ymlafnio i gadw'r Deg Gorchymyn oedd y cam dechreuol ond meithrin a chadw perthynas glòs â Christ bob awr o'r dydd a'r nos; wedi i'r berthynas yma gael ei selio, wedyn gellid troi i gadw'r ddeddf yn llawen a bodlon. Nid baich ydoedd, bellach, ond braint i'w derbyn. Roedd holl bwyslais y diwygiad ar berthynas gywir â Duw yng Nghrist ac â chyd-aelodau'r seiat; wedyn y deuai cyfrifoldebau'r ddeddf i'w lle – ac yng Nghrist, cyfrifoldebau deddf cariad oeddynt. O ras Duw y deuai'r cyfan, nid o ymdrechion dyn. 'Heb Dduw, heb ddim'. A dyna paham y cofleidiwyd Calfiniaeth gan Harris am fod Calfin yn rhoi pwyslais canolog ar Ben-arglwyddiaeth Duw. Gwaedd o ddiolchgarwch oedd etholedigaeth yn y lle cyntaf, nid athrawiaeth galed – diolch am y wyrth fod dyn wedi cael ei roi mewn perthynas newydd â Duw, wedi cael ei dderbyn a'i ddewis gan Dduw i wasanaeth.

Un o hoff ddelweddau'r pregethwyr a'r cynghorwyr oedd honno o'r dyn a gafodd ei ollwng yn rhydd o'r carchar gan i ŵr cyfoethog dalu mechnïaeth drosto. Roedd yn analluog i wneud dim oll drosto'i hun ond cafodd ei ryddhau am fod un arall yn barod i dalu'r pris drosto. Profiad annisgwyl oedd i ddyn gael ei ryddhau o garchar, a mawr fyddai ei lawenydd a'i ddiolchgarwch. Ciliai yr ofn o farw – mewn oes pan oedd haint a newyn yn medi cnydau toreithiog; a chiliai yr ofn real o uffern a'i boenydion – yn y ffydd o gael rhyddhad o'u cadwyni.

Ni flinai Harris ar fygwth barn a difancoll gyda'i bwyslais ar 'dân a brwmstan', ond wedi eu hargyhoeddi o'u pechod a'u rhyddhau o'u heuogrwydd byddai'r dychweledigion yn canu a datgan eu hyder o fod yn rhydd o bob caethiwed ond y caethiwed o fod yn garcharorion i Iesu Grist. Datganodd John Dafydd o Gaeo y gwirionedd hwn yn gryno yn ei emyn a symbylwyd gan brofiad o'r diwygiad:

Newyddion braf a ddaeth i'n bro,
hwy haeddent gael eu dwyn ar go'
mae'r Iesu wedi cario'r dydd,
caiff carcharorion fynd yn rhydd.

Mae Iesu Grist o'n hochor ni
fe gollodd ef ei waed yn lli;
trwy rinwedd hwn fe'n dwg yn iach
i'r ochor draw 'mhen gronyn bach.
Wel, f'enaid, bellach cod dy ben,
mae'r ffordd yn rhydd i'r nefoedd wen;

242

mae'n holl elynion ni yn awr
mewn cadwyn gan y Brenin mawr.

Dyna gnewyllyn y diwygiad: newyddion da, rhyddhad carcharorion, rhinwedd y gwaed a ffordd rydd i'r nefoedd. – a'r 'gelynion' mewn cadwyn. Credai'r oes fod y diafol yn fygythiad holl-bresennol a rhaid oedd bod yn effro i'w gyfrwystra.

Gwyddai William Williams o'i brofiad helaeth fel arolygwr seiadau am realaeth uffern i'r aelodau. Yn 1762 cyhoeddodd ei gyfrol *Llythyr Martha Philopur* sy'n sôn am hanes Martha a'i thröedigaeth. Cawn yma ddisgrifiad dirdynol o realiti uffern:

Uwchben ffwrn o dân berwedig, tân a brwmstan, mwg pa sydd yn esgyn i fyny yn oes oesoedd, yr oeddwn yn hongian, nid oedd ond y mymryn lleiaf rhyngwyf a myned at ddiawliaid dros byth. Tebyg'swn fod sawyr Uffern yn codi i fyny i fy ffroenau; mi anghofiais fwyta fy mara. Nid oedd ond tragwyddol boenau o flaen fy llygaid nos a dydd; ofnau oedd yn fy amgylchynu fel byddin.

Ond ar ôl cael eu cyffwrdd gan yr Ysbryd Glân:

cwympodd arnom awel felys o gariad yr Arglwydd . . . Y cwmwl a ffodd; yr heulwen a dywynnodd, ni a yfasom o rawnsypiau gwlad yr addewid; ac ni a wnaed yn llawen. Darfu anghrediniaeth; darfu euogrwydd; darfu ofn; darfu ysbryd llwfr, anghariad, cenfigen, drwg-dyb, ynghyd â'r holl bryfed gwenwynig ag oedd yn ein blino ni o'r blaen; ac yn eu lle daeth cariad, ffydd, gobaith, llawenydd ysbryd, a thyrfa hyfryd o rasusau yr Ysbryd Glân . . . rhai oedd yn awr yn wylo, rhai yn moli, rhai yn canu, rhai yn hyfryd nefol chwerthin; a phawb yn synnu, yn canu, ac yn rhyfeddu gwaith yr Arglwydd.

243

Amcan y seiat brofiad oedd cadw'r gwres yma ynghyn ac i fywiocáu'r aelodau trwy weddi, cyd-ganu ac adrodd yn agored mor dda y bu Duw wrthynt ers y cyfarfod diwethaf.

Gwyddai Williams a'r cynghorwyr craffaf fod Satan yn ddygn yn gosod rhwydau a maglau i ddal y credadun syml ar ei dir ei hunan. Felly, mae'r gyfrol yn cynnwys arweiniad clir ynglŷn â'r hyn ddylai ddigwydd yn y seiadau.

> Ysbryd agored ddylai lywio'r seiadau a dylent yn rhinwedd hyn a'u cynhesrwydd teuluol 'roi taw ar ymrysonau, drwgdybiau, rhagfarnau, cynhennau, cenfigennau, a phob anghariad . . .'

Dylent, felly, holi ei gilydd am eu profiadau personol.

> . . . da yw i seintiau ddyfod ynghyd i chwilio, i holi, ac i fynnu adnabod natur y profedigaethau fo wedi dal gweiniaid, ac i daer weddïo eu traed allan o'r cyffion.

Myn fod gwylio'n gariadus fywydau y naill a'r llall yn rhan o gyfrifoldeb aelodau'r seiat:

> . . . Fel mae arfer merched wrth wisgo ac ymbincio yw edrych ar wisgoedd ei gilydd, rhag ofn fod un darn yn anhaclus, yn anghymen.

Yna roedd cyfrifoldeb ar aelodau'r seiat i ddwyn beichiau ei gilydd. Roedd 'torf fawr o gredinwyr yn griddfan tan bwys gwasgfeuon o aneirif fath; a pha ffordd ragorach i ysgafnhau ysgwyddau'r credinwyr nag adrodd eu croesau, eu cystuddiau a'u gorthrymderau wrth bobl Dduw?'

Rhydd y seiat gyfle hefyd i'r aelodau fynegi yr hyn a wnaeth Duw i'w heneidiau, a'i foliannu am hynny.

Crynhodd Williams ei farn am y seiat fel hyn:

O holl foddion gras nid wy'n gweld un mor fuddiol â'r cymdeithasau neilltuol elwir *Societies* preifat arnynt i geryddu, i hyfforddi, i adeiladu, ac i gefnogi aelodau gweinion ag sy barod i gyfeiliorni i ryw ochr, naill ag i chwant, pleser, neu garu teganau o un tu, neu i falchder, rhyfyg, hunan-dyb a chenfigen o'r tu arall, neu ynteu i gael eu denu trwy hoced dynion i dwyllo, i athrawiaethu gau a chyfeiliornus, ac i amrywiol bethau eraill ag sydd wedi gwneud mawr niwed i seintiau Duw.

Yr un pryd cyfarwyddai arweinwyr y seiadau i fod yn ochelgar, yn arbennig wrth wrando cyffesion cyhoeddus oedd yn amlwg yn rhan bwysig a pheryglus o bob seiat. Fe'u cynghora i ofalu 'pa bethau sydd i'w dweud, a pha bethau sydd i beidio eu dweud' ac ni ddylid adrodd gormod o'r llygredigaethau sy'n poeni'r natur ddynol. 'Nid da adrodd pob teimtasiwn wyllt a ddelo i gynhyrfu ein nwydau' nac 'adrodd pob cwymp a gawsom'. Rhybuddiodd rhag cleber gwag ar ran y stiwardiaid. Dylent gadw cwnsel mor ofalus â'r offeiriad Pabyddol.

Roedd rhesymau eraill i gyfiawnhau bod Cristnogion yn ymgynnull mewn seiadau ac un ohonynt oedd y rheidrwydd i ofalu am y tlodion a'r anghennus yn yr eglwysi. '. . . Os bydd cymdeithasau neilltuol yn cael eu cadw yn addas fe fydd pawb yn gwybod amgylchiadau y naill i'r llall, ac felly tosturi, cydymdeimlad, haelioni, cariad, cymwynas-garwch a phob grasusau eraill sydd yn perthyn i'r cyfoethog at y tlawd, i'r iach at y claf, i'r llawn at y llwm, i'r esmwyth at y gofidus a'r anghennus, gaiff eu harfer.'

Ffrwyth blynyddoedd o arwain seiadau a roddodd i Williams y wybodaeth briodol i ysgrifennu mor graff amdanynt a sut i'w rhedeg. Mor gynnar â 1738 bu i

Rowland a Harris gynnig rheolau clir ar eu cyfer a bu i'r cydweithio rhyngddynt a Williams esgor ar ddogfen yn 1742 a ddaeth yn ganllaw parhaol i'r Methodistiaid trwy Gymru. Ei theitl yw *Sail, Dibenion, a Rheolau'r Societies Neu'r Cyfarfodydd Neilltuol a ddechreuasant ymgynnull yn ddiweddar yng Nghymru.* Gwelir oddi wrthi mai Calfinaidd oedd ei phwyslais, ac mai cymdeithasau ar gyfer yr etholedigion oedd y seiadau, a bod y cyfarfodydd i agor gyda chanu emynau a'u dilyn gan weddïau, a bod yr aelodau wedyn i agor eu calonnau y naill i'r llall ac adrodd popeth, boed dda neu ddrwg, a fu yn ystod yr wythnos. Yna, er mwyn cael gwared ar bob rhwystr ar y ffordd i dyfu mewn gras roedd yr aelodau i adrodd eu hamheuon, eu hofnau a'u drwgdybiau wrth ei gilydd. Roedd pob un hefyd i fod yn barod i gael ei holi yn fanwl gan ei gyd-aelodau am ei brofiad.

Emynau Williams yn datgan profiad aelodau'r seiat – o ymosodiadau anffyddiaeth i orfoledd digeulan yr Efengyl – a gynhaliai'r seiat yn ei brwdfrydedd ond nid oes amheuaeth mai Harris a fu'n bennaf cyfrifol am strwythuro'r niferoedd a blannwyd drwy'r wlad, a'i law ef a osododd y canllawiau iddynt. Ef oedd yr arloeswr yn hyn ac ef a fynnodd fod y cynghorwyr a ddewiswyd i rannu'r gwaith yn cael eu hyfforddi'n ofalus a'u bod yn anfon adroddiadau manwl am bob aelod o'u seiadau ato ef yn gyson. Tyfodd y mudiad felly yn hynod o gyflym, gyda threfn gymwys yn cael ei gosod arno a rhuthr y diwygiad yn cael ei sianelu i ffrydiau mwy hydrin.

Enynnai aelodaeth o'r seiat fath ar hunanhyder arbennig; rhyw hyder eu bod wedi eu hachub. Hawdd oedd camddehongli hyn fel traha, ond eu sicrwydd a'u Calfiniaeth a roddai iddynt haearn yn eu gwaed nes iddynt fedru cytuno â'r Apostol Pedr yn ei Lythyr Cyntaf, 'Ond chwi ydych hil etholedig, yn offeiriadaeth frenhinol, yn genedl sanctaidd, yn bobl o'r eiddo Duw ei hun, i hysbysu gweithredoedd ardderchog yr Un a'ch galwodd chwi allan o dywyllwch i'w ryfeddol oleuni ef'. Yn wir, gellid honni mai'r llythyr hwn yw maniffesto'r diwygiad a'i fod yn cynnwys prif elfennau eu profiadau. Profiad oedd yn bwysig: nid traddodiad, nac arfer, na llyfr, na theulu ond profi yn y galon. Mae'n nodedig mor gyson y digwydd y gair 'profiad' yn y ddogfen *Sail, Dibenion a Rheolau*.

A ydych yn profi fod pechod wedi gwenwyno eich holl natur, fel na ellwch feddwl un meddwl da . . ? A ydych yn profi fod Ysbryd Duw wedi ein tueddu i ymadael â'n serchiadau ac â phob peth a fu gynt yn werthfawr ac yn felys gennych? A ydych yn profi na cheir esmwythdra na heddwch hyd nes y profwch fod Crist ynoch? A ydych yn profi mai cariad Crist sydd wedi eich cymell i ymuno â ni, i ymostwng i'n rheolau, ac addo peidio â datguddio i neb o'r tu allan yr hyn a ddywedir yn ein plith?

Seiat Brofiad ydoedd yn wir. Crefydd bersonol wedi ei seilio ar brofiad oedd Methodistiaeth ond gyrrid y sawl a gafodd brofiadau personol i gymdeithasu ag eraill a gafodd yr un profiadau. Yn y seiat 'haearn a hogai haearn' nes i'r gwreichion dasgu.

Nid gwaith hawdd oedd i'r seiadau gadw at y safonau a ofynnid ganddynt: bodau meidrol, hynod o feidrol yn aml, oeddynt wedi'r cyfan a chawn yr arweinwyr yn apelio am hunanddisgyblaeth. Gwrthwynebai Harris arferion di-alw-amdanynt fel ysmygu a chymryd snisin. Mynnodd unwaith y dylai pob aelod ei holi ei hun cyn ysmygu, dewis dillad neu fwyta, a gofyn a oedd gormod o sylw yn cael ei roi i ddymuniadau hunanol yn hytrach nag ufuddhau i Ewyllys

Duw. Medrid cadw gŵyl o lawenydd ysbrydol ar y Nadolig ond nid oedd le i or-yfed a gloddesta. Blinai Williams yntau am fethiant rhai o'r aelodau i barchu Dydd yr Arglwydd ac am gamymddwyn: 'Och!' meddai, 'y fath beth erchyll yw fod crefyddwr yn cael mwy o flas a difyrrwch i snuffo, i gnoi, ac i smoco dalen meysydd Firginia, i yrru'r tanced mawr oddeutu, i ddrachtio'r cwrw ffrothlyd, y gwin melys, a pwnsh, todi, neu y rymbo, na darllen, myfyrio, canu neu siarad am Dduw a'i waith ar ôl y bregeth.'

Cul, felly, oedd yr adwyon i bobl ddod yn aelodau o'r seiat: nid ar chwarae bach y caent fynedfa i'r cwmnïoedd dethol hyn. Ac wedi ymaelodi roedd galw am ddygnwch a dyfalbarhad i aros o'i mewn. Yn wir, syrthiai seiadau cyfain i ddifancoll weithiau, o ddifaterwch neu wrthgiliad. Fel y sylwodd Harris, roedd ambell seiat fel y daith enwog honno dan arweiniad Moses a fu'n fethiant ar adegau, ac i'r Israeliaid symud ymlaen yn araf i'w ryfeddu wrth iddynt gael eu temtio i aros yn eu hunfan neu i ddychwelyd i gaethiwed yr Aifft. Adroddodd un o'r cynghorwyr o Sir Aberteifi am un seiat yno ei bod yn ymdeithio 'gan ei phwyll bach tua'r nefoedd fel asen tan ei baich!' Ond cyrraedd Gwlad yr Addewid oedd gobaith a hyder y mwyafrif.

Bid siŵr, roedd gofyn ar i'r aelodau ddal at y ffydd at y diwedd yn lân, a rhoddid cryn sylw i eiriau olaf pob un gan obeithio ei glywed yn sôn am sicrwydd nefoedd ar ei wely angau. Byddai'r stiward neu'r arolygwr yn ceisio bod wrth erchwyn gwely'r claf yn ei gysuro a deuai rhai o'r aelodau i ymgynnull o gylch y gwely i weddïo drosto. Edrychid am ymadawiad tawel ond gorfoleddus pryd y byddai'r aelod yn medru datgan yn bendant ei fod ar drothwy ei gartref nefol. Yr oedd y dewrder wrth wynebu angau yn ysbrydoliaeth i eraill, ac o gofio am arswyd y Methodus o uffern a damnedigaeth dragwyddol, edrychid yn ofalus am arwyddion fod y claf yn croesi mewn cyflwr o ras, yn pwyso'n unig ar Iesu. Gan fod marwolaethau plant a phobl ifanc mor gyffredin, ac yn enwedig tranc cynifer o wragedd ifanc wrth iddynt esgor, nid yw'r cysur a gynigiai'r diwygwyr yn eu pregethau a'u hymnau'n swnio'n amhriodol.

Ymwelydd cyson a rheibus fu angau â Threfeca dros y blynyddoedd a chollwyd llawer o blant. Collasai Harris a'i wraig dri o blant a châi ef drafferth i blygu i ewyllys yr Arglwydd. Ond er gwaethaf y treialon hyn, pan fyddai'n sôn am anwyliaid yn 'mynd adre' o ofid a phechod y byd, daliai i gredu'n angerddol yn nhrefn dadol Duw, ac ymostyngai i'r drefn honno. Roedd Harris yn ymwybodol bob amser o'i freuder ei hun a dyheai'n aml am gael ei ryddhau o garchar y cnawd er mwyn bod gyda'i Arglwydd.

Ergyd drymach na'r arferol oedd marwolaeth ei wraig ym mis Mawrth 1769. Droeon ar draws rhychwant y blynyddoedd ysgrifennai'n agored yn ei ddyddlyfr am ei gariad dwfn ati ac mai hi oedd rhodd fwyaf Duw iddo. Ni fedrid cymar rhagorach. Bu'n ffyddlon iddo trwy ei helyntion oll gan gynnwys ei 'garwriaeth' ryfedd â Madam Sidney Griffith. Cadwodd dŷ yn Nhrefeca iddo gan ei groesawu o'i deithiau pellennig bob adeg o'r dydd a'r nos a gofalai fod y gadwyn niferus o ymwelwyr â Threfeca yn cael croeso. Roedd angen amynedd sant i fyw gyda Harris a byddai llai o berson wedi hen alaru ar ei dymherau piwys a'i gwerylon aml, ei anhyblygrwydd a'i benstiffni, ei gyfnodau hir oddi cartref a'i ymroddiad di-ildio i'r diwygiad. Nyrsiodd ef yn ei wendid a gofalodd fod popeth yn rhedeg yn esmwyth. Duwioldeb tawel, ffyddlon oedd ganddi a'r syndod oedd, wrth gofio mor anghymesur a thanllyd y medrai Harris fod, na fu iddi unwaith feddwl am ei adael a mynd yn ôl at ei theulu yn yr Ysgrín.

Ar ddechrau 1769 daeth llesgedd dros Harris ac ni fentrodd ryw lawer o Drefeca a phan fu farw ei wraig ni fedrid ei ddiddanu. Bu hi'n gwaelu am beth amser ond pan deimlai fod ei diwedd yn agos dywedodd wrth Howel nad oedd i wylo o'i phlegid gan ei bod yn mynd at ei Gwaredwr.

Daeth y diwedd yn sydyn. Roedd Howel mewn cyfarfod gyda'r Teulu ac yn cadw cwmni iddi roedd eu merch, Beti. Wrth weld ei mam yn darfod, gollyngodd sgrech a ddiasbedodd drwy'r adeilad. Fe'i clywyd gan ei thad, a rhuthrodd yntau ar unwaith at wely Anne. Anadlodd ei hanadl olaf yn ei freichiau. Torrodd i wylo ac yn gymysg â'r dagrau offrymodd weddïau. Cyfaddefodd ychydig yn ddiweddarach iddo gael profiad a'i hysgydwodd i'w sail. 'Cyffyrddwyd â gwraidd fy mywyd,' meddai. Bu'n dadlau gyda Duw am amser am na fu iddo wrando ei weddïau am ei chadw. Teimlai'n fwy bodlon ei feddwl erbyn dydd ei hangladd ar Fawrth 13 – dydd ystormus a gwlyb. Pregethodd ymwelydd â Threfeca yn gysurlon ac fe siaradodd Harris ei hun amdani yn Gymraeg, gan amlinellu hanes ei bywyd a didwylledd ei chrefydd. Ysgwyddwyd yr arch gan aelodau'r Teulu a bu myfyrwyr Arglwyddes Huntingdon yn canu emynau wrth ei hebrwng o Drefeca Fach i'r eglwys yn Nhalgarth. Teimlai Harris ei fod wedi traddodi rhan ohono ef ei hunan i'r bedd y diwrnod hwnnw. I gydnabod ei ddiolch i'r galarwyr, rhoddodd fenig duon i bob un o'r myfyrwyr, a dillad galar i wragedd a merched y Teulu – dros hanner cant ohonynt.

Erbyn diwedd y mis roedd ar ei ffordd i Lundain unwaith eto ac ymwelodd ag Arglwyddes Huntingdon yn Brighton, ond ar y dydd cyn y Sulgwyn dychwelodd i

Drefeca. Ar yr wythfed o Orffennaf aeth ar daith i siroedd Morgannwg a Mynwy a chafwyd cynulleidfaoedd enfawr yn gwrando arno. Fel erioed, rhybuddiai'r gwrandawyr i ffoi o afael y Farn. Ond wedi'r taranu byddai'n denu pobl yn felys at Grist. Cwyna droeon ar y daith am ei lesgedd, ond pan safai i bregethu câi nerth i'w ryfeddu. Yn ddiweddarach pregethodd yn Llandeilo ar i Dduw dynnu ymaith y galon garreg, ac yng Nghil-y-cwm traddododd ar 'Os dioddefwn gyda Christ, ni a deyrnaswn gydag ef'. Bu iddo annerch tyrfa fawr yn Nhrecastell ar y ffordd adref, ac wedi cyrraedd Trefeca llonnodd wrth agosáu at y tŷ o glywed y Teulu'n canu mawl ac yna fe rannodd ei brofiadau diweddar gyda nhw. Teimlai fod yr holl wlad yn aeddfed i'r cynhaeaf a bod ei daith wedi bod yn hynod o fendithiol. Ei ddymuniad pennaf oedd eu calonogi.

Ar Awst 16 y flwyddyn honno daeth ei gefnogydd a'i ffrind, Arglwyddes Huntingdon, ar ei hymweliad blynyddol i ddathlu agor ei choleg a dygodd gyda hi nifer o foneddigion a phregethwyr. Ymunodd Daniel Rowland, William Williams, Howel Davies, a Peter Williams yn y llawenydd. Parhaodd y dathlu am wythnos gyfan gyda'r arweinwyr i gyd yn pregethu'n gofiadwy, a chynhaliwyd o leiaf ddwy oedfa gymun i'r tyrfaoedd a ddaeth ynghyd. Un min nos cynhaliwyd cariad-wledd a fu'n fendith i lawer. Dyma un o'r achlysuron hynny pryd yr oedd y brodyr amrywiol yn medru cyd-lawenhau yn eu hundod yng nghwmni ei gilydd. A bu cogyddion Trefeca'n brysur drwy'r wythnos yn paratoi digonedd o fwyd i bawb, a chanmolai'r gwesteion yr amrywiaeth o gig rhost a osodwyd ger eu bron ddydd ar ôl dydd – nid yn unig cig eidion a chig oen ond cig carw ac eogiaid braf. A bu'r canu emynau Cymraeg a Saesneg yn hynod o hwyliog gan ychwanegu at hynodrwydd yr achlysur.

Bu Harris yn wael unwaith yn rhagor hyd fis Hydref pryd y mentrodd ar daith i Sir Benfro. Cynheswyd ei galon gan y croeso a gafodd yno. Ym mis Chwefror 1770 cawn ef yn y gorllewin unwaith eto ac yn Hwlffordd bu cynhadledd niferus o bregethwyr, cynghorwyr a stiwardiaid a chafwyd perswâd ar Harris i'w hannerch. Gwnaeth hynny am dros dair awr! Pregethodd nifer o weithiau yn y sir a chafodd ei synnu pan ymwelodd â Llangeitho, o weld tyrfaoedd mor fawr wedi ymgynnull i wrando ar Daniel Rowland ac i dderbyn y cymun o'i ddwylo. Teimlodd gariad mawr at Rowland, gan edmygu ei ddoniau cyffrous, a dymuno ar i'w lwyddiant barhau. Er gwaetha'r chwerwedd a dyfodd rhyngddynt yn ystod y rhaniad, bellach daethent i ddeall ei gilydd a ffynnai brawdgarwch ac ewyllys da. Teimlai Harris fod yr Arglwydd wedi dod yn agos ato yn ystod yr oedfaon a thystiwyd yn glir i Gorff a Gwaed Crist. Bu yn y gorllewin ddwywaith wedyn yn ystod y flwyddyn, a'r rhain oedd ei deithiau olaf yno gan iddo gael ei gaethiwo i gylch Trefeca o hynny 'mlaen.

Cafodd ei lonni gan weithred y Teulu yn plannu rhes o lwyni yng ngwaelod y lawnt yn ffurfio'r cyhoeddiad 'Howel Harris: a achubwyd trwy ras 1736' a'r geiriau ychwanegol 'Gwaed Crist yw gobaith dyn'. Ni fedrai ymwelydd fethu â gweld y geiriau, a chredai Harris y byddent yn tystio dros Dduw ar ôl ei ddyddiau ef.

Bellach roedd y crwydro dibaid drosodd. Gwyddai Harris nad oedd ganddo amser hir i aros cyn i Dduw ei alw adref. Roedd yn fodlon i hynny a gwyddai ei fod yn llesgáu. Bellach cwblhawyd yr adeiladau i gyd yn Nhrefeca ac roedd y coleg yn Nhrefeca Isaf yn ffynnu. Teimlai fod gweithgaredd y diwygiad mewn dwylo diogel, er ei fod yn gofidio fod yna fwy o leisiau yn codi yn gofyn am i'r mudiad ymddihatru oddi wrth Eglwys Loegr. Roedd ei gyfraniad ef yn dod i ben er ei fod yn dal i ddanfon llythyrau ac i groesawu ymwelwyr. Cadarnhaodd fanylion ei ewyllys, sef dychwelyd gwaddol ei mam i'w ferch Beti a sicrhau fod Trefeca a'r arian oedd yn weddill yn cael eu trosglwyddo i'r ymddiriedolwyr.

Daliai i gyfarwyddo ei bobl dair neu bedair gwaith y dydd ac er ei fod yn teimlo'n fwy llegach o fis i fis, daliai i fynd draw i'r coleg i gyfarch y myfyrwyr, a dychwelai'r tân i'w lais a'i lygaid. Dwys a difrifol oedd ei bregeth olaf. Er ei fod mewn cryn wendid cafodd nerth i gyhoeddi yn ddifloesgni a chyrhaeddgar am ras Duw. Ysgrifennodd ei gyfeilles Selina adroddiad o'r achlysur. Meddai, 'Llefarodd gyda theimlad dwfn am Dduw a thragwyddoldeb, ac am anfarwoldeb a gwerth difesur eneidiau ei wrandawyr; a phan ddaeth at y cymhwysiad, cyfeiriodd at y gwrandawyr gyda'r fath dynerwch, a'r fath ddifrifwch, gan annog pawb ohonom i ddod i gydnabyddiaeth â'r annwyl Waredwr, fel y toddodd y gynulleidfa mewn dagrau.'

Ysgrifennodd ei Destament Olaf yn ystod ei waeledd. Yn hwn gwêl ei hun yn glir yng ngoleuni tragwyddoldeb. Gŵyr fod y diwedd yn agos ac fe gyffesa ei fethiannau a'i wendidau, ac eto fe dywynna gobaith llachar a llawenydd wrth iddo feddwl am fod gyda'i Dad yn y nefoedd. Diolcha i Dduw am y fraint o gael rhagarwydd o'i farwolaeth ac mae'n ysgrifennu i gryfhau dwylo y rhai fydd yn sefyll ar ei ôl yn y dydd drwg. Erfynia i Dduw guddio'i gamgymeriadau a defnyddio'i lafur i'w bwrpas ei hun. Ysgrifenna: 'Mae fy ysbryd fel un wrth y drws yn aros i gael ei wahodd i mewn . . . Teimlaf fy mod yn gwanhau heddiw, ac mewn llawer o boen, a theimlaf fy ysbryd yn galw, "O! fy Nhad annwyl a wyt ti am ddod i daro'r ergyd olaf?" . . . Bu i fy ngwaredwr annwyl dywynnu arnaf yn felys y p'nawn 'ma. Bydd di yn Haul i mi; cyflawnodd dy Waed ei waith; cymer fi allan o'r corff yma o glai, oherwydd carchar ydyw . . . Llefais a gweddïais dros yr hil ddynol yn gyfan, yn eu caru oll, ond yn arbennig dros y teulu bach a roddodd Duw yn fy ngofal . . . Teimlaf fy ysbryd yn ymadael â phob lle a phob dyn yma isod, ac yn mynd at fy Nhad, ac i fy mamwlad, adref, ie, i fy nghartref fy hun. Un ffafr a ofynnaf: er mai pryfyn wyf, byrha fy amser . . . Llawenha fy ysbryd wrth weld ei fod Ef a'm gwnaeth yr un a'm geilw ymaith . . . Os bydd plentyn yn dyheu am ei dad, teithiwr yn dyheu am derfyn y daith, gweithiwr am orffen ei waith, carcharor am ei ryddid, a'r etifedd am ei ystad gyflawn; felly yn yr un modd ni fedraf innau ymatal rhag dyheu am fynd adre.' Yn ystod ei funudau olaf ebychodd: 'O Iesu, dyma fi'n dod atat'. Datganodd ei ffydd unwaith yn rhagor ac yna y geiriau hyn: 'Yr wyf mewn poen mawr, ond y mae pob peth yn dda, pob peth yn dda; fy Iesu a drefnodd fod pob peth yn dda. O! na fyddai poen angau wedi cael ei gymryd ymaith. O na fedrwn yn awr fynd adre gan fod fy ngwaith ar ben.'

Mawr oedd gofal y Teulu ohono. Cadwent gwmni iddo ddydd a nos a gweddïent drosto. Ar Orffennaf 21, 1773, bu farw, fel y dymunasai, yn dawel a bodlon.

O gwmpas y gwely ymgasglodd rhai o aelodau amlwg y Teulu a phlygasant i gyd o'i amgylch ac offrymodd yr hen Evan Moses, y gŵr carbwl, hoffus, weddi ddwys. Llifai'r dagrau a chynyddai'r wylofain nes i eraill o aelodau'r Teulu y tu allan glywed yr igian a thaenwyd y newyddion trist drwy'r gymuned fel fflam nes bod pawb drwy'r lle yn wylo. Y noson honno pregethodd Evan mewn ffordd a grynhoai deimladau pawb o golli tad – un a ofalodd amdanynt ar hyd y blynyddoedd ac oedd wedi mynd adref at ei Dad yntau ac at Iesu. Safodd y cwmni i ganu cyfieithiad Harris o emyn Thomas Ken:

> I Dad y trugareddau i gyd
> Rhown foliant, holl drigolion byd,
> llu'r nef moliennwch, bawb ar gân,
> y Tad a'r Mab a'r Ysbryd Glân.

Tawel iawn fu Trefeca a'r coleg am ddeuddydd – pawb yn mynd o gwmpas eu gwaith yn fud, ac roedd y plant yn atal eu chwarae ac yn sefyll yn gwmnïoedd dagreuol o gwmpas y lle. Gwyddai pob un fod Harris wedi mynd i bresenoldeb Duw yn y nefoedd a llawenychent, ond nid oedd eu teimlad o golled ddim llai: yn nwfn eu calonnau gwyddent eu bod wedi cael eu hamddifadu o un a'u carai'n fawr, er fod y cariad hwnnw wedi eu cystwyo ar brydiau. Distawodd y daran ond roedd y tawelwch ar ei hôl yn dal i lefaru. Roedd y gŵr a welid gan lawer fel gŵr ynfyd, eithafol, hurt wedi ei symud o afael pob beirniadaeth; ond gwyddai ei ffrindiau fod y fflam a gynheuodd yn dal i losgi yng nghalonnau miloedd ac ar gannoedd o aelwydydd.

Y noson honno, yn y gwyll, a Threfeca'n llonydd-ddistaw, fe glywyd sŵn adenydd y gwyddau gwylltion yn hedfan yn ôl i Lyn Safaddan i orffwys tan y bore.

DIOLCHIADAU

Diolch i Dr Dyfed Elis Gruffydd am y mapiau, i Mr Bryan James am ei ofal manwl gyda'r deipysgrif ac i Wasg Gomer am ei glendid a'i thrylwyredd arferol.